AF173719

Philosophische Grundlagen der Soziologie

Reihe herausgegeben von

Peter Gostmann, Institut für Soziologie, Universität Frankfurt, Frankfurt, Deutschland

Die Buchreihe zielt darauf, mit den philosophischen Grundlagen der Soziologie vertraut zu machen. Zu diesem Zweck rückt jeder Band der Reihe einzelne Philosoph*innen von exemplarischer Bedeutung für das soziologische Denken (oder in Ausnahmefällen Philosoph*innen-Gruppen) in den Mittelpunkt. Neben Philosoph*innen, deren Schriften zum festen Bestand soziologischer Grundlagenreflexion zählen, sollen dabei auch solche, deren soziologische Relevanz man bisher noch nicht recht erkannt hat, in ein neues Licht gerückt werden.

Das Prinzip der Darstellung, das die Bände der Reihe auszeichnet, ist, die Praxis der Grundlagen *forschung* sichtbar zu machen: Sie vermitteln nicht den Eindruck statischen Wissens, sondern dokumentieren, was Arbeit am und mit Wissen bedeutet; sie leisten im Duktus einer Einführung einen Diskussionsbeitrag zur Frage der soziologischen Potentiale des Philosophierens und wollen auf diese Weise Anregung zu gehaltvollem soziologischen Denken sein. Deswegen geben die Autor*innen der Bände der Originalität und Prägnanz der Auseinandersetzung mit ihrem Gegenstand im Zweifelsfall den Vorrang gegenüber eher buchhalterischen Problemen wie etwa dem der Lückenlosigkeit des Berichts einer Rezeptionsgeschichte. Als Ganzes soll die Reihe ein Bild „tiefen" soziologischen Wissens bieten.

Fabian Beer

Soziologisch denken mit Richard Rorty

Wider die repräsentationalistischen Prämissen der wissenssoziologischen Tradition

 Springer VS

Fabian Beer
Fakultät für Soziologie
Universität Bielefeld
Bielefeld, Deutschland

ISSN 2661-8044 ISSN 2661-8052 (electronic)
Philosophische Grundlagen der Soziologie
ISBN 978-3-658-37737-3 ISBN 978-3-658-37738-0 (eBook)
https://doi.org/10.1007/978-3-658-37738-0

Die Deutsche Nationalbibliothek verzeichnet diese Publikation in der Deutschen Nationalbiblio-grafie; detaillierte bibliografische Daten sind im Internet über http://dnb.d-nb.de abrufbar.

Coverbild: Steve Pyke via Getty Images

Planung/Lektorat: Cori Antonia Mackrodt
Springer VS ist ein Imprint der eingetragenen Gesellschaft Springer Fachmedien Wiesbaden GmbH und ist ein Teil von Springer Nature.
Die Anschrift der Gesellschaft ist: Abraham-Lincoln-Str. 46, 65189 Wiesbaden, Germany

*Wenn man sagt, der Gedanke sei eine
seelische Tätigkeit, oder eine Tätigkeit
des Geistes, so denkt man an den Geist
als ein trübes, gasförmiges Wesen, in dem
manches geschehen kann, das außerhalb
dieser Sphäre nicht geschehen kann. Und
von dem man manches erwarten kann,
das sonst nicht möglich ist. (Der Vorgang
des Denkens im menschlichen Geist, und
der Vorgang der Verdauung.)*

(Ludwig Wittgenstein)[1]

---

[1] Wittgenstein, Ludwig. 1932-4/1993. *Philosophische Grammatik*. Werkausgabe, Band 4. Frankfurt am Main: Suhrkamp, §60.

Die wahre Welt haben wir abgeschafft:
welche Welt blieb übrig? die scheinbare
vielleicht? ...

Aber nein! mit der wahren Welt haben
wir auch die scheinbare abgeschafft!

(Friedrich Nietzsche)[2]

---

[2] Nietzsche, Friedrich. 1889/2014. Götzen-Dämmerung oder Wie man mit dem Hammer philosophirt. *Der Fall Wagner. Götzen-Dämmerung. Der Antichrist. Ecce homo. Dionysos-Dithyramben. Nietzsche contra Wagner.* Sämtliche Werke KSA, Band 6, hrsg. Giorgio Colli und Mazzino Montinari. München: Deutscher Taschenbuch Verlag, S. 55–161, hier: S. 81.

Man darf Sozialtheorie nicht mit Kantianismus verwechseln.

(Bruno Latour)[3]

---

[3] Latour, Bruno. 2005/2007. *Eine neue Soziologie für eine neue Gesellschaft.* Frankfurt am Main: Suhrkamp, S. 190.

Einleitung

Ludwig Wittgenstein schreibt: „Ein Bild hielt uns gefangen. Und heraus konnten wir nicht, denn es lag in unsrer Sprache, und sie schien es uns nur unerbittlich zu wiederholen".[4] Fast dreißig Jahre später heißt es bei Richard Rorty:

> The picture which holds traditional philosophy captive is that of the mind as a great mirror, containing various representations – some accurate, some not – and capable of being studied by pure, nonempirical methods. Without the notion of the mind as mirror, the notion of knowledge as accuracy of representation would not have suggested itself. Without this latter notion, the strategy common to Descartes and Kant – getting more accurate representations by inspecting, repairing, and polishing the mirror, so to speak – would not have made sense.[5]

In den letzten zwei Jahrhunderten wurde dieses Bild vom Spiegel der Natur, sowie die darauf aufbauende Disziplin der Erkenntnistheorie, ausführlich kritisiert.[6]

---

[4] Wittgenstein, Ludwig. 1953/1984. Philosophische Untersuchungen. In *Tractatus Logico-Philosophicus. Tagebücher 1914–1916. Philosophische Untersuchungen.* Werkausgabe Band 1. Frankfurt am Main: Suhrkamp, S. 225–580, hier: §115.

[5] Rorty, Richard. 1979/2018. *Philosophy and the Mirror of Nature.* Princeton, Oxford: Princeton University Press, S. 12, vgl. 163.

[6] Vgl. Rorty. *Philosophy and the Mirror of Nature.*; Dreyfus, Hubert und Taylor, Charles. 2015/2016. *Die Wiedergewinnung des Realismus.* Berlin: Suhrkamp.; Latour, Bruno. 1999/2002. *Die Hoffnung der Pandora. Untersuchungen zur Wirklichkeit der Wissenschaft.* Frankfurt am Main: Suhrkamp.; Heidegger, Martin. 1938/1977. Die Zeit des Weltbildes. In *Holzwege*, Gesamtausgabe Band 5. Frankfurt am Main: Vittorio Klostermann, S. 75–113; Wittgenstein. *Philosophische Untersuchungen.*; Davidson, Donald. 1988/2004. The Myth of the Subjective. In *Subjective, Intersubjective, Objective.* Oxford, New York: Oxford University Press, S. 39–52.

Eigentümlich unberührt von dieser Kritik blieb jedoch die Soziologie. Womöglich erscheint sie nach der Lektüre klassischer Kritiken sogar als paradigmatisches
Beispiel, an dem sich eine spiegellose Auffassung von Wissen modeln könne. So
hat die soziologische Beschäftigung mit Wissen stets betont, man könne Erkenntnis nicht als individuelle Leistung eines Bewusstseins verstehen, sondern müsse
auf soziale Faktoren aufmerksam machen. Für Hubert Dreyfus und Charles Taylor ist diese Priorisierung des Sozialen gegenüber dem Individuellen sogar eine
von zwei „Hauptachse[n]" der Widerlegungsstrategien des cartesisch-kantischen
Bildes.[7] Und auch bei Rorty heißt es ganz unverblümt: „Part of my ambition, to
paraphrase Freud, is to help it come to pass that where epistemology and metaphysics were, sociology and history shall be".[8] In der Soziologie selbst ging vor
Kurzem Daniel Šuber dieser Fährte nach.[9] Šuber begründet seine Position explizit
mit und gegen Rorty. Nach ihm vollzogen nämlich nicht erst – wie Rorty nahelegt – Wittgenstein, Heidegger und Dewey eine „anti-Cartesian and anti-Kantian
revolution".[10] Stattdessen haben „auch ›Fachmänner der Einzelwissenschaften‹
diesen Weg vorbereitet".[11] Vier solcher Fachmänner – Weber, Mannheim, Simmel
und Schütz – leisteten nach Šuber also das, was Rorty erst Heidegger, Wittgenstein und Dewey zugeschrieben hat: die Überwindung des Bildes vom Spiegel
der Natur.

Folgt man dieser Fährte, wird allerdings übersehen, dass die Verschiebung vom
individuellen Bewusstsein hin zur sozialen Gruppe das zugrunde liegende Bild

---

[7] Dreyfus und Taylor. *Die Wiedergewinnung des Realismus,* S. 58. Vgl. auch Taylor, Charles.
1987/1995. Overcoming Epistemology. In *Philosophical Arguments.* Cambridge, Mass.,
London: Harvard University Press, S. 1–19, hier: S. 13.

[8] Rorty, Richard. 2000. Response to Dennett. In *Rorty and His Critics,* hrsg. Robert Brandom.
Malden, Mass., Oxford: Blackwell, S. 101–108, hier: S. 103.

[9] Šuber, Daniel. 2015. *Die Soziologische Kritik der Philosophischen Vernunft. Zum Verhältnis von Soziologie und Philosophie um 1900.* Bielefeld: transcript, S. 14–19, 479–482. Vgl.
auch Law, Duncan und Pepperell, Nicole. 2017. Sociology and the Mirror of Nature: Robert
Brandom and the Strong Programme. In *Journal of Sociology* 53, S. 245–263.

[10] Rorty. *Philosophy and the Mirror of Nature,* S. 7.

[11] Šuber. *Die Soziologische Kritik der Philosophischen Vernunft,* S. 479.

von Erkenntnis in zentralen Aspekten unberührt lassen kann.[12] Von den in Fuß-
note 6 genannten Kritikern[13] macht einzig Bruno Latour darauf aufmerksam.[14]
An dieser Stelle setzt das folgende Buch ein. Es stellt den Versuch dar, die Kritik
am cartesisch-kantischen Bild von Erkenntnis auf die Soziologie des Wissens[15]
zu übertragen. Dabei orientiert es sich an Richard Rorty, der bereits in *Philosophy and the Mirror of Nature* (1979) zwei strukturgleiche Argumentationen anhand
der empirischen Psychologie und der analytischen Sprachphilosophie vorgetragen
hat. Seine Kritik betrifft dabei nicht Psychologie und Sprachphilosophie per se,
sondern die Versuche, erkenntnistheoretische Psychologie bzw. erkenntnistheoretische Sprachphilosophie zu betreiben. Darunter versteht Rorty Psychologien
und Sprachphilosophien, die das Bild vom Spiegel der Natur übernehmen und
die daraus entstehenden Probleme zu lösen versuchen. Hieran anschließend lässt
sich die Frage dieser Arbeit wie folgt formulieren: Kann die Soziologie des
Wissens als erkenntnistheoretische Soziologie des Wissens rekonstruiert und
damit vor dem Hintergrund Rortys kritisiert werden? Soziologisch denken mit
Rorty würde demnach heißen: die wissenssoziologische Tradition als Teil der
repräsentationalistischen Tradition zu erkennen und sie dafür zu kritisieren.

Getragen wird die Arbeit von der Idee, dass die Aufgabe der Hintergrundannahmen erkenntnistheoretischen Denkens, d.h. die Aufgabe des Bildes vom

---

[12] So lassen sich auch die vier von Šuber genannten „Architekten der modernen Soziologie" in die Traditionslinie des Bildes vom Spiegel der Natur einschreiben, die Rorty et al.
kritisieren (Šuber. *Die Soziologische Kritik der Philosophischen Vernunft*, S. 18). Insbesondere bzgl. Weber, Schütz und Mannheim vgl. Merz-Benz, Peter-Ulrich. 2014. Soziologie Als
Erkenntniskritik. Zur Genesis der Soziologie aus der Philosophie des Neukantianismus. In
Wissenschaftsphilosophie Im Neukantianismus: Ansätze - Kontroversen - Wirkungen, hrsg.
Christian Krijnen und Kurt Walter Zeidler. Würzburg: Königshausen & Neumann, S. 317–
346. Mehr dazu im dritten Kapitel.

[13] Im Folgenden wird standardmäßig das generische Femininum verwendet, es sei denn wir
beziehen uns wie hier auf spezifische Personen.

[14] Latour, Bruno. 1999/2002. »Glaubst Du an Die Wirklichkeit?« Aus den Schützengräben
des Wissenschaftskriegs. In *Die Hoffnung der Pandora. Untersuchungen zur Wirklichkeit der
Wissenschaft*. Frankfurt am Main: Suhrkamp, S. 7–35, hier S. 14.

[15] Wir sprechen etwas eigentümlich von ‚Soziologie des Wissens', um einen möglichst brei-
ten Gegenstandsbereich abzustecken, der sich nicht auf einzelne Traditionen beschränkt, wie
dies bei den Begriffen ‚Wissenssoziologie' (Mannheim, Berger/Luckmann), ‚Soziologie der
Erkenntnis' (Durkheim) oder ‚Soziologie wissenschaftlichen Wissens' (Bloor, Barnes) der
Fall wäre. Das ist vor allem deshalb von Nöten, weil sich die Thesen der Arbeit gleicherma-
ßen auf unterschiedliche Traditionen beziehen. Ein ähnlicher Begriffsgebrauch findet sich bei
Šuber, der Mannheims Wissenssoziologie als konkrete Ausarbeitung einer „Soziologie des
Wissens" versteht (Šuber. *Die Soziologische Kritik der Philosophischen Vernunft*, S. 341ff.).

Spiegel der Natur, eine Position verspricht, die sich dem Skeptizismus der modernen Philosophie entzieht. Der Gedanke einer spiegellosen Soziologie verspricht
also eine Position, die weder skeptizistisch-relativistisch ist – wie es der Soziologie des Wissens seit Durkheim und Mannheim nachgesagt wird –, noch in das
zurückfällt, was gerne ‚naiver Realismus' genannt wird und eine Soziologie des
Wissens prinzipiell ablehnen würde. Der Rekurs auf Rorty erlaubt also sowohl
die Formulierung eines anti-skeptizistischen Arguments, als auch die Möglichkeit einer Soziologie des Wissens, die ausnahmslos jede epistemische Praktik
zum Gegenstand nehmen kann.

Das Buch ist wie folgt aufgebaut. Im ersten Kapitel soll eine kurze intellektuelle Biografie von Richard Rorty skizziert werden (Kap. 1). Diese beginnt mit
seinem jugendlichen metaphysischen Bestreben, geht über zu seinen Arbeiten in
der analytischen Philosophie des Geistes hin zum ersten Hauptwerk, mit dem
er sich gewissermaßen aus dieser Tradition herausschreibt: *Philosophy and the
Mirror of Nature* (1979). Nach einem Universitätswechsel führt uns die Kurz-
biografie über das zweite Hauptwerk *Contingency, Irony and Solidarity* (1989)
zu dem erst kürzlich in englischer Sprache veröffentlichten *Pragmatism as Anti-
Authoritarianism* (2021). Abschließend wird auf Rortys mangelnde Rezeption
innerhalb der Soziologie eingegangen. Von hier aus findet eine Überleitung zum
Thema des Buches statt: der (wissens-)soziologischen Relevanz von Rortys Kritik
am Repräsentationalismus.

Im zweiten Kapitel stellen wir schließlich das Bild vom Spiegel der Natur,
sowie Rortys Kritik daran vor (Kap. 2). Konstitutiv für das Bild ist der metaphysische Dualismus von Bewusstsein und Natur, der als Innen/Außen-Dualismus in
einen Repräsentationalismus eingebettet wird und dadurch epistemische Relevanz
gewinnt: Wissen ist hierbei gleichzusetzen mit der akkuraten inneren Repräsentation der Außenwelt. Auf dieser Voraussetzung aufbauend etablierte sich
die philosophische Tradition der Erkenntnistheorie, die Rorty zufolge zwischen
veil-of-ideas skepticism und Fundamentalismus oszilliert (Abschn. 2.1.1), sowie
auf einer Verwechslung von Gründen und Ursachen, von Rechtfertigung und
Erklärung bzw. Beschreibung beruht (Abschn. 2.1.2). Rortys *epistemological
behaviorism* setzt diesem Bild einen Anti-Fundamentalismus (Abschn. 2.2.1) und
einen Anti-Repräsentationalismus (Abschn. 2.2.2) entgegen. Ersterer argumentiert gegen die Möglichkeit eines Fundaments von Erkenntnis, sowie gegen die
Verwechslung von Gründen und Ursachen. Zweiterer gibt das repräsentationalistische Innen/Außen-Verhältnis auf und entzieht sich damit dem Skeptizismus der
modernen Philosophie. Schließlich wird in (Abschn. 2.3) skizziert, wie sich eine
spiegellose Soziologie des Wissens nach dem Vorbild Rortys formulieren ließe.

Rorty selbst überschätzt jedoch die Soziologie. So wird im Anschluss an das zweite Kapitel zunächst allgemein gezeigt, dass die Soziologie zentrale Aspekte und Probleme des philosophischen Bildes übernommen hat und sich damit derselben Kritik aussetzt wie die Erkenntnistheorie (Kap. 3). Unter Rückgriff auf bereits bestehende Analysen wird hier die Soziologie des Wissens der Tendenz nach als erkenntnistheoretische Soziologie des Wissens rekonstruiert. So wird in (Abschn. 3.1) dargelegt, dass die Soziologie den Innen/Außen-Dualismus durch eine Empirisierung Kants übernimmt. Dieser soziologische Quasi-Transzendentalismus wird dabei nicht vorausgesetzt, sondern zum kritizistischen Programm erhoben: Betreibt man Soziologie des Wissens, so bedeutet dies, Repräsentationen auf ihre sozialen Bedingungen der Möglichkeit, ihre sozialen Aprioris zurückzuführen. Eine so verstandene soziologische Erklärung kann unterschiedlich intendiert sein, als ideologiekritische Entlarvung oder als nicht-delegitimierende Erklärung bzw. Beschreibung (Abschn. 3.2). Trotz dieser unterschiedlichen Intentionen schließen beide Versionen an die normative Dimension der erkenntnistheoretischen Tradition an. Eine ideologiekritisch verstandene Erklärung sieht in dem Nachweis der sozialen Bedingtheit einer Repräsentation eine Delegitimierung des Wahrheitsanspruchs dieser Repräsentation und verwechselt damit Gründe und Ursachen. Aber auch wenn eine soziale Erklärung nicht ideologiekritisch intendiert ist, so bleibt man trotzdem dem normativen Anspruch der Erkenntnistheorie verhaftet. Denn sobald die cartesisch-kantischen Prämissen aus (Abschn. 3.1) akzeptiert und soziologisiert werden, hat dies eine Pluralisierung des erkenntnistheoretischen Innen/Außen-Dualismus zur Folge. Dies wiederum impliziert eine soziologisierte Form des *veil-of-ideas skepticism*, den man als *veils-of-society skepticism* bezeichnen kann.

Aus diesen Gründen lassen sich große Teile der Soziologie des Wissens als erkenntnistheoretische Soziologien des Wissens rekonstruieren. Um mit dieser Darstellung jedoch nicht den Eindruck unzureichender Verallgemeinerungen zu erwecken, wird schließlich ein konkreter Ansatz diskutiert: die Soziologie des Wissens Pierre Bourdieus (Kap. 4). Dafür rekonstruieren wir zunächst Bourdieus Theorie der Praxis als soziologischen Quasi-Transzendentalismus (Abschn. 4.1). Im Anschluss daran wird Bourdieus soziologischer Fundierungsversuch des wissenschaftlichen Wissens diskutiert (Abschn. 4.2). Mit diesem Versuch gedenkt Bourdieu den skeptizistischen Tendenzen der Soziologie des Wissens zu entkommen. Wir jedoch argumentieren dafür, dass Bourdieu aufgrund seines Quasi-Transzendentalismus an dieser Aufgabe scheitert und selbst einem *veils-of-society skepticism* verfällt, der bei Bourdieu als *veils-of-habitus/field skepticism* auftritt.

Inhaltsverzeichnis

Richard Rorty: Zur intellektuellen Biographie

Die Rekonstruktion eines intellektuellen Werdegangs ist oft genug selbst Gegenstand eingehender Studien. Dabei werden Werke ebenso oft in unterschiedliche Phasen gegliedert, wie Einteilungen dieser Art bestritten werden. Oftmals identifiziert man Gedankengänge, die sich durch den gesamten Denkweg ziehen oder aber man versucht, sich dem Œuvre durch die Rekonstruktion von Brüchen zu nähern. Auch Rortys Geschichte wurde unterschiedlich erzählt. Es gibt Rorty, den desillusionierten Metaphysiker, der von seinem jugendlichen Ziel, Platoniker zu sein, zunehmend abkommt und sich schließlich der Hoffnung einer postphilosophischen Kultur verschreibt. Es gibt den Vize-Präsidenten der *Eastern Division* der *American Philosophical Association,* der sich mit seinem Erstlingswerk aus der eigenen Disziplin der analytischen Philosophie herausschrieb und sich von dort an der Literaturkritik hingibt. Es gibt den postmodernen Unruhestifter, der den Kulturrelativismus auf amerikanischen Campus salonfähig macht, sowie den hoffnungslosen Bourgeois, der trotz sozialistischer Eltern an der versnobbten und ideologisch verblendeten liberal-amerikanischen Utopie einer Gesellschaft selbsterschaffender Freigeister Gefallen findet.

Für ambitionierte Einordnungen dieser Art ist an dieser Stelle keine Zeit. Wir wollen bescheidener sein und lediglich eine kurze Darstellung der zentralen Werke vorlegen und zudem darauf achten, Rortys intellektuelles Milieu nicht aus dem Blick zu verlieren.[1]

---

[1] Für eine allgemeine Darstellung des Denkens Rortys vgl. Brandom, Robert. 2000. Vocabularies of Pragmatism: Synthesizing Naturalism and Historicism. In *Rorty and His Critics*, hrsg. Robert Brandom. Malden, Mass, Oxford: Blackwell, S. 156–183.; Brandom, Robert. 2021. Foreword: Achieving the Enlightenment. In Rorty, Richard. *Pragmatism as Anti-Authoritarianism.* Cambridge, Mass., London: Harvard University Press, S. vii–xxvi.; Reese-Schäfer, Walter. 2006. *Richard Rorty zur Einführung.* Hamburg: Junius. Für biographische Details vgl. Gross, Neil. 2008. *Richard Rorty. The Making of an American Philosopher.*

© Der/die Autor(en), exklusiv lizenziert an Springer Fachmedien Wiesbaden GmbH, ein Teil von Springer Nature 2022
F. Beer, *Soziologisch denken mit Richard Rorty*, Philosophische Grundlagen der Soziologie, https://doi.org/10.1007/978-3-658-37738-0_1

Bevor Richard Rorty (1931–2007) der Anti-Kantianer, Anti-Platoniker und Anti-Cartesianer wurde, den man kennt, durchlief er eine Phase jugendlicher metaphysischer Versuche; die angedeutete Geschichte des desillusionierten Metaphysikers ist also nicht ganz von der Hand zu weisen.[2] So schloss er 1952 seinen Master in Philosophie an der *University of Chicago* mit einer Arbeit über Alfred N. Whiteheads Prozessphilosophie ab.[3] Seine darauf folgende Promotionsarbeit in Yale (1952–1956) wurde von Paul Weiss betreut, „the boldest speculative metaphysician of the twentieth century".[4] In dieser 600-seitigen Dissertation zum „Concept of Potentiality" baut Rorty auf seiner Masterthesis auf und beleuchtet den Begriff der Potentialität von Aristoteles über Spinoza bis zu Whitehead und Carnap.[5] Zu dieser Zeit waren metaphysische Systeme wie die von Whitehead und großangelegte philosophiegeschichtliche Studien an amerikanischen Fakultäten bereits außer Mode geraten. Immer mehr setzten sich die ahistorischen Tendenzen und die hochtechnisierte Sprache des logischen Empirismus durch.[6] Daher begann auch Rorty, sich eingehender mit den aktuellen Entwicklungen analytischer Philosophie zu beschäftigen. Insbesondere beeinflusste ihn Wilfrid Sellars, eine weniger reduktionistische und positivistische Alternative zu Rudolf Carnap.[7] Aber erst als er 1961 eine Stelle in Princeton innehatte, war Rorty umgeben von aufstrebenden analytischen Philosophen wie Donald Davidson, Saul Kripke und Thomas Kuhn. Dies motivierte ihn zu einer nochmals vertieften Beschäftigung:

> On my arrival at Princeton I had to scramble very hard to find out what my disturbingly brilliant, amazingly quick-witted, new colleagues were talking about. I was desperate to find out what I had missed by going to Yale. If I was going to win my

---

Chicago, London: The University of Chicago Press., sowie die autobiographischen Aufsätze Rorty, Richard. 2007/2010. Intellectual Autobiography. In *The Philosophy of Richard Rorty*, hrsg. Randall E. Auxier und Lewis E. Hahn. Chicago, La Salle: Open Court, S. 3–24. Rorty, Richard. 1992/1999. Trotsky and the Wild Orchids. In *Philosophy and Social Hope*. London: Penguin, S. 3–20.

[2] Vgl. Rorty. Trotsky and the Wild Orchids.; Habermas, Jürgen. 2000. Richard Rorty's Pragmatic Turn. In *Rorty and His Critics*, hrsg. Robert Brandom, Malden, Mass., Oxford: Blackwell, S. 31–55.

[3] Vgl. Gross. *Richard Rorty*, S. 123 ff.

[4] Bernstein, Richard J. 2010. *The Pragmatic Turn*. Cambridge, Malden, Mass: Polity Press, S. 201 f.

[5] Gross. *Richard Rorty*, S. 142.

[6] Vgl. Kuklick, Bruce. 2001. *A History of Philosophy in America, 1720–2000*. Oxford: Oxford University Press, S. 244–6.

[7] Vgl. Rorty. Intellectual Autobiography, S. 8.

colleagues' respect, I felt, I had to speak to some of the issues with which they were concerned and to write in somewhat the same vein as they did.[8]

Einige dieser Bestrebungen mündeten in Journal-Artikeln zum Leib-Seele Problem, dem Status transzendentaler Argumente, sowie zur Herausgabe des Sammelbandes *The Linguistic Turn*.[9] Es waren genau diese Publikationen, die Rorty 1978 eine Stelle als Vize-Präsident der *Eastern Division* der *American Philosophical Association* (APA) einbrachten, „the fortress of analytic philosophy".[10] Doch zu diesem Zeitpunkt hat sich Rorty bereits zunehmend von den Bezugsproblemen und Ambitionen der analytischen Philosophie seiner Zeit distanziert. Nur ein Jahr nach seiner Wahl erscheint das berühmt berüchtigte Erstlingswerk *Philosophy and the Mirror of Nature* (1979).

In *Mirror* argumentiert Rorty dafür, dass das in amerikanischen Journaldebatten so ausgiebig diskutierte *mind–body problem* das Korrelat eines bestimmten historischen Sprachspiels sei, welches sich auf das 17. Jahrhundert und auf René Descartes zurückführen lässt. Descartes erfand eine neue Beschreibung des Menschens in Begriffen mentaler Zustände, die sich klar von aristotelischen oder platonischen Auffassungen des Menschen unterscheiden lässt. Ebenso müsse das von Locke und Kant initiierte Projekt einer Erkenntnistheorie in eben jenes Sprachspiel eingebettet werden. Wie das Leib-Seele Problem, ist also auch die Frage nach der Möglichkeit akkurater Repräsentation der Außenwelt an den cartesischen Begriffsrahmen gebunden. Diese Rekonstruktionen Rortys haben therapeutische Absichten:

> The aim of the book is to undermine the reader's confidence in 'the mind' as something about which one should have a 'philosophical' view, in 'knowledge' as something about which there ought to be a 'theory' and which has 'foundations,' and in 'philosophy' as it has been conceived since Kant. Thus the reader in search of a new theory on any of the subjects discussed will be disappointed. Although I discuss 'solutions to the mind-body problem' this is not in order to propose one but to illustrate why I do not think there is a problem. Again, although I discuss 'theories of reference' I do not offer one, but offer only suggestions about why the search for such a theory is misguided.[11]

---

[8] Vgl. Rorty. Intellectual Autobiography, S. 10.

[9] Vgl. Rorty, Richard. Hrsg. 1967/1992. *The Linguistic Turn: Essays in Philosophical Method with two retrospective Essays*. Chicago, London: The University of Chicago Press.; Rorty, Richard. 2014. *Mind, Language, and Metaphilosophy: Early Philosophical Papers*. New York: Cambridge University Press.

[10] Bernstein. *The Pragmatic Turn*, S. 205.

[11] Rorty. *Philosophy and the Mirror of Nature*, S. 7.

Rorty legt uns also erstens nahe, das Leib-Seele Problem, sowie das Problem akkurater Repräsentation nicht als ein ahistorisches, in die *conditio humana* einge-schriebenes Grundlagenproblem philosophischer Reflexion zu verstehen, sondern beide Probleme als kontingente historische Artefakte zu erkennen. Erst so las-sen sich zweitens die unhinterfragten Vorannahmen beider Probleme explizieren und hinterfragen. Löst man sich von den Prämissen – d. h. von dem Dualis-mus zwischen innerem Bewusstsein und äußerer Natur, sowie dem Verständnis von Wissen als innere akkurate Repräsentation eben jener äußeren Natur –, so befreit man sich auch von den darauf aufbauenden Fragen. Die einst als ahisto-risch anmutenden philosophischen Probleme werden somit nicht gelöst, sondern aufgelöst. Es handelt sich also um eine wittgensteinsche „Entdeckung", die einen „fähig macht, das Philosophieren abzubrechen, wann [man] will".[12]

Damit wird zwar nicht das Ende der Philosophie prophezeit, wohl aber das Ende der Philosophie, wie sie sich größtenteils seit dem 17. Jahrhundert verstan-den hat; auch und besonders innerhalb der analytischen Philosophie. Bei einer solchen Absage handelt es sich jedoch nicht um eine pauschale Abrechnung mit der analytischen Philosophietradition per se. Das zeigt sich insbesondere in den rezipierten Autoren. Während sich Rortys anti-repräsentationalistische Ziele zwar Ludwig Wittgenstein, Martin Heidegger und John Dewey verdanken, gewinnt er die begrifflichen Mittel zur Erreichung dieser Ziele ausschließlich von analyti-schen Philosophen seiner Zeit. Insbesondere stellen ihm Wilfrid Sellars, Willard V.O. Quine und Donald Davidson die Werkzeuge bereit, die ihm erlauben, sich von der modernen cartesisch-kantischen Verfassung zu lösen. Die eigene Posi-tion, die Rorty aufbauend auf diesen Autoren entwickelt, stellt er in *Mirror* nur zurückhaltend unter das Zeichen des Pragmatismus. Stattdessen verwendet Rorty den Begriff „epistemological behaviorism".[13] Wenige Jahre später versteht Rorty sein Projekt allerdings vollumfänglich als Fortführung des amerikanischen Pragmatismus.[14] Daran sollte sich bis zu seinem Lebensende nichts ändern.

Mirror jedenfalls sorgte für einiges an Aufregung: „Many analytic philoso-phers were furious. They felt as if one of their own had betrayed them – like Judas".[15] Und auch wenn Rorty im Verlaufe seiner gesamten Karriere in engen Kontakt mit führenden analytischen Philosophen wie Donald Davidson, Robert

---

[12] Wittgenstein. *Philosophische Untersuchungen*, § 133.

[13] Rorty. *Philosophy and the Mirror of Nature*, S. 173 ff.

[14] Rorty, Richard. 1982/2017. *Consequences of Pragmatism (Essays: 1972–1980)*. Minnea-polis: University of Minnesota Press.; Rorty, Richard. 2007. *Philosophy as Cultural Politics. Philosophical Papers Volume 4*. Cambridge: Cambridge University Press.

[15] Bernstein. *The Pragmatic Turn*, S. 205.

Brandom, Daniel Dennett, Michael Williams oder John McDowell stand, seine einstige Anerkennung in analytischen Kreisen war passé. Dies zeigte sich auch 1989 bei der Erscheinung von Rortys zweiten Hauptwerk, *Contingency, Irony & Solidarity*. Spätestens mit dieser Veröffentlichung waren Philosophinnen der amerikanischen Departments davon überzeugt, „that Rorty had simply given up on philosophy".[16] Die ausführliche Diskussion von Schriftstellern wie Marcel Proust, Vladimir Nabokov oder George Orwell, der thematische Schwerpunkt der Sozialphilosophie, sowie die Übernahme einer Professur für *Humanities* an der *University of Virginia* im Jahre 1982 mögen dazu beigetragen haben. Wie dem auch sei, die zentrale Idee des Buches besteht in einer Neuformulierung der Unterscheidung von Öffentlich und Privat.[17] Entgegen des platonischen Versuchs, das Öffentliche und Private begrifflich zu verschmelzen, sodass die öffentlichen Pflichten mit den privaten Pflichten übereinstimmen, optiert Rorty dafür, dass unsere Pflichten gegenüber anderen und unsere Pflichten gegenüber uns selbst oft irrelevant füreinander sind und eine theoretische wie praktische Verschmelzung beider Bereiche daher nicht erstrebenswert ist. Private Erfüllung und Solidarität mit Anderen lassen sich in unterschiedlichen Begriffssystemen fassen und müssen nicht in einem einheitlichen Ansatz aufgehoben werden. Rorty versucht diese Enthaltung begrifflich zu präzisieren, wobei ihm die Figur der liberalen Ironikern behilflich ist.[18] Ironikerinnen verstehen ihre eigenen Überzeugungen und Wünsche, die Vokabulare, in denen sie formuliert sind, ihr eigenes Selbst, sowie das Gemeinwesen, an denen sie teilhaben als Produkte historischer Kontingenz bar jeder Notwendigkeit oder Telos. Liberale sind davon überzeugt, „that cruelty is the worst thing we do".[19] Nun bevorzugen Ironikerinnen die Schaffung eines neuen Selbst oder eines neuen Vokabulars gegenüber der Erkenntnis eines vermeintlichen Wesenkerns oder dem Wiederfinden derjenigen Wörter, die einst die Götter zur Benennung der Dinge verwendet haben.[20] Rorty zufolge werden diese Ideen von Ironikern wie Freud, Nietzsche, Heidegger und Derrida „häufig als Gefahren für die Gesellschaft angesehen, als unvereinbar mit sozialer Verantwortung und demokratischer Politik" und damit als Gefahr für das Selbstverständnis

---

[16] Bernstein. *The Pragmatic Turn*, S. 208.

[17] Rorty, Richard. 1989/2009. *Contingency, Irony, and Solidarity*. Cambridge: Cambridge University Press, S. xiii.

[18] Rorty. *Contingency, Irony & Solidarity*, S. xv.

[19] Rorty. *Contingency, Irony & Solidarity*, S. xv.

[20] Für letzteres vgl. Angehrn, Emil. 2000. *Der Weg Zur Metaphysik: Vorsokratik, Platon, Aristoteles*. Göttingen: Velbrück Wissenschaft, S. 209 f.

der Liberalen.[21] Dem widerspricht die Figur der liberalen Ironikerin, die gleichermaßen an den Werten der westlich liberal-demokratischen Welt festhält, ohne dabei diese Werte als in die Menschennatur eingeschriebene zu verstehen. Wie bereits zu Beginn erläutert, tut sie dies, indem sie die beiden Forderungen nach ironischer Selbsterschaffung und liberaler Solidarität als zwar gleichwertig aber inkommensurabel ansieht.

Abseits dieser beiden Hauptwerke, veröffentlichte Rorty mehrere Essaysammlungen, sowie eine Zusammenstellung dreier Vorlesungen zum Thema „Leftist Thought in Twentieth-Century America" namens *Achieving our Country*.[22] Einzeln hervorheben möchten wir jedoch das erst kürzlich in englischer Sprache erschienene *Pragmatism as Anti-Authoritarianism*.[23] Dieses letzte, „long-lost book" stellt soetwas wie die abschließende Fassung von Rortys Pragmatismus dar.[24] In diesen 1996 gehaltenen Vorlesungen skizziert Rorty den Pragmatismus als eine der Aufklärung und der Säkularisierung verpflichtete Denktradition. Eine Denktradition, die die bloße Idee einer „obedience to a non-human authority" vollständig aufgeben möchte.[25] Diese Idee kann unterschiedlich aktualisiert werden. Die christliche Theologie fordert moralischen Gehorsam gegenüber Gott; der einzigen Autorität, der es möglich ist, zwischen gut und böse zu scheiden. Die Aufklärung des 17. und 18. Jahrhunderts stellte eben jene religiöse Autorität infrage, setzte dabei jedoch ein funktionales Äquivalent an deren Stelle: die Wirklichkeit an sich. Hier setzt Rorty zufolge der Pragmatismus ein. Dessen Anti-Repräsentationalismus muss als Analogon zur aufklärerischen Säkularisierung der Moral verstanden werden:

> I see the pragmatists' account of truth, and more generally their anti-representationalist account of belief, as a protest against the idea that human

---

[21] Rorty, Richard. 1988. Vorwort. In *Solidarität Oder Objektivität. Drei Philosophische Essays*. Stuttgart: Reclam, S. S. 5–9, hier: S. 6.

[22] Rorty. *Consequences of Pragmatism;* Rorty, Richard. 1991. *Objectivity, Relativism, and Truth. Philosophical Papers Volume 1*. Cambridge: Cambridge University Press.; Rorty, Richard. 1991. *Essays on Heidegger and Others. Philosophical Papers Volume 2*. Cambridge: Cambridge University Press.; Rorty, Richard. 1998. *Truth and Progress. Philosophical Papers Volume 3*. Cambridge: Cambridge University Press; Rorty. *Philosophy as Cultural Politics.*; Rorty, Richard. 1999. *Philosophy and Social Hope*. London: Penguin.; Rorty, Richard. 1998. *Achieving Our Country. Leftist Thought in Twentieth-Century America*. Cambridge, Mass, London: Harvard University Press.

[23] Rorty, Richard. 1996/2021. *Pragmatism as Anti-Authoritarianism*. Harvard: Harvard University Press.

[24] Brandom. Foreword: Achieving the Enlightenment, S. vii.

[25] Rorty. *Pragmatism as Anti-Authoritarianism*, S. xxviii.

beings must humble themselves before something non-human, whether the Will of God or the Intrinsic Nature of Reality.[26]

Statt einer absoluten Instanz moralische oder epistemische Rechenschaft schuldig zu sein, empfiehlt der Pragmatismus, „that [humans] need respect no authority save that of their own freely obtained agreements".[27] Darauf aufbauend diskutiert Rorty im restlichen Buch die Konsequenzen dieser Idee für eine Aufassung von Wahrheit, Ethik und Gerechtigkeit.

Abschließend lässt sich sagen, dass sich der hier nur skizzenhaft dargelegte Anti-Repräsentationalismus durch das gesamte Werk Rortys zieht und wohl der wichtigste Strang seines Denkens ist. Offensichtlich ist dies natürlich in *Mirror*, bei dem die Spiegelmetaphorik des Repräsentationalismus bereits im Titel vorkommt. Ebenso in *Pragmatism as Anti-Authoritarianism*, in dem der Anti-Repräsentationalismus als Sonderfall eines Anti-Autoritarismus skizziert wird. Aber auch das eher politik- und sozialphilosophische *Contingency* ist nicht ohne Rortys Kritik an der erkenntnistheoretischen Tradition zu haben, wie man insbesondere in den Kapiteln zur Kontingenz der Sprache und des Selbst nachlesen kann. Es wird Aufgabe des folgenden Buches sein, klarer herauszuarbeiten, was diesen Anti-Repräsentationalismus auszeichnet und inwiefern er, im Geiste von Deweys *Reconstruction in Philosophy*,[28] eine Rekonstruktion der Soziologie des Wissens anleiten kann.

Zuvor jedoch wollen wir kurz auf die bereits bestehende Rezeption Rortys innerhalb der Soziologie eingehen. Die klassischen Pragmatisten William James, John Dewey, George H. Mead und Charles S. Peirce wurden bereits bei Durkheim rezipiert und geben der Soziologie seither entscheidende Impulse.[29] Neopragmatistische Ansätze werden dabei allerdings wenig bis kaum rezipiert. Dazu muss

---

[26] Rorty. *Pragmatism as Anti-Authoritarianism*, S. 1.

[27] Rorty, Richard. 1998. The Contingency of Philosophical Problems: Michael Ayers on Locke. In *Truth and Progress. Philosophical Papers, Volume 3*. Cambridge: Cambridge University Press, S. 274–289, hier: S. 289.

[28] Dewey, John. 1919/2004. *Reconstruction in Philosophy*. New York: Dover Publication.

[29] Vgl. Durkheim, Émile. 1913–4/1993. Pragmatismus und Soziologie. In *Schriften zur Soziologie der Erkenntnis*, Frankfurt am Main: Suhrkamp, S. 5–168. Vgl. auch Latour, Bruno. 2006. A Textbook Case Revisited – Knowledge as a Mode of Existence. In *The Handbook of Science and Technology Studies*, hrsg. Edward J. Hackett, et al. Cambridge, Mass: MIT Press, S. 83–112; Bourdieu, Pierre, und Wacquant, Loic. 1996. Die Ziele Der Reflexiven Soziologie. Chicago-Seminar, Winter 1987. In *Reflexive Anthropologie*. Frankfurt am Main: Suhrkamp, S. 95–250, hier: S. 155; Joas, Hans. 1989. *Praktische Intersubjektivität. Die Entwicklung des Werkes von George Herbert Mead*. Frankfurt am Main: Suhrkamp; Habermas, Jürgen. 1968. *Erkenntnis und Interesse*. Frankfurt am Main: Suhrkamp, S. 116 ff. Vgl. auch

nicht einmal auf zeitgenössische Autorschaften wie Robert Brandom, Huw Price oder Cheryl Misak verwiesen werden.[30] Es reicht bereits aus, ältere Generationen wie Hilary Putnam, Richard J. Bernstein oder eben Richard Rorty zu erwähnen.[31]

Eine Ausnahme dieser soziologischen Übereinkunft bildet Henning Laux, der anhand von Rorty den „Mehrwert einer pragmatistisch informierten Soziologie" ausformuliert.[32] Insbesondere interessiert ihn dabei Rortys an Darwin geschulten Naturalismus, sein Relationismus, die symmetrische Behandlung klassischer Dualismen und die Figur der liberalen Ironikerin. Alle vier Aspekte können, so Laux, zu einer darwinistischen, relationistischen, symmetrischen und ironisch engagierten Soziologie beitragen. Aber trotz dieser emphatischen Aufnahme, ist die von Laux diagnostizierte „erstaunliche Rezeptionslücke" nicht sehr viel enger geworden.[33] Wenige Jahre später bemerkt dies auch Fabian Anicker, der Rorty als soziologischeren Habermas ins Feld führt, um so eine Theorie der Deliberation auszuformulieren. Auch er verweist darauf, dass „die Relevanz von Rortys Neopragmatismus für soziologische Problemstellungen […] noch kaum ausgelotet worden" ist.[34]

Das erklärte Ziel des vorliegenden Buches ist es, zumindest einen Beitrag zu dieser Auslotung beizusteuern.[35] Wir werden uns dabei auf einen Teilbereich

---

den Sammelband zur Schnittstelle Praxistheorie und Pragmatismus von Dietz, Hella, Nungesser, Frithjof, und Pettenkofer, Andreas. Hrsg. 2017. *Pragmatismus und Theorien sozialer Praktiken. Vom Nutzen einer Theoriedifferenz*. Frankfurt am Main: Campus.

[30] Vgl. Brandom, Robert. 1998. *Making It Explicit. Reasoning, Representing, and Discursive Commitment*. Harvard: Harvard University Press. Price, Huw. 2013. *Expressivism, Pragmatism and Representationalism*. Cambridge: Cambridge University Press. Misak, Cheryl. Hrsg. *New Pragmatists*. Oxford, New York: Oxford University Press. Als Ausnahme einer soziologischen Aufnahme Brandoms vgl. Law und Pepperell. *Sociology and the mirror of nature*.

[31] Vgl. Putnam, Hilary. 1995. *Pragmatism. An Open Question*. Oxford, Cambridge, Mass: Blackwell. Bernstein. *The Pragmatic Turn*; Bernstein, Richard J. 1976. *The Restructuring of Social and Political Theory*. Philadelphia: University of Pennsylvania Press.

[32] Laux, Henning. 2013. Richard Rorty und die Reanimation des Pragmatismus im ›Zeitalter der Komposition‹. *Berliner Journal für Soziologie* 23, S. 389–415, hier: S. 389.

[33] Laux. Richard Rorty und die Reanimation des Pragmatismus im ›Zeitalter der Komposition‹, S. 391.

[34] Anicker, Fabian. 2019. *Entwurf einer Soziologie der Deliberation. Kommunikative Rationalität und kulturelle Heterogenität*. Weilerswist: Velbrück Wissenschaft, S. 109.

[35] An dieser Stelle sei auf jüngste Veröffentlichungen hingewiesen, die eine soziologische Rezeption Rortys befördern könnten: Das im Erscheinen befindliche Handbuch von Müller, Martin. Hrsg. 2022. *Handbuch. Richard Rorty*. Wiesbaden: Springer VS., Malachowski, Alan R. Hrsg. 2020. *A Companion to Rorty*. Hoboken, NJ: John Wiley & Sons., sowie Rorty. *Pragmatism as Anti-Authoritarianism*.

soziologischer Problemstellung beschränken und ausschließlich die wissenssoziologische Tradition in den Blick nehmen. Eine solche Beschränkung eignet sich jedoch gerade deshalb, weil sie Rortys Hauptthema berührt: der im 17. und 18. Jahrhundert entstandene Repräsentationalismus und seine Kritik daran.

Das Bild vom Spiegel der Natur und Richard Rortys Gegenposition

2

Der folgende Teil beginnt mit einer Rekonstruktion des Bildes vom Spiegel der Natur (Abschn. 2.1). Rorty hebt insbesondere zwei Eigenschaften dieses Bildes hervor. Erstens zeichnet sich das Bild durch einen epistemischen Innen/Außen-Repräsentationalismus aus, der das erkenntnistheoretische Denken zur Alternative zwischen *veil-of-ideas skepticism* und Fundamentalismus zwingt (Abschn. 2.1.1). Zweitens verwechselt die auf dem Bild aufbauende Erkenntnistheorie *reasons* und *causes* bzw. Rechtfertigung und Erklärung (Abschn. 2.1.2). Im Anschluss daran stellen wir Rortys Gegenposition vor, den *epistemological behaviorism* (Abschn. 2.2). Dieser lässt sich als Anti-Fundamentalismus (Abschn. 2.2.1) und Anti-Repräsentationalismus (Abschn. 2.2.2) explizieren. Schließlich wird skizziert, welche mögliche Soziologie des Wissens sich aus dieser Gegenposition Rortys ergibt (Abschn. 2.2.3).

2.1   Das Bild vom Spiegel der Natur

Wie der Untertitel der deutschen Übersetzung nahelegt, geht es Rorty in *Philosophy and the Mirror of Nature* um eine „Kritik der Philosophie".[1] Diese überbordende Bezeichnung ist freilich nur dann zutreffend, wenn unter ‚Philosophie' diejenige Tradition verstanden wird, die sich frühestens mit Descartes gebildet hat und spätestens mit den Neu-Kantianern zu Selbstbewusstsein gelangt ist: Philosophie als Erkenntnistheorie.[2] Nun gilt zu betonen, dass es Rorty nicht

---

[1] Rorty, Richard. 1987. *Der Spiegel Der Natur. Eine Kritik der Philosophie.* Frankfurt am Main: Suhrkamp.

[2] Vgl. Vaihinger, Hans. 1876. Über den Ursprung des Wortes Erkenntnistheorie. In *Philosophische Monatshefte* XII, S. 84–90.; Köhnke, Klaus Christian. 1981. Über den Ursprung des

© Der/die Autor(en), exklusiv lizenziert an Springer Fachmedien Wiesbaden   11
GmbH, ein Teil von Springer Nature 2022
F. Beer, *Soziologisch denken mit Richard Rorty*, Philosophische Grundlagen der
Soziologie, https://doi.org/10.1007/978-3-658-37738-0_2

darum geht, erkenntnistheoretische Problemlösungen von John Locke bis Eduard Zeller zu kritisieren oder eigene Antworten auf ungelöste Fragen zu formulieren. Vielmehr versucht er mit den Mitteln einer „theoretical diagnosis" die unhinterfragten Voraussetzungen der erkenntnistheoretischen Probleme auszuloten und zu verabschieden.[3] Statt Probleme zu lösen, sollen sie auf-gelöst werden. Rorty geht es also darum, diejenigen Voraussetzungen aufzugeben, vor deren Hintergrund die erkenntnistheoretischen Probleme überhaupt erst gestellt werden können.[4] Fehlen die Hintergrundannahmen, lassen sich auch die Probleme nicht mehr formulieren. Die infrage stehenden Prämissen der erkenntnistheoretischen Tradition bündelt Rorty unter dem Begriff des ‚Bildes vom Spiegel der Natur'.

Die Verwendung des Bildbegriffs legt hierbei vor allem zweierlei nahe. Erstens wird damit darauf verwiesen, dass wir bestimmte Vorstellungen oder Metaphern haben, die unsere Idee von Erkenntnis prägen: „It is pictures rather than propositions, metaphors rather than statements, which determine most of our philosophical convictions".[5] Zweitens übernehmen diese bildlichen Vorstellungen, wie in dem Zitat bereits angedeutet, eine bestimmte Funktion. Sie sind ein „weitgehend unreflektiert bleibendes Hintergrundverständnis", das den Rahmen festlegt, innerhalb dessen eine spezifische Theorie überhaupt erst formuliert werden kann.[6] Sie sind die unhinterfragten Voraussetzungen, die eine *theoretical diagnosis* zutage fördern soll. Im Folgenden werden die zwei entscheidenden Aspekte des Bildes vom Spiegel der Natur und der darauf aufbauenden Erkenntnistheorie rekonstruiert: der Innen/Außen-Repräsentationalismus (Abschn. 2.1.1) und die Verwechslung von *reasons* und *causes,* von Rechtfertigung und Erklärung (Abschn. 2.1.2).

Wortes Erkenntnistheorie – Und dessen vermeintliche Synonyme. In *Archiv für Begriffsgeschichte* 25, S. 185–210.

[3] Williams, Michael. 2000. Epistemology and the Mirror of Nature. In *Rorty and His Critics*, hrsg. Robert Brandom, Malden, Mass., Oxford: Blackwell, S. 191–213, hier: S. 191.

[4] Rorty. *Philosophy and the Mirror of Nature,* S. 7.

[5] Rorty. *Philosophy and the Mirror of Nature,* S. 12.

[6] Dreyfus und Taylor. *Die Wiedergewinnung des Realismus,* S. 11.

2.1.1 Der Innen/Außen-Repräsentationalismus

Das Bild vom Spiegel der Natur beginnt mit Descartes und einer „bifurcation of nature into two systems of reality",[7] einer *gespaltene[n]* Welt",[8] d. h. mit dem metaphysischen Dualismus von Bewusstsein und Natur. Aus zweierlei Gründen gewinnt diese metaphysische Unterscheidung sodann auch epistemische Relevanz. Zunächst weil die Unterscheidung von Bewusstsein und Natur als Innen/Außen-Dualismus in einem Repräsentationalismus eingebettet wird. Die Elemente der mentalen Innenwelt – Ideen, Überzeugungen, mentale Zustände – werden als Repräsentationen verstanden, d. h. als ‚‚‚Vorstellung', ‚Darstellung', ‚Abbild', ‚Bild' oder ‚Stellvertretung'" der Dinge der natürlichen Außenwelt.[9] Das Selbst erlangt demnach nur vermittelt über das Medium seiner inneren Repräsentationen einen Zugang zur Außenwelt.[10] Seinen historischen Anfang nahm dieses Bild mit dem Bewusstsein und Descartes, für den auf der einen Seite die Idee als eine „Operation des Verstandes", und auf der anderen „das durch diese Operation repräsentierte Ding" steht.[11] Theoriebautechnisch ist jedoch nicht vorgeschrieben, welche Entität die Funktion des Innen erfüllen muss. Es ist nur entscheidend, dass der „begriffliche Gegensatz" beibehalten wird.[12] So lässt sich etwa mit dem *linguistic turn* auch die Sprache als das repräsentierende Innen verstehen oder aus der Sicht eines neurobiologischen Materialismus das Gehirn.[13] Wie dem auch sei, einhergehend mit der eben beschriebenen „Innen-außen-Struktur" etabliert sich ein spezifischer Wissensbegriff.[14] Wissen, im Gegensatz zu bloßer Meinung, besteht fortan in akkurater Repräsentation: „To know is to

---

[7] Whitehead, Alfred North. 1919/1955. *The Concept of Nature. Tarner Lectures Delivered in Trinity College November 1919*. Cambridge: Cambridge University Press, S. 30.

[8] Husserl, Edmund. 1936/2012. *Die Krisis der europäischen Wissenschaften und die transzendentale Phänomenologie*. Hamburg: Felix Meiner, § 11.

[9] Scheerer, Eckart et al. 1992. Repräsentation. In *Historisches Wörterbuch Der Philosophie*. Onlineversion, hrsg. Joachim Ritter, Karlfried Gründer, und Gottfried Gabriel. Basel: Schwabe Verlag, o.S.

[10] Vgl. Rorty, *Contingency, Irony, and Solidarity*, S. 10.; Dreyfus und Taylor. *Die Wiedergewinnung des Realismus*, S. 12 f.; Davidson. The Myth of the Subjective, S. 43.

[11] Descartes, René. 1641/2009. Meditationen über die erste Philosophie. Hamburg: Felix Meiner, S. 10, AT VII: 8.

[12] Dreyfus und Taylor. *Die Wiedergewinnung des Realismus*, S. 29.

[13] Vgl. Dreyfus und Taylor. *Die Wiedergewinnung des Realismus*, S. 14, 16. Rorty. *Philosophy and the Mirror of Nature*, S. 257 ff.

[14] Dreyfus und Taylor. *Die Wiedergewinnung des Realismus*, S. 13.

represent accurately what is outside the mind".[15] Wahrheit wird somit als akkurate repräsentationale Relation gedacht, die zwischen Ideen der Innenwelt und Dingen der Außenwelt besteht.[16] Eine solche Korrespondenztheorie von Wahrheit geht davon aus, dass die inneren Elemente – im folgenden Beispiel: *linguistic items* – durch die äußeren Elemente wahr gemacht werden: „For representationalists, ‚making true' and ‚representing' are reciprocal relations: the nonlinguistic item which makes *S* true is the one represented by *S*".[17] Zusammengefasst gelten in diesem Bild innere Ideen als Repräsentierendes, die Dinge der natürlichen Außenwelt als Repräsentiertes, die Beziehung zwischen Innen und Außen lässt sich als repräsentationale Beziehung bezeichnen und das Wahrheitskriterium einer Repräsentation ist ihre *accuracy*.[18]

Bevor auf den zweiten Grund eingegangen werden kann, warum der metaphysische Dualismus von Bewusstsein und Natur auch epistemische Relevanz erlangt, sei erwähnt, dass mit der eben skizzierten Neuerung des Wissensbegriffs skeptizistische Folgerungen notwendig einhergehen.[19] Denn ist der Zugang zur zu erkennenden Außenwelt nur vermittelt durch innere Repräsentationen möglich, dann kann es dem Bewusstsein niemals gelingen, in unvermitteltem Kontakt mit dem Repräsentierten zu gelangen. Es ist nur in der Lage, seine eigenen Spiegelbilder zu betrachten, nicht jedoch dasjenige, was es zu spiegeln gilt. Genau dies wäre jedoch notwendig, wenn über die *accuracy* einer Repräsentation verhandelt werden soll. So kann eine Repräsentation nur dann als akkurate Repräsentation bezeichnet werden, wenn sie dem Repräsentierten hinreichend gerecht wird. Der begriffliche Rahmen verhindert jedoch systematisch einen Abgleich zwischen Repräsentierendes und Repräsentiertes. Denn auch eine Erkenntnis der repräsentationalen Beziehung zwischen Bewusstsein und Natur kann nur auf innere Repräsentationen zurückgreifen, die das selbe Problem auf einer anderen Ebene

---

[15] Rorty. *Philosophy and the Mirror of Nature*, S. 3.

[16] Vgl. Rorty, Richard. 1986/1991. Pragmatism, Davidson and Truth. In *Objectivity, Relativism, and Truth. Philosophical Papers, Volume 1*. Cambridge: Cambridge University Press, S. 126–150, hier: S. 129.

[17] Rorty, Richard. 1991. Introduction: Antirepresentationalism, Ethnocentrism, and Liberalism. In *Objectivity, Relativism, and Truth. Philosophical Papers, Volume 1*. Cambridge: Cambridge University Press, S. 1–17, hier: S. 4.

[18] Vgl. Brandom, Robert. 2015. Begriffsrealismus und die semantische Möglichkeit von Erkenntnis. In *Wiedererinnerter Idealismus*. Berlin: Suhrkamp, S. 123–158, hier: S. 129 f.

[19] Vgl. Brandom. Begriffsrealismus und die semantische Möglichkeit von Erkenntnis, S. 130 f.; Rorty. *Philosophy and the Mirror of Nature*, S. 46, 94 Fn. 8, 113, 139 f.; Dreyfus und Taylor. *Die Wiedergewinnung des Realismus*, S. 12 f.; Latour. »Glaubst Du an Die Wirklichkeit?«, S. 14, 21.

wiederholen. Schließlich muss auch eine repräsentationale Beziehung repräsentiert werden und auch die Akkuratheit eben dieser Repräsentation lässt sich auch nur mit repräsentationalen Mitteln prüfen. Ein schlechter *infiniter regress* deutet sich an und der Außenweltkontakt bleibt ungewiss, da eine Prüfung, ob das Repräsentierende das Repräsentierte akkurat wiedergibt, theoretisch unterbunden ist. Das grundlegende Problem des repräsentierenden Bewusstseins besteht also darin, dass es – eine Formulierung John McDowells übernehmend – aus seinen eigenen Repräsentationen nicht heraussteigen kann, um das Verhältnis von Repräsentierendes und Repräsentiertes von der Seite zu betrachten, „from sideways on".[20]

Dies ist die moderne Form des Skeptizismus, die Rorty als „veil-of-ideas skepticism" bezeichnet.[21] In ihrer mentalistischen Version lässt sie sich wie folgt zusammenfassen: „How do we know that anything which is mental represents anything which is not mental? How do we know whether what the Eye of the Mind sees is a mirror (even a distorted mirror – an enchanted glass) or a veil?".[22] Es ist wichtig zu verstehen, warum Rorty diesen Skeptizismus als ein modernes Phänomen versteht, da dadurch die Fragestellungen der Erkenntnistheorie klarer werden. Michael Williams hat diesen Sachverhalt wohl am präzisesten zusammengefasst:

> Descartes's new conception of the mind utterly transforms the skeptical problematic, from that of responding to Pyrrhonian reservations about the possibility of attaining certainty about the real natures of things (given seemingly intractable differences of opinion in theoretical matters) to that of connecting subject and object – that is, that of reassuring ourselves that our ideas correspond to anything whatsoever and, if so, to what extent. This problem has nothing to do with controversy and everything to do with the nature of the mind. It becomes hard to see how we can know even things that no one regards as controversial.[23]

---

[20] McDowell, John. 2000. Towards Rehabilitating Objectivity. In *Rorty and His Critics*, hrsg. Robert Brandom, Malden, Mass., Oxford: Blackwell: S. 109–123, hier: S. 115.

[21] Rorty. *Philosophy and the Mirror of Nature*, S. 139 f., 94 Fn.8.

[22] Rorty. *Philosophy and the Mirror of Nature*, S. 46.

[23] Williams, Michael. 2009/2018. Introduction to the 2009 Edition. In Rorty, Richard. *Philosophy and the Mirror of Nature*. Princeton, Oxford: Princeton University Press, S. xiii–xxix, hier: S. xxi; vgl. Williams, Michael. 2008. Descartes' Transformation of the Skeptical Tradition. In *The Cambridge Companion to Ancient Skepticism*, hrsg. Richard Bett, Cambridge: Cambridge University Press, S. 288–313.

Eine im Bild vom Spiegel der Natur gefangene Skeptikerin stellt demnach nicht infrage, ob bspw. die Evolutionstheorie gerechtfertigt, historische Quellen glaubwürdig oder experimentelle Methoden hinreichend reliabel sind. Das wären Fragen der Einzelwissenschaften und Probleme bei der Beantwortung dieser Fragen müssten im Rahmen der jeweiligen Disziplinen gelöst werden. Die Cartesianerin verweist vielmehr darauf, dass selbst wenn alle Fragen dieser Art zufriedenstellend beantwortet wären, sich immer noch die Frage stellt, ob das Subjekt mit dem Objekt übereinstimmt, das Innen mit dem Außen. Denn die hier infrage stehende Übereinstimmung von Innen und Außen bezieht sich nicht darauf, ob bspw. Die Evolutionstheorie eine akkurate Repräsentation von Organismen, Tieren oder Vögeln ist, da ‚Organismen', ‚Tiere' und ‚Vögel' selbst nur als innere Vorstellungen expliziert werden können, die vorgeben, eine unbekannt bleibende Außenwelt zu repräsentieren. Der selbe Zweifel lässt sich auch auf Gegenstände wie U-Bahnen, Schnee oder Nationalstaaten anwenden.[24] Die Außenwelt ist daher nicht die Welt, in der sich bspw. die Wissenschaftlerin des Tages zurechtzufinden versucht und die je nach historischem Zeitpunkt Phlogiston oder Sauerstoff zu enthalten scheint; mitsamt all den anderen „objects that inquiry at the moment is leaving alone".[25] Sie ist vielmehr die unabhängig von jeder Beschreibung vorhandene wahre Welt, die unseren Ideen von ihr zugrunde liegt und sowohl von Phlogiston-, als auch von Oxidationstheorien repräsentiert werden soll. Es handelt sich dabei um „the notion of a world so ‚independent of our knowledge' that it might, for all we know, prove to contain none of the

---

[24] Vgl. dazu auch Rortys Unterscheidung von einer philosophischen und einer nichtphilosophischen Bedeutung von ‚akkurate Repräsentation': „In the nonphilosophical sense, to ask a witness if she has accurately represented a situation is to ask about her truthfulness or her carefulness. When we say that good historians accurately represent what they find in the archives, we mean that they look hard for relevant documents, do not discard documents tending to discredit the historical thesis they are propounding, do not misleadingly quote passages out of context, tell the same historical story among themselves that they tell us, and so on. To assume that a historian accurately represents the facts as she knows them is to assume that she behaves in the way in which good, honest historians behave. [...] But when philosophers discuss the question of whether knowledge consists in accuracy of representation, they are not concerned with honesty or carefulness. The question at issue between representationalists like Searle and antirepresentationalists like me is merely this: Can we pair off parts of the world with parts of beliefs or sentences, so as to be able to say that the relations between the latter match the relations between the former? Can true beliefs or sentences be treated on the model of realistic portraiture?" (Rorty, Richard. 1994/1998. John Searle on Realism and Relativism. In *Truth and Progress. Philosophical Papers, Volume 3*. Cambridge: Cambridge University Press, S. 63–83, hier: S. 73 f.).

[25] Rorty, Richard. 1972/1982. The World Well Lost. In *Consequences of Pragmatism (Essays: 1972–1980)*. Minneapolis: University of Minnesota Press, S. 3–18, hier: S. 15.

things we have always thought we were talking about", d. h. um „the notion of something completely unspecified and unspecifiable – the thing-in-itself, in fact".[26]

Anders formuliert: Mit der Unterscheidung von Innen und Außen gelingt Descartes eine Neujustierung der Unterscheidung von Schein und Wirklichkeit, *appearance* und *reality*. Den Schein – das „So-Aussehen" der Dinge, die Dinge für uns – bestimmt er ontologisch als innere Ideen des Bewusstseins, die wirkliche Wirklichkeit – das So-Sein der Dinge, die Dinge an sich – bestimmt er als natürliche Außenwelt.[27] Hiermit setzt uns Descartes der Gefahr aus, immer nur im Schein gefangen zu sein und niemals etwas über die Wirklichkeit erfahren zu können.[28] Bei dem cartesischen Skeptizismus handelt es sich also nicht um einen Skeptizismus, der sich auf die alltägliche oder wissenschaftliche Rechtfertigung einzelner Überzeugungen bezieht. Es ist ein Skeptizismus, der sich auf die Möglichkeit von Wissen überhaupt bezieht und sich erst dann ergibt, wenn man Wissen als akkurate innere Repräsentation einer Außenwelt versteht.

---

[26] Rorty. The World Well Lost, S. 14; vgl. Rorty. Introduction: Antirepresentationalism, Ethnocentrism, and Liberalism, S. 2; vgl. auch Wittgenstein: „»Die Existenz der äußeren Welt bezweifeln« heißt ja nicht, z. B., die Existenz eines Planeten bezweifeln, welche später durch Beobachtung bewiesen wird" (Wittgenstein, Ludwig. 1950-1/1984. Über Gewißheit. In *Bemerkungen über die Farben. Über Gewißheit. Zettel. Vermischte Bemerkungen*, Werkausgabe Band 8. Frankfurt am Main: Suhrkamp, S. 113–258, hier: § 20). Dieser Unterschied zwischen der Welt und der Außenwelt lässt sich nochmals verdeutlichen mit den folgenden zwei Fragen:‚Gibt es in Frankfurt Bäume?' und ‚Gibt es in Frankfurt wirklich Bäume?'. Erstere lässt sich mithilfe von Erfahrung und dem gekonnten Gebrauch der verwendeten Begriffe leicht beantworten. Jemand der die zweite Frage stellt, würde sich mit einer solchen Antwort allerdings nicht begnügen. Dieser Jemand würde einwenden, dass eine Beantwortung der ersten Frage lediglich im Schein unserer Repräsentationen verweilt. Was diesen Jemand interessiert ist nicht, ob ‚Bäume' in der unserem Bewusstsein erscheinenden Welt existieren, sondern ob diese Vorstellung der Welt, in der es ‚Frankfurt' ebenso gibt wie ‚Bäume', auch auf die dahinterliegende wirkliche Außenwelt zutrifft. Die erste Frage lässt sich auch ohne Descartes stellen und beantworten. Die zweite Frage erlangt sowohl ihre Plausibilität als auch die Unmöglichkeit ihrer Beantwortung erst aufgrund der Unterscheidung einer Innen- und einer Außenwelt.

[27] Dreyfus und Taylor. *Die Wiedergewinnung des Realismus*, S. 21 f.

[28] Auch in Bezug auf die Unterscheidung von Schein und Wirklichkeit geht es Rorty also nicht um die „unphilosophical uses" dieser Unterscheidung, d. h. „describing perceptual illusions, financial chicanery, government propaganda, misleading advertising, and so on" (Rorty, Richard. 2004. Being That Can Be Understood Is Language. In *Gadamer's Repercussions. Reconsidering Philosophical Hermeneutics*, hrsg. Bruce Krajewski, Berkeley, Los Angeles, London: University of California Press: S. 21–29, hier: S. 25).

Nun setzt Descartes nicht nur eine neue Form des Skeptizismus in die Welt, er ermöglicht auch seine Widerlegungsversuche: „The Cartesian mind simultaneously made possible the veil-of-ideas skepticism and a discipline devoted to circumventing such skepticism".[29] Um dies zu erklären, muss der zweite Grund erläutert werden, warum in dem cartesischen Bild die metaphysische Unterscheidung von Bewusstsein und Natur auch eine epistemische Relevanz besitzt. Der Frage nachgehend, wie Descartes das Bewusstsein von der Natur unterscheidet, identifiziert Rorty „indubitability"[30] oder „incorrigibility" als „the Mark of the Mental".[31] Mit Descartes etabliert sich also ein epistemisches Abgrenzungskriterium des Bewusstseins.[32] Er definiert es „in terms of its relation to our knowledge of it; it is what is best known to itself. Indeed, the mental is defined by its *perfect* accessibility".[33] Mental ist fortan also all dasjenige, das dem Prädikat ‚unbezweifelbar' zukommt: Schmerzen, Gefühle, Sinneseindrücke und vor allem der Vorgang des Repräsentierens selbst. Hat ein Ich die Vorstellung einer elliptischen Planetenbahn, so kann bezweifelt werden, dass eine elliptische Planetenbahn tatsächlich existiert; nicht bezweifelt werden kann jedoch, dass dieses Ich die Vorstellung einer elliptischen Planetenbahn hat. Dies wird gewährleistet durch die Selbstpräsenz des Bewusstseins. Die inneren Elemente sind dem Bewusstsein unmittelbar gegeben, sie sind intrinsisch verständlich und ihre Gewissheit steht außer Frage. Dazu Robert Brandom, den Repräsentationalismus rekonstruierend:

> Einige Dinge – paradigmatisch physische, materielle, ausgedehnte Dinge – lassen sich aufgrund ihrer Beschaffenheit nur durch Repräsentation erkennen. Andere Dinge – die Inhalte unseres eigenen Geistes – sind wesentlich etwas *Repräsentierendes* und werden auf vollkommen andere Weise erkannt. Sie werden *unmittelbar* erkannt, also nicht indem sie repräsentiert werden, sondern allein indem man sie *hat*. Sie sind intrinsisch verständlich, insofern ihr bloßes Vorkommen als ein Erkennen oder Verstehen von etwas gilt. Dinge, die sich wesentlich nur als Repräsentiertes erkennen lassen, sind nicht in diesem Sinne intrinsisch verständlich. Ihr bloßes Vorkommen impliziert nicht, dass irgendjemand irgendetwas erkennt oder versteht.[34]

Nicht jede Erkenntnis ist daher vermittlungsgebunden, einzig die Außenwelt muss mithilfe innerer Repräsentationen erkannt werden. Die repräsentierende Innenwelt

[29] Rorty. *Philosophy and the Mirror of Nature*, S. 140.

[30] Rorty. *Philosophy and the Mirror of Nature*, S. 54.

[31] Rorty, Richard. 1970. Incorrigibility as the Mark of the Mental. In *Journal of Philosophy* 67, S. 399–424.

[32] Descartes. *Meditationen über die erste Philosophie*.

[33] Brandom. Vocabularies of Pragmatism, S. 157.

[34] Brandom. Begriffsrealismus und die Semantische Möglichkeit von Erkenntnis, S. 129.

hingegen muss selbst nicht repräsentiert werden, da sie nicht vermittelt, sondern unmittelbar zugänglich ist. Gewissheit kann das Bewusstsein also nicht in dem Erkennen von Objekten erreichen, dafür aber in dem reflexiven Erkennen seiner Repräsentationen von Objekten.[35] So fasst Descartes am Ende der zweiten Meditation zusammen, „daß nichts leichter oder auch evidenter von mir erfaßt werden kann als mein Geist".[36]

Das Bewusstsein, mitsamt dessen inneren Repräsentationen, eignet sich also deshalb als Forschungsgegenstand, über den absolute Gewissheit erreicht werden kann, weil es durch einen privilegierten Zugang zu sich selbst gekennzeichnet ist.[37] Paradoxerweise ist also gerade das Bewusstsein der Ort, an dem der *veil-of-ideas skepticism* überwunden werden soll.[38] Denn ist Gewissheit einmal für innere Ideen verbürgt, so scheint es plausibel, ausgehend von diesen Gewissheiten auch die akkurate Repräsentation der Außenwelt sicherzustellen. Die Disziplin, die dies in Aussicht stellt, erhielt den Namen ‚Erkenntnistheorie'.[39] Ihr Ziel ist es, die jeweiligen Wissensansprüche zu begründen, zu legitimieren, zu fundieren. D. h. sie muss die jeweiligen wissenschaftlichen, religiösen oder moralischen Repräsentationen auf eine solche Weise rechtfertigen, dass inakkurate Repräsentation ausgeschlossen ist. Sie kann dabei nicht vorgehen wie die einzelnen wissenschaftlich, religiös oder moralisch argumentierenden Akteure. Schließlich wissen wir

---

[35] Vgl. Habermas. Richard Rorty's Pragmatic Turn, S. 34.

[36] Descartes. *Meditationen über die erste Philosophie*, S. 37, AT VII: 33.

[37] Vgl. Rorty. *Philosophy and the Mirror of Nature*, S. 136 f.

[38] Vgl. Rorty. *Philosophy and the Mirror of Nature*, S. 140.

[39] Auf *Mirror* zurückblickend schreibt Rorty in einem späteren Text, dass er nun darauf verzichten würde, von einzelnen Disziplinen wie ‚Erkenntnistheorie' zu sprechen: "If I were writing Philosophy and the Mirror of Nature' (PMN) now, I would do my best to avoid the words 'metaphysics' and 'epistemology.' I would try to tell the story entirely by reference to dominant metaphors and images and not by reference to distinctions between disciplines. For using the names of purported disciplines buys in on exactly the understanding of the history of philosophy that I was trying to reject: the history of philosophy as a series of attempts to deal with familiar sets of problems – some ethical, some epistemological, some metaphysical" (Rorty, Richard. 2000. Response to Williams. In *Rorty and His Critics*, hrsg. Robert Brandom. Malden, Mass., Oxford: Blackwell, S. 213-19, hier: S. 214). Rorty ging es also vor allem um das Aufkommen von neuen Bildern und Metaphern, die neue Probleme und Lösungsvorschläge mit sich zogen. Die Entstehung der Erkenntnistheorie meint schließlich nur die Entstehung einer Philosophie, die innerhalb des repräsentationalistischen Bildes vom Spiegels der Natur operiert. Aus Gründen der vereinfachten Darstellung greifen wir jedoch weiterhin auf Begriffe wie ‚Erkenntnistheorie' und ‚erkenntnistheoretisch' zurück. Unter diesen Begriffen wird dabei ausschließlich die Philosophie verstanden, der das Bild vom Spiegel der Natur zugrundeliegt.

von dem *veil-of-ideas skepticism,* dass ausnahmslos jede Überzeugung, unabhängig von ihrer alltäglichen Rechtfertigung, die Außenwelt falsch repräsentieren könnte. Die Erkenntnistheorie muss also die Richtigkeit von Repräsentationen sicherstellen, nicht nur intersubjektive Übereinkunft: „assertions and actions must not only cohere with other assertions and actions but ‚correspond' to something apart from what people are saying and doing".[40] Daher bedarf es einem von der alltäglichen Rechtfertigung unabhängigen „test of accuracy of representation".[41] Es bedarf einen Test, der Auskunft über das Verhältnis von Spiegelbild und Gespiegelten geben kann.

Dieses scheinbar unmögliche Unterfangen wird verständlich gemacht durch eine „theory of privileged representations, ones which are automatically and intrinsically accurate".[42] Es handelt sich dabei um

> the idea that the way to have accurate representations is to find, within the Mirror, a special privileged class of representations so compelling that their accuracy cannot be doubted. These privileged foundations [sic!] will be the foundations of knowledge, and the discipline which directs us toward them – the theory of knowledge – will be the foundation of culture.[43]

Privilegierte Repräsentationen wie „Cartesian clear and distinct ideas" oder „Humean ‚impressions'" sind also Repräsentationen, deren Akkuratheit nicht infrage gestellt werden kann.[44] Sie fungieren dadurch als Fundamente, die den Außenweltkontakt sicherstellen sollen und somit auch nicht-privilegierte Repräsentationen letztbegründen können. Nur mit einem erkenntnistheoretischen *foundationalism* lässt sich also dem *veil-of-ideas skepticism* entkommen. Misslingt diese Fundierung, so fällt eine Spiegeltheoretikerin zurück in den Skeptizismus. Dies ist eines der entscheidenden Punkte von Rortys Rekonstruktion: Das erkenntnistheoretische Denken zwingt zu einer „unfruitful oscillation between skepticism and foundationalism", die in die begriffliche Grundstruktur des Bildes vom Spiegel der Natur eingebaut ist.[45] Die Oszillation ist *unfruitful* weil weder

---

[40] Rorty. *Philosophy and the Mirror of Nature,* S. 179.

[41] Rorty. Introduction: Antirepresentationalism, Ethnocentrism, and Liberalism, S. 6.

[42] Rorty. *Philosophy and the Mirror of Nature,* S. 170.

[43] Rorty. *Philosophy and the Mirror of Nature,* S. 163.

[44] Rorty. *Philosophy and the Mirror of Nature,* S. 160.

[45] Brandom. Foreword: Achieving the Enlightment, S. xv; vgl. Brandom, Robert. 2019a. Fetishism, Anti-Authoritarianism, and the Second Enlightenment: Rorty and Hegel on Representation and Reality. Lecture held at the 2019 Richard Rorty Society Meeting.

Skeptizismus, noch der epistemische Fundamentalismus haltbare Positionen sind. Zum Fundamentalismus jedoch später mehr (vgl. Abschn. 2.2).

2.1.2 Die Verwechslung von *Reasons* und *Causes,* von Rechtfertigung und Erklärung

Versteht sich Philosophie wie soeben rekonstruiert als eine fundierende Erkenntnistheorie, so gedenkt sie, die kulturelle Rolle zu übernehmen, die Rorty wie folgt skizziert:

> Philosophy can be foundational in respect to the rest of culture because culture is the assemblage of claims to knowledge, and philosophy adjudicates such claims. It can do so because it understands the foundations of knowledge, and it finds these foundations in a study of man-as-knower, of the "mental processes" or the "activity of representation" which make knowledge possible. To know is to represent accurately what is outside the mind; so to understand the possibility and nature of knowledge is to understand the way in which the mind is able to construct such representations. Philosophy's central concern is to be a general theory of representation, a theory which will divide culture up into the areas which represent reality well, those which represent it less well, and those which do not represent it at all (despite their pretense of doing so).[46]

Damit dieses Projekt plausibel erscheint, bedarf es eines bereits angedeuteten weiteren Schritts, der über Descartes hinaus geht. Soll nämlich das Bewusstsein als Forschungsgegenstand und das Wissen über diesen Forschungsgegenstand als eine normative Fundierung von Erkenntnis überhaupt verstanden werden, so bedarf es der „confusion of explanation with justification".[47] Es handelt sich hierbei um eine Verwechslung von *causes* und *reasons,* um eine „confusion [...] between a mechanistic account of the operations of our mind and the ‚grounding' of our claims to knowledge".[48] Die erkenntnistheoretische Idee besteht darin, dass die Richtigkeit von Repräsentationen erst dann normativ verbürgt ist, wenn die inneren Vorgänge des repräsentierenden Mediums deskriptiv-erklärend erforscht wurden: „This project of learning more about what we could know and how we might know it better *by studying how our mind worked* was eventually christened

---

https://www.pitt.edu/rbrandom/Courses/Antirepresentationalism(2020)/Texts/Brandom FAASE19-11-23c.docx, S. 7.

[46] Rorty. *Philosophy and the Mirror of Nature*, S. 3.

[47] Rorty. *Philosophy and the Mirror of Nature*, S. 139.

[48] Rorty. *Philosophy and the Mirror of Nature*, S. 140.

‚epistemology'".[49] Das paradigmatische Beispiel eines solchen „para-mechanical account of mental processes" ist der Empirismus Lockes.[50]

Im Zuge der wissenschaftlichen Revolution und des mechanistischen Weltbildes[51], verstand Locke auch das (sinnliche) Erkennen in (quasi-)mechanistischen Begriffen. Dazu Charles Taylor:

> The key to this is obviously perception, and if we see it as another process in a mechanistic universe, we have to construe it as involving as a crucial component the passive reception of impressions from the external world. Knowledge then hangs on a certain relation holding between what is 'out there' and certain inner states that this external reality causes in us.[52]

Vereinfacht dargestellt bestand Lockes Überzeugung darin, dass das Bewusstsein keine angeborenen Ideen enthält, sondern dass alle Ideen auf sinnliche Erfahrung zurückgeführt werden können.[53] Das hierfür bemühte Bild versteht das Bewusstsein als eine leere Wachstafel, auf der, vermittelt über die Sinne, äußere Objekte Eindrücke (*impressions*) hinterlassen. Das Bewusstsein ist hierbei ein „unbeschriebenes Blatt", das die Inskriptionen der äußeren Dinge passiv aufnimmt.[54] Nimmt das Bewusstsein bspw. einen Luchs wahr, so verursacht dies automatisch die Repräsentation ‚Luchs'. Nun verstand Locke dies nicht als eine bloß physiologische Beschreibung der kausalen Beziehungen zwischen Dingen und Ideen. Sein gesamtes Projekt beginnt immerhin mit der Idee, dass wir vor dem Beginn des Erkenntnisprozesses „unsere eigenen geistigen Anlagen prüfen und zusehen müßten, mit welchen *Objekten* sich zu befassen unser Verstand tauglich sei".[55] Locke wollte also prüfen, ob der Erkenntnisapparat richtig funktioniert und mit was er sich befassen muss, um richtig funktionieren zu können. So ist auch das eben beschriebene Einprägen von äußeren Dingen auf die innere Wachstafel als eine epistemisch relevante Beziehung aufzufassen, weil „das ‚Einprägen', wenn es überhaupt einen Sinn hat, nichts anderes bedeutet, als daß die Wahrnehmung

---

[49] Rorty. *Philosophy and the Mirror of Nature*, S. 137, Herv. F.B.

[50] Rorty. *Philosophy and the Mirror of Nature*, S. 126.

[51] Vgl. Falkenburg. Brigitte. 2012. *Mythos Determinismus. Wieviel erklärt uns die Hirnforschung?* Berlin, Heidelberg: Springer VS, S. 57 ff.

[52] Taylor. Overcoming Epistemology, S. 3 f.

[53] Locke, John. 1690/2006. *Versuch über den menschlichen Verstand. Band I. Buch I Und II.* Hamburg: Felix Meiner, II, 1, § 2.

[54] Locke. Versuch über den menschlichen Verstand, II, 1, § 2.

[55] Locke, John. 1690/2006. Sendschreiben an den Leser. In *Versuch über den menschlichen Verstand. Band I. Buch I und II.* Hamburg: Felix Meiner, S. 7.

gewisser *Wahrheiten* bewirkt wird".[56] Der Empirismus verwechselt hierbei zwei Bedeutungen von ‚Eindruck' (*impression*):

1. An impression of a red triangle as a red and triangular item which is immediately and noninferentially known to exist and to be red and triangular.
[and]
2. An impression of a red triangle as a knowing that a red and triangular item exists.[57]

1. versteht den Eindruck eines roten Dreiecks als ein Einzelding (*item*), über das man nicht-inferentielles Wissen haben kann, d. h. Wissen unabhängig von Schlussfolgerungen. 2. jedoch versteht diesen Eindruck selbst als ein Wissen (*as a knowing*) und eben nicht wie 1. als Gegenstand von Wissen. Locke also bestimmt das bloße Haben eines Eindrucks nicht als „a causal antecedent of knowing", sondern als *knowing* selbst.[58] Rorty zufolge ist jedoch nicht einsehbar, wie eine kausale Erklärung des Zustandekommens einer Idee eine Begründung dafür bereitstellen soll, warum einer Überzeugung zuzustimmen sei, wieso ein „causal account of how one comes to have a belief should be an indication of the justification one had for that belief".[59] Ein solcher „quasi-mechanical account of the way in which our immaterial tablets are dented by the material world" kann also nicht beantworten „what we are entitled to believe".[60]

Diesen Einwand gegen Locke formulierte bereits Kant. Er unterschied zwischen der „Frage über das, was Rechtens ist, (quid juris)" und der Frage, „die die Tatsache angeht, (quid facti)".[61] Eine empirische und „physiologische Ableitung", wie sie Locke vorgenommen hatte, betrifft die *„quaestionem* facti" und kann als „Erklärung des Besitzes" von Erkenntnis bezeichnet werden.[62] Davon zu unterscheiden ist allerdings die *quaestionem juris,* welche die „Rechtmäßigkeit" der besessenen Erkenntnis betrifft und somit zum Ziel hat, die „objektive Gültigkeit"

---

[56] Locke. *Versuch über den menschlichen Verstand. Band I. Buch I Und II*, I, 1, § 5, Herv. F.B.

[57] Sellars, zitiert nach Rorty. *Philosophy and the Mirror of Nature*, S. 143.

[58] Rorty. *Philosophy and the Mirror of Nature*, S. 142.

[59] Rorty. *Philosophy and the Mirror of Nature*, S. 141.

[60] Rorty. *Philosophy and the Mirror of Nature*, S. 143. Eine ausführlichere Rekonstruktion dieses sellarschen Arguments folgt in der Darstellung von Rortys eigener Position im dritten Kapitel.

[61] Kant, Immanuel. 1781-7/1998. *Kritik der reinen Vernunft.* Hamburg: Felix Meiner, A84/B116.

[62] Kant. *Kritik der reinen Vernunft*, A87/B119.

einer Erkenntnis zu ermitteln.[63] Um die Frage der Rechtmäßigkeit von Erkenntnis zu beantworten, führt Kant die transzendentale Deduktion durch, deren Ziel
es ist, die Gültigkeit der Kategorien des Verstandes zu beweisen, d. h. zu beweisen, dass diese „mit dem Objekte übereinstimmend" sind.[64] Da sich der deutsche
Begriff und das Fach der Erkenntnistheorie überhaupt erst in der Nachfolge Kants
gebildet haben[65], sollte klar sein, dass Rorty als Kritiker der Erkenntnistheorie
auch diese immer noch repräsentationalistische Alternative Kants ebenso ablehnt
wie die Physiologie Lockes.[66]

---

[63] Kant. *Kritik der reinen Vernunft*, A85/B117, A87/B120.

[64] Riehl, Alois. 1908/1924. *Der philosophische Kritizismus und seine Bedeutung für die
positive Wissenschaft. Geschichte und System. Band 1. Geschichte und Methode des philosophischen Kritizismus.* Leipzig: Kröner, S. 383. Vollständig heißt es bei Riehl: „Die beiden
Fragen: wie entstehen Vorstellungen und: sind Vorstellungen gültig, mit dem Objekte übereinstimmend, d.i. enthalten sie gegenständliches Wissen, sind ganz verschiedene Fragen. Die
letztere läßt sich durch keine Psychologie jemals entscheiden."

[65] Vgl. Vaihinger. Über den Ursprung des Wortes Erkenntnistheorie, sowie Köhnke. Über den
Ursprung des Wortes Erkenntnistheorie.

[66] Das verdeutlicht nochmal, dass Rortys Verwendung des Begriffs ‚Erkenntnistheorie'
wenig mit der aktuellen Gebrauchsweise zu tun hat, nach der jede philosophische Beschäftigung mit Wissen eine erkenntnistheoretische Beschäftigung sei. Dagegen ist Rortys Verwendung näher an dem Selbstverständnis des Neu-Kantianismus, nach dem ‚Erkenntnistheorie'
vor allem eine an Kant anschließende und auf Locke zurückgehende Prüfung des Erkennt-
nisapparats bedeutet (siehe die eben zitierten Vaihinger und Köhnke). An dieser Stelle sei
insbesondere auf den auch von Rorty zitierten Eduard Zeller verwiesen (vgl. Rorty. *Philosophy and the Mirror of Nature*, S. 135 f.). In seiner Rede *Über Bedeutung und Aufgabe
der Erkenntnistheorie* schreibt dieser, dass die Erkenntnistheorie „die formale Grundlage
der ganzen Philosophie [ist]; sie ist es, von der die letzte Entscheidung über die richtige
Methode in der Philosophie und in der Wissenschaft überhaupt ausgehen muss. Denn wie
wir zu verfahren haben, um richtige Vorstellungen zu gewinnen, dies werden wir nur nach
Massgabe der Bedingungen beurtheilen können, an welche die Bildung unserer Vorstellungen durch die Natur unseres Geistes geknüpft ist; diese Bedingungen aber soll eben die
Erkenntnistheorie untersuchen, und hienach bestimmen, ob und unter welchen Voraussetzungen der menschliche Geist zur Erkenntnlss der Wahrheit befahigt ist" (Zeller. Eduard.
1862/1877. Über Bedeutung und Aufgabe der Erkenntnistheorie. In *Vorträge und Abhandlungen. Zweite Sammlung.* Leipzig: Fues's Verlag (R. Reisland), S. 479–526, hier: S. 483). In
diesem Zitat bündeln sich beide zentralen Aspekte der von Rorty rekonstruieren Erkenntnistheorie: der Innen/Außen-Repräsentationalismus und die Verwechslung von Rechtfertigung
und Erklärung. Erkenntnistheorie übernimmt erstens eine normative Funktion der Fundierung von Erkenntnis. Zweitens, Ziel dieser Fundierung ist die Sicherstellung davon, dass
die Vorstellungen des Bewusstseins mit den Dingen übereinstimmen. Drittens, die Erkenntnistheorie kann eine solche Fundierung deshalb vornehmen, weil sie die „Natur unseres
Geistes" erforscht, welche den Maßstab bereitstellt, an dem gemessen sich Vorstellungen
nach akkurat und inakkurat scheiden lassen.

Kant setzte nämlich weiterhin die cartesische Problemstellung voraus, versuchte also „from inner space to outer space" zu gelangen.[67] Seine paradoxe Antwort, d. h. die kopernikanische Wende, lautete, „that outer space was constructed out of the *Vorstellungen* which inhabited inner space".[68] Während Descartes also noch über die Existenz von Papier und Wintermänteln zweifeln konnte,[69] sichert Kant den Außenweltkontakt zu solchen Gegenständen der Erfahrung in Raum und Zeit. Dies tut er, indem er argumentiert, dass über die formalen Aspekte dieser Gegenstände die selbe Gewissheit erreicht werden kann, wie über die Elemente des inneren Bewusstseins, da diese Gegenstände durch die Vorstellungen a priori des inneren Bewusstseins überhaupt erst konstituiert werden müssen. Das bei Descartes einst in der Außenwelt verortete unterliegt bei Kant der Innenwelt.[70] Die Konsequenz davon ist, dass das Subjekt ausschließlich Erscheinungen akkurat repräsentieren kann, d. h. bereits konstituierte Objekte der Erfahrung, niemals Dinge-an-Sich – der kantische Rest der unerkennbaren Außenwelt.

Entscheidend für diesen Gedankengang ist Kants Begriff der Synthesis und der damit verbundenen Unterscheidung von Begriff und Anschauung.[71] Dies ist für Rorty der letzte notwendige Schritt, um eine Disziplin namens Erkenntnistheorie zu etablieren. Nachdem Descartes die Unterscheidung von Innen- und Außenwelt eingeführt hat, Locke das Erkennen als ein Vorgang in der (quasi-)mechanischen Innenwelt verstand und somit kausale Erklärung mit normativer Rechtfertigung verwechselt hat, etabliert nun Kant eine „confusion between predication (saying something about an object) and synthesis (putting representations together in inner space)".[72] Dazu Rorty:

---

[67] Rorty. *Philosophy and the Mirror of Nature*, S. 147.

[68] Rorty. *Philosophy and the Mirror of Nature*, S. 147 f. Vgl. (3.1.1).

[69] Descartes. *Meditationen über die erste Philosophie*, S. 20 f., AT VII: 18 f.

[70] Vgl. auch Guttings Rekonstruktion von Rortys philosophiegeschichtlicher Darstellung: „[For Kant] our ideas (e.g., of space, time, substance, causality) accurately represent the world not because they are causally produced by the world but because they themselves are necessary conditions of the mind's noncausal production (‚constitution') of the world as an object of knowledge. Knowledge of this constitution and its conditions is unproblematic in view of Descartes's assumption of the mind's privileged access to itself" (Gutting, Gary. 2003. Rorty's Critique of Epistemology. In *Richard Rorty. Contemporary Philosophy in Focus*, hrsg. Charles Guignon und David R. Hiley. New York: Cambridge University Press, S. 41–60, hier: S. 42).

[71] Vgl. Kant. *Kritik der reinen Vernunft*, A50/B74.

[72] Rorty. *Philosophy and the Mirror of Nature*, S. 148.

For a person to form a predicative judgment is for him to come to believe a sentence to be true. For a Kantian transcendental ego to come to believe a sentence to be true is for it to relate representations (*Vorstellungen*) to one another: two radically distinct sorts of representations, concepts on the one hand and intuitions on the other.[73]

Kant gelang eine Beschreibung der philosophischen Landschaft des 17. und 18. Jahrhunderts, mithilfe derer er sich von ihr lösen konnte: „Mit einem Worte: Leibniz intellektuierte die Erscheinungen, so wie Locke die Verstandesbegriffe [...] insgesamt sensifizierte".[74] Im inneren Raum Descartes' traf man sowohl auf Sinneseindrücke, als auch auf Begriffe. Die Empiristen, so Rortys Kant, reduzierten Begriffe auf komplexere Zusammensetzungen aus Sinneseindrücke, während die Rationalisten diese Eindrücke als konfuse Begriffe ansahen. Beide jedoch verstanden die Elemente des inneren Raums entlang eines Kontinuums aufgeteilt. Kant jedoch wendet ein, dass es sich bei Sinneseindrücken auf der einen und Begriffen auf der anderen Seite nicht um bloß graduelle Unterschiede, sondern um zwei qualitativ verschiedene Typen von Repräsentationen handelt.[75] Mit dem rezeptiven Erkenntnisvermögen der Sinnlichkeit kann das Subjekt einen anschaulichen Inhalt von Außen aufnehmen, der dem Gemüt als Mannigfaltigkeit gegeben wird. Begriffe hingegen entspringen dem spontanen Erkenntnisvermögen des Verstandes und dienen dazu, die von außen empfangene Mannigfaltigkeit der Anschauungen zu ordnen, indem sie nach Regeln des Verstandes synthetisiert oder verknüpft werden. Ein Urteil ist das Ergebnis dieses inneren Vorgangs. Damit etablierte Kant eine neue Variante des Subjekt/Objekt Dualismus, der mit Davidson als „dualism of scheme and content, of organizing system and something to be organized" bezeichnet werden kann[76] Der formal zu ordnende Inhalt (*content*) wird dem Innen von Außen gegeben, wohingegen die ordnenden Schemata (*scheme*) Bestandteile des Innen sind. Mag dies

---

[73] Rorty. *Philosophy and the Mirror of Nature*, S. 148-

[74] Kant. *Kritik der reinen Vernunft*, A271/B327.

[75] Vgl. Kant. *Kritik der reinen Vernunft*, A50/B74.

[76] Davidson, Donald. 1974/2009. On the Very Idea of a Conceptual Scheme. In *Inquiries into Truth and Interpretation*. Oxford: Clarendon Press, S. 183–198, hier: S. 189. Vgl. auch Rorty. The World Well Lost, S. 3 und Rorty. Pragmatism, Davidson and Truth, S. 129. In modernerer Form findet sich dieser Dualismus bspw. bei dem von Rorty zitierten C.I. Lewis (vgl. Rorty. *Philosophy and the Mirror of Nature*, S. 149). So heißt es bei Lewis: „There are, in our cognitive experience, two elements: the immediate data, such as those of sense, which are presented or given to the mind, and a form, construction, or interpretation, which represents the activity of thought" (Lewis, C.I. 1924/1956. *Mind and the World-Order*. New York: Dover, S. 38).

die Innen/Außen-Unterscheidung auch modifizieren, „die Grundstruktur bleibt erhalten".[77]

Schließlich entkommt Kant auch nicht der lockeschen Verwechslung von kausaler Erklärung und Rechtfertigung, von *quid facti* und *quid juris:*

> For, once again, the notion of a 'theory of knowledge' will not make sense unless we have confused causation and justification in the manner of Locke, and even then it will seem fuzzy until we have isolated some entities in inner space whose causal relations seem puzzling. 'Concepts' and 'intuitions' are exactly the entities required.[78]

Rorty ist sich im Klaren darüber, dass diese Charakterisierung Kants kontraintuitiv ist. Immerhin ist es Kant selbst gewesen, der die Unterscheidung von *quid facti* und *quid juris* gegen Locke eingewandt hat:

> It may seem shocking to call Kant's account 'causal,' but the notion of 'transcendental constitution' is entirely parasitical on the Descartes-Locke notion of the mechanics of inner space, and Kant's self-deceptive use of 'ground' rather than 'cause' should not be permitted to obscure this point.[79]

Der Punkt ist, dass Kants gesamtes Projekt ein „framework of causal metaphors" voraussetzt: „‚constitution,' ‚making,' ‚shaping,' ‚synthesizing,' and the like".[80] Immer noch ist es also wie bei Locke ein innerer Vorgang, der quasi-mechanisch abläuft und akkurate Urteile hervorbringt oder, spezifisch auf Kant bezogen, Gegenstände der Erfahrung konstituiert.[81] Auch soll uns eine deskriptiv-erklärende Disziplin, die diesen Vorgang zum Forschungsgegenstand nimmt, darüber aufklären, welche Überzeugungen wir vertreten sollten und welche

---

[77] Dreyfus und Taylor. *Die Wiedergewinnung des Realismus*, S. 17.

[78] Rorty. *Philosophy and the Mirror of Nature*, S. 152.

[79] Rorty. *Philosophy and the Mirror of Nature*, S. 151 Fn.31.

[80] Rorty. *Philosophy and the Mirror of Nature*, S. 161.

[81] Vgl. dazu auch Michael Williams: „Unfortunately, Kant's insight leads him to replace Locke's naive causal account of knowledge with a mysterious quasicausal account, transcendental idealism, according to which the mind ‚constitutes' the objects of experience by ‚synthesizing' sensory intuitions according to concepts" (Williams. Introduction to the 2009 Edition, S. xxiii). Vgl. aber auch, aus einer anderen Tradition stammend, Adorno: „Ich hatte Ihnen gesagt, daß zunächst einmal, zur groben Orientierung, man den Aufbau der »Kritik der reinen Vernunft« sich so vorzustellen hat, daß irgendwelche Materialien in einen Mechanismus hereinfallen und von diesem Mechanismus dann verarbeitet werden; und daß das, was dann als Resultat dieser Verarbeitung herauskommt, meine sogenannten Erkenntnisse sein sollen" (Adorno, Theodor W. 1959/2018. *Kants »Kritik Der Reinen Vernunft«*, Nachgelassene Schriften. Abteilung IV: Vorlesungen. Frankfurt am Main: Suhrkamp, S. 196).

nicht, welche die Außenwelt akkurat repräsentieren können und welche dies nur vorgeben zu tun.[82]

Zwei Aspekte müssen an dieser Stelle festgehalten werden: Auch nach Kant basiert Erkenntnistheorie noch auf einer „confusion between the justification of knowledge-claims and their causal explanation".[83] Darüber hinausgehend etablierte er die zentrale Unterscheidung zweier Entitäten im inneren Raum des Subjekts, deren korrekte Verbindung Erkenntnis hervorbringt und deren Relation erforscht werden kann: Begriffe und Anschauungen, *scheme* und *content*. Damit verweilt auch Kant in dem zuvor erwähnten repräsentationalistischen Dilemma einer „unfruitful oscillation between skepticism and foundationalism".[84] Zunächst natürlich, weil Kant selbst einen *foundationalism* vertritt, der die reinen Anschauungsformen Raum und Zeit, die Kategorien des Verstandes (Kausalität, Einheit, Existenz u. a.) und die daraus resultierenden Grundsätzen des reinen Verstandes als Fundamente von Erkenntnis versteht. Darüber hinaus jedoch auch, weil Kant mit diesem Bild zwei weitere Versionen des *veil-of-ideas skepticism* ermöglicht. Erstens sichert Kant lediglich den Kontakt von Innen und Außen für Vorstellungen und Dinge-für-ein-Bewusstsein bzw. Erscheinungen. Vorstellungstranszendente Gegenstände der Außenwelt bzw. Dinge an sich bleiben jedoch weiterhin hinter dem Schleier der inneren Repräsentationen verhüllt. Was genau dem Subjekt das Material von außen heranträgt, bleibt unerkennbar.[85] Zweitens

---

[82] Die in der *Kritik der reinen Vernunft* angestrebte Grenzziehung ist die zwischen Glauben und Wissen. Die Philosophie soll dabei die Bedingungen angeben, unter denen unsere Überzeugungen akkurates Wissen sein können. Ist sie dazu in der Lage, so kann sie allen Überzeugungen ihren legitimen Platz zuweisen. Z.B. möchte Kant in der Transzendentalen Dialektik der *Kritik der reinen Vernunft* diversen „metaphysische[n] Gaukelwerke[n]" nachweisen, dass sie lediglich vorgeben auf dem „Land der Wahrheit" zu sein, in Wirklichkeit sich jedoch auf dem „stürmischen Ozeane" des Scheins befinden (Kant. *Kritik der reinen Vernunft*, A63/B88, A235). Diesen Gaukelwerken hält Kant vor, dass sie synthetische Urteile a priori formulieren wollen, ohne sich dabei auf mögliche Erfahrung zu beziehen (Kant. *Kritik der reinen Vernunft*, A63/B88). Unzulässigerweise machen sie damit „von den bloßen formalen Prinzipien des reinen Verstandes einen materialen Gebrauch" (Kant. *Kritik der reinen Vernunft*, A63/B88). Um die mechanischen Metaphern auszureizen: während Kant sieht, dass der Motor des transzendentalen Subjekts nur mit sinnlichem Benzin anspringt, gehen die metaphysischen Gaukelwerke davon aus, dass er auch mit intellektuellem Benzin funktioniert.

[83] Rorty. *Philosophy and the Mirror of Nature*, S. 10.

[84] Brandom. Foreword: Achieving the Enlightment, S. xv.

[85] Siehe insb. Hegel für diesen klassischen an Kant gerichteten Skeptizismusvorwurf (vgl. Hegel, Georg W.F. 1807/2014. *Phänomenologie des Geistes*. Frankfurt am Main: Suhrkamp, S. 68 ff.). Dieser Vorwurf ist jedoch höchst umstritten, wie man z. B. an der Auseinandersetzung von Rorty und McDowell über genau dieses Thema sehen kann. Während McDowell

ermöglicht Kants Verortung a priorischer Kategorien und Anschauungsformen in vernunftbegabten Wesen auch die Idee, dass diese Bedingungen der Möglichkeit variieren könnten. Damit etabliert sich eine spezifische Form des Relativismus:

> as soon as we have this [kantian] picture of the mind in focus, it occurs to us, as it did to Hegel, that those all-important a priori concepts, those which determine what our experience or our morals will be, might have been different. We cannot, of course, imagine what an experience or a practice that different would be like, but we can abstractly suggest that the men of the Golden Age, or the inhabitants of the Fortunate Isles, or the mad, might shape the intuitions that are our common property in different molds, and might thus be conscious of a different 'world.'[86]

Dazu jedoch später mehr (vgl. Abschn. 3.2.2). An dieser Stelle soll nur noch darauf eingegangen werden, inwiefern Rorty von einer *confusion* zwischen Prädikation und Synthesis sprechen kann. Wieso *verwechselt* Kant „saying something about an object" mit „putting representations together in inner space"?[87] Dass Rorty von einer Verwechslung sprechen kann, verweist bereits auf seine eigene Position. Denn statt von „putative *components* of propositions" zu sprechen, möchte Rorty ausschließlich von „propositions" sprechen.[88] Er möchte die von Wittgenstein, Sellars und Quine vertretene Position übernehmen, nach der die geäußerte Überzeugung einer Person als unteilbares Letztelement von Erkenntnis verstanden wird und nicht als eine Verbindung zweier Repräsentationen, die erst zusammengenommen ein Urteil bilden:

Kants Lösung des cartesischen Skeptizismus für gelungen hält, vertritt Rorty die Überzeugung Hegels: „[McDowell] thinks that the way out of Cartesianism is to follow Kant in saying that ‚the truth about the world is within the reach of those who live in the realm of appearance – to use a Platonic term that is now rendered safe, deprived of any tendency to encourage the idea that we need philosophical gap-bridging' (p. 112). I think that Kant simply provides sugar coating for the bitter Platonic pill:‚Of course,' Kant assures us,‚you are not in touch with things *as they are in themselves*, but don't worry: you were only *supposed* to be in touch with appearance.'" (Rorty. Response to Mcdowell, S. 123 f.; vgl. McDowell. Towards Rehabilitating Objectivity). Für eine Übersicht der Kritiken an Kants Ding an sich, sowie einer Verteidigung der kantischen Lehre vgl. Rosefeldt, Tobias. 2012. Dinge an Sich und der Außenweltskeptizismus. Über ein Missverständnis der Frühen Kant-Rezeption. In *Self, World, and Art. Metaphysical Topics in Kant and Hegel*, hrsg. Dina Emundts. Berlin, Boston: De Gruyter, S. 221–260.

[86] Rorty. The World Well Lost, S. 3.

[87] Rorty. *Philosophy and the Mirror of Nature*, S. 148.

[88] Rorty. *Philosophy and the Mirror of Nature*, S. 149.

If [Kant] had done this, he would have said that only one judgment could give support to another judgment, and that intuitions and concepts, as mere hypostatizations of the subject and the predicate terms (respectively) of judgments, did not contain epistemological authority which they could pass on to the judgment from which they had been abstracted. He would, thus, have approached the view of epistemology characteristic of the post-Wittgenstein era in analytic philosophy, according to which knowledge is not an introspectively detectable sort of glow which radiates from certain clear and distinct ideas, nor a result of a 'fit' which is a property of successful syntheses of intuitions by concepts, but simply justified, true belief. On this view of knowledge, and of epistemology, we understand how knowledge is possible not by looking into the mind, but by looking at the behavior of the whole human being – specifically, that linguistic behavior which is the giving of reasons for beliefs.[89]

Da Kant dies nicht getan hat, bleibt er ein „half-way point between Descartes and Wittgenstein"[90], d. h. ein *half-way point* zwischen einem repräsentationalistischen Verständnis von Erkenntnis als zweistellige Relation zwischen Ideen und Dingen und einem Verständnis von Erkenntnis als eine Beziehung von Personen zu propositional verfassten Überzeugungen:

To recapitulate, we can think of knowledge as a relation to propositions, and thus of justification as a relation between the propositions in question and other propositions from which the former may be inferred. Or we may think of both knowledge and justification as privileged relations to the objects those propositions are about.[91]

Wie bereits erwähnt möchte Rorty die erste Position vertreten, da sie ihm zufolge die ungünstige Konstellation des Bildes vom Spiegel der Natur hinter sich lässt. Zusammenfassend lassen sich zwei zentrale Aspekte dieser Konstellation benennen. Erstens oszilliert das erkenntnistheoretische Denken aufgrund des Repräsentationalismus zwischen *veil-of-ideas skepticism* und *foundationalism*. Rorty argumentiert, dass „any theory which views knowledge as accuracy of representation, and which holds that certainty can only be rationally had about representations, will make skepticism inevitable".[92] Die einzige Möglichkeit diesem Skeptizismus zu entkommen, besteht dabei in einem epistemischen Fundamentalismus, denn das postulierte Wahrheitskriterium von Repräsentationen, d. h. *accuracy*, „requires a theory of privileged representations, ones which

---

[89] Rorty, Richard. 1970/2014. Strawson's Objectivity Argument. In *Mind, Language, and Metaphilosophy. Early Philosophical Papers*. Cambridge: Cambridge University Press, S. 227–259, hier: S. 257.

[90] Rorty. Strawson's Objectivity Argument, S. 256.

[91] Rorty. *Philosophy and the Mirror of Nature*, S. 159.

[92] Rorty. *Philosophy and the Mirror of Nature*, S. 113.

are automatically and intrinsically accurate".[93] Eine Fundierung von Erkenntnisansprüchen soll dabei über eine quasi-kausale Erklärung der quasi-mechanischen Innenwelt des Bewusstseins gewährleistet werden, womit der zweite Aspekt der Konstellation des Bildes benannt wäre: die Verwechslung von Gründen und Ursachen, von Rechtfertigung und Erklärung bzw. Beschreibung. Dies ist die Idee, dass ein „descriptive or explanatory discourse (dealing with, e.g., ‚man,‘ ‚spirit,‘ or ‚language‘)" die *quid juris* Frage bezüglich der Rechtmäßigkeit von Wissensansprüchen klären könnte.[94] Es ist der Versuch „to answer questions of justification by discovering new objective truths, to answer the moral agent's request for justifications with descriptions of a privileged domain"[95] und damit „to reduce norms, rules, and justification to facts, generalizations, and explanations".[96]

Im Folgenden wird Rortys Gegenposition rekonstruiert und dargestellt, inwiefern es ihm damit gelingt, ein Vokabular anzubieten, in dem sich die alten Probleme der Erkenntnistheorie nicht mehr stellen.

2.2   Rortys *Epistemological Behaviorism*

Im vierten Kapitel von *Mirror* entfaltet Rorty seinen später schlicht als Pragmatismus betitelten *epistemological behaviorism*.[97] Diese Gegenposition zur erkenntnistheoretischen Tradition gewinnt Rorty aus seiner Interpretation von Sellars und Quine. Sowohl Sellars' Kritik am *myth of the given,* als auch Quines Kritik an der Unterscheidung von analytischen und synthetischen Urteilen sind nach Rorty Spezialfälle der allgemeinen Position seines *epistemological behaviorism.*[98] Sellars und Quine verabschieden damit nicht nur den Logischen Empirismus der frühen analytischen Philosophie, sondern verweisen auf eine Position, die das gesamte Bild vom Spiegel der Natur hinter sich lässt; eine Position, in der sich

---

[93] Rorty. *Philosophy and the Mirror of Nature*, S. 170.

[94] Rorty. *Philosophy and the Mirror of Nature*, S. 383.

[95] Rorty. *Philosophy and the Mirror of Nature*, S. 383.

[96] Rorty. *Philosophy and the Mirror of Nature*, S. 180.

[97] Rorty. *Philosophy and the Mirror of Nature*, S. 173 ff.; Rorty, Richard. 1982. Introduction: Pragmatism and Philosophy. In *Consequences of Pragmatism (Essays: 1972–1980).* Minneapolis: University of Minnesota Press, S. xiii–xlvii.

[98] Sellars, Wilfrid. 1956/1997. *Empiricism and the Philosophy of Mind.* Cambridge, Mass., London: Harvard University Press.; Quine, Willard V.O. 1951. Two Dogmas of Empiricism. In *The Philosophical Review* 60, S. 20–43. Vgl. Rorty. *Philosophy and the Mirror of* Nature, S. 170.

die alten Fragen des Bildes nicht mehr stellen.[99] Im Anschluss an Brandom lässt sich diese Position als eine zweistufige Kritik verstehen, welche erstens die Möglichkeit privilegierter Repräsentationen und zweitens die Auffassung von Wissen als akkurate Repräsentation infrage stellt.[100] Der erste Teil richtet sich gegen einen repräsentationalistischen Fundamentalismus, der zweite gegen den Repräsentationalismus im Allgemeinen. Während der erste Teil dafür argumentiert, dass es unmöglich ist, eine repräsentationale Beziehung als akkurat oder inakkurat zu erkennen, da auf die dafür notwendigen privilegierten Repräsentationen nicht zurückgegriffen werden kann, richtet sich der zweite gegen die bloße Idee einer epistemisch relevanten repräsentationalen Beziehung zwischen inneren Ideen und äußeren Dingen. Diesen Anti-Fundamentalismus und Anti-Repräsentationalismus koppelt Rorty an die zuvor formulierte Kritik, Erkenntnistheorie habe „the causal process of acquiring knowledge" verwechselt mit „questions concerning its justification".[101] Denn Rorty rekonstruiert Sellars und Quine als „two detailed developments of this more general criticism".[102] Mit dem *epistemological behaviorism* vertritt Rorty also einen Anti-Fundamentalismus, sowie einen Anti-Repräsentationalismus und stellt sich damit gegen die Verwechslung von Gründen und Ursachen, die den Fundamentalismus mit dem Repräsentationalismus eint. Weiters wissen wir aus (Abschn. 2.1), dass Rorty zufolge nicht nur der Fundamentalismus, sondern auch das Problem des *veil-of-ideas skepticism* nur aufgrund der repräsentationalistischen Hintergrundannahmen entsteht. Demnach muss Rortys anti-repräsentationalistische Gegenposition gleichzeitig auch als eine

---

[99] Aus zweierlei Gründen werden wir uns vorwiegend mit Rortys Rezeption von Sellars beschäftigen. Erstens ist Sellars wichtiger für den Fortgang der weiteren Arbeit, da Rortys Verwendung der Unterscheidung von *reasons* und *causes* weitesgehend auf ihn zurückgeführt werden kann. Zweitens laufen nach Rorty die Argumente von Quine und Sellars letztlich auf die selbe allgemeine Idee des *epistemological behaviorisms* hinaus (Rorty. *Philosophy and the Mirror of Nature*, S. 170). Wenn wir uns im Folgenden auf Sellars beziehen, werden wir neben Rortys Rezeption auch auf Brandoms zurückgreifen. Brandom und Rorty ziehen weitesgehend die selben Schlüsse aus Sellars, Brandom setzt sich u. E. jedoch systematischer mit ihm auseinander. Daher eignet sich Brandom an manchen Stellen besser, um verständlich zu machen, was genau Rorty aus Sellars zieht. Bzgl. der Gemeinsamkeiten und Unterschiede zwischen Brandom und Rorty vgl. Rorty. Robert Brandom on Social Practices and Representations; Rorty, Richard. 1997. What Do You Do When They Call You a ‚Relativist'? In *Philosophy and Phenomenological Research* 57, S. 173–177; Rorty. Response to Brandom; Brandom, Robert. Vocabularies of Pragmatism; Brandom. Foreword: Achieving the Enlightment.

[100] Brandom. Vocabularies of Pragmatism, S. 159 f.

[101] Rorty. *Philosophy and the Mirror of Nature*, S. 209.

[102] Rorty. *Philosophy and the Mirror of Nature*, S. 209.

anti-skeptizistische verstanden werden; als eine, mit der sich die skeptizistischen Fragen des Bildes vom Spiegel der Natur nicht mehr stellen. Zu zeigen, wie diese vier Positionen zusammenhängen – d. h. Anti-Fundamentalismus, Anti-Repräsentationalismus, Anti-Skeptizismus und die Kritik an der Verwechslung von Gründen und Ursachen –, ist Aufgabe des restlichen Kapitels.

2.2.1 *Epistemological Behaviorism* als Anti-Fundamentalismus

Rorty zufolge setzte sich auch im 20. Jahrhundert das Bild vom Spiegel der Natur fort. Insbesondere versuchte der Logische Empirisimus, entgegen seiner Selbstbeschreibung, das cartesisch-kantische Projekt mit sprachlogischen Mitteln fortzuführen.[103] Die Überlegungen von Quine und Sellars müssen dabei zunächst als Kritiken an eben dieser konkreten Ausprägung des repräsentationalistischen Fundamentalismus verstanden werden:

> The simplest way to describe the common features of Quine's and Sellars's [sic!] attacks on logical empiricism is to say that both raise behaviorist questions about the epistemic privilege which logical empiricism claims for certain assertions, qua reports of privileged representations.[104]

Der logische Empirismus ist davon überzeugt, dass es zwei Arten von epistemisch privilegierter Aussagetypen gibt: analytische Urteile und *first person reports*. Diese Aussagetypen sollen deshalb epistemisch privilegiert sein, weil sie von zwei privilegierten Repräsentationen berichten: von Begriffen und Anschauungen.[105] So stehen analytische Urteile im Gegensatz zu synthetischen Urteilen a posteriori, deren *truth by virtue of experience* lediglich kontingente Wahrheiten umfasst. Die Wahrheit analytischer Urteile hingegen liegt in der Bedeutung der in einem Urteil verwendeten Begriffe begründet (*truth by virtue of meaning*) und garantiert dadurch Notwendigkeit, sowie Apriorität.[106] Bei *first person reports* handelt es sich um Aussagen über die eigenen inneren Zustände einer

---

[103] Vgl. Rorty. *Philosophy and the Mirror of Nature*, S. 165 ff.

[104] Rorty. *Philosophy and the Mirror of Nature*, S. 173.

[105] Vgl. Rorty. *Philosophy and the Mirror of Nature*, S. 168.

[106] Vgl. Soames, Scott. 2003. *Philosophical Analysis in the Twentieth Century. Volume 1. The Dawn of Analysis*. Princeton, Oxford: Princeton University Press, S. 260 ff. Für den Logischen Empirismus galt also, dass die „analytic/synthetic distinction" exakt mit der „necessary/contingent distinction, and the apriori/aposteriori distinction" zusammenfiel (Soames. *Philosophical Analysis in the Twentieth Century*, S. 261). Ein synthetisches Urteil ist demnach immer ein synthetisches Urteil a posteriori, dessen *truth by virtue of experience*

Person. *First person observation reports* oder Beobachtungssätze berichten über die eigenen inneren Sinneseindrücke (Anschauungen) und sollen für die logische Empiristin als Fundament von Erkenntnis fungieren.[107] Das epistemische Privileg der beiden Urteilstypen soll also qua Relation zu den privilegierten Repräsentationen der begrifflichen Bedeutungen und der anschaulichen Sinneseindrücke garantiert werden.[108] Ein analytisches Urteil wie ‚Alle Junggesellen sind unverheiratet‘ ist demnach nicht nur wahr, sondern notwendig wahr, weil es in einer besonderen Beziehung zu Bedeutungen steht, es ist wahr *by virtue of meaning*. Analog dazu ein *first person observation report* wie ‚Hier jetzt blau‘. Ebenso ist auch ein solcher Satz nicht einfach wahr, sondern notwendig wahr, weil er in einer besonderen Relation zu den Sinneseindrücken der Person steht, die diese Sätze äußert.

Die in (Abschn. 2.1) rekonstruierte Funktion privilegierter Repräsentationen übernehmen im logischen Positivismus also Begriffe und sinnliche Anschauungen, d. h. die beiden von Kant unterschiedenen Typen von Vorstellungen.[109] Um die konkrete Funktionsweise zumindest eines dieser privilegierten Repräsentationen zu erläutern (Sinneseindrücke), soll der Gedankengang der Repräsentationalistin noch einmal ausführlicher skizziert werden. Ihr Ausgangspunkt wäre folgende Überlegung: Wir unterscheiden zwischen dem Status des Gerechtfertigtseins einer Überzeugung (*being justified*) und der Praxis des Rechtfertigens (*justifying*) und nehmen vorerst an, dass Überzeugungen einen positiven epistemischen Status nur aufgrund der Praxis des Rechtfertigens erhalten können.[110] Eine Überzeugung p kann demnach nur dann als gerechtfertigt angesehen werden, wenn sie durch eine andere Überzeugung q gerechtfertigt wurde. Aber durch was ist diese rechtfertigende Überzeugung q wiederum gerechtfertigt? Durch eine weitere Überzeugung x, für die das selbe gilt. Fragt man in diese Richtung weiter, so mündet man in einem *infiniten regress* oder einem Zirkelschluss.[111] Wichtiger jedoch für die Repräsentationalistin ist, dass wenn man auf dieser Ebene

---

immer nur eine kontingente Wahrheit sein kann. Umgekehrt ist Notwendigkeit nur im Falle analytischer Urteile a priori möglich. Teil der anti-metaphysischen Haltung des logischen Empirismus war demnach, dass die kantische Frage nach der Möglichkeit synthetischer Urteile a priori gar nicht gestellt werden konnte. Vgl. 3.1.1 für die kantische Urteilslehre.

[107] Vgl. Schlick, Moritz. 1934. Über das Fundament der Erkenntnis. *Erkenntnis* 4, S. 79–99.

[108] Vgl. Rorty. *Philosophy and the Mirror of Nature*, S. 173.

[109] Vgl. Rorty. *Philosophy and the Mirror of Nature*, S. 168.

[110] Vgl. Brandom, Robert. 1997. Study Guide. In Sellars, Wilfrid. *Empiricism and the Philosophy of Mind*. Cambridge, Mass., London: Harvard University Press, S. 125.

[111] Vgl. Albert, Hans. 1968. *Traktat über kritische Vernunft*. Tübingen: Mohr Siebeck; Williams, Michael. 2014. Knowledge, Reasons, and Causes: Sellars and Skepticism. In *Varieties*

der Überzeugungen bleibt, man im Innen verweilt und deshalb den Außenkontakt niemals herstellen könnte. Denn mit der Rechtfertigung von Überzeugungen durch Überzeugungen verbindet man lediglich Repräsentationen mit Repräsentationen und nicht repräsentierende Überzeugungen mit repräsentierten Dingen. Die Aufgabe der Erkenntnistheorie besteht aber gerade darin, Korrespondenz sicherzustellen, nicht nur Kohärenz; akkurate Repräsentation, nicht nur gut begründeten Konsens einer *scientific community*, der bestimmte Überzeugungen unhinterfragt lässt, solange sie keine offensichtlichen Probleme bereiten.

Um genau diesen repräsentationalistischen Anspruch zu erfüllen, muss die logische Empiristin ein Fundament von Erkenntnis identifizieren. Die Idee eines Fundaments beinhaltet die Zustimmung zu folgenden Prämissen.[112] Man muss davon ausgehen, dass es eine Menge von „basic beliefs"[113] gibt, „that constitutes the ultimate court of appeals for all factual claims – particular and general – about the world".[114] Jede Überzeugung, die als Wissen gelten soll, muss demnach entweder ein *basic belief* sein oder ihren epistemischen Status von einem solchen *basic belief* erhalten haben. *Basic beliefs* müssen dabei a) „epistemically efficacious" für alle als Wissen geltenden Überzeugungen sein, d. h. alle solchen Überzeugungen mit einem positiven epistemischen Status versehen können.[115] Um dazu in der Lage zu sein, müssen *basic beliefs* b) ihren eigenen epistemischen Status logisch unabhängig von allen anderen Überzeugungen erhalten haben („epistemically independent"), da sie schließlich nach a) die Legitimität aller anderen richtigen Überzeugungen sicherstellen müssen.[116] Dies enthält die

---

of Skepticism. Essays after Kant, Wittgenstein, and Cavell, hrsg. James Conant und Andrea Kern. Berlin: De Gruyter, S. 59 f.

[112] Vgl. Sellars. *Empiricism and the Philosophy of Mind,* § 32; Brandom. Study Guide, S. 152 f.; deVries, Willem A., und Triplett, Timm. 2000. *Knowledge, Mind, and the Given. Reading Wilfrid Sellars's „Empiricism and the Philosophy of Mind".* Indianapolis, Cambridge: Hackett Publishing Company, Inc, S. xxvf., 104 f.

[113] Williams, Michael. 2009- The Tortoise and the Serpent: Sellars on the Structure of Empirical Knowledge. In *Empiricism, Perceptual Knowledge, Normativity, and Realism. Essays on Wilfrid Sellars,* hrsg. deVries, Willem A. Oxford, New York: Oxford University Press, S. 147–185, hier: S. 150.

[114] Sellars. *Empiricism and the Philosophy of Mind,* § 32.

[115] deVries und Triplett definieren ‚epistemically efficacious' wie folgt: „Whatever increases or helps to increase p's justification is epistemically efficacious with respect to p" (deVries und Triplett. *Knowledge, Mind, and the Given,* S. 183, vgl. 104). Wobei hier „p's justification" verstanden werden muss als ‚p's Status des Gerechtfertigtseins'. Etwas ist also dann *epistemically efficacious,* wenn es den positiven Status des Gerechtfertigtseins einer Überzeugung p bestimmen kann.

[116] deVries und Triplett. *Knowledge, Mind, and the Given,* S. 184, 104.

These, dass *basic beliefs* ihren Status des Gerechtfertigtseins nicht über die Praxis des Rechtfertigens erhalten dürfen. Kandidaten für solche Überzeugungen wären deshalb nicht-inferentiell geäußerte Beobachtungssätze wie ‚Hier jetzt blau'.

Um nun zu erklären, durch was – wenn nicht durch ihre logische Beziehung zu anderen Überzeugungen – diese Beobachtungssätze ihren positiven epistemischen Status erhalten haben, postuliert die Empiristin innere Entitäten namens Sinneseindrücke, d. h. einzelne Flecken im Gesichtsfeld des wahrnehmenden Bewusstseins wie z. B. ‚rötliche Dreieckigkeit'. Der positive epistemische Status der *first person observation reports* beruht demnach auf

> nonverbal episodes of awareness – awareness *that* something is the case, e.g. *that this is green* – which nonverbal episodes have an intrinsic authority (they are, so to speak 'self-authenticating') which the *verbal* performances [...] properly performed 'express.'[117]

Für die logische Empiristin ist demnach das eigentliche Fundament von Erkenntnis nicht ein Beobachtungssatz, sondern Sinneseindrücke, verstanden als *self-authenticating nonverbal episodes*. Weil sie *self-authenticating* sind, d. h. ihr Besitz allein impliziert einen positiven epistemischen Status, sind sie *epistemically independent*. Indem Beobachtungssätze von Sinneseindrücken berichten, erhalten auch jene Beobachtungssätze den epistemischen Status, der den Sinneseindrücken intrinsisch zukommt. Sinneseindrücke sind demnach *epistemically efficacious,* da sie einen positiven epistemischen Status an Überzeugungen weitergeben. Schließlich eignen sie sich auch, um dem *veil-of-ideas skepticism* zu entgehen. Sinnesdaten sind nämlich keine Überzeugungen, sondern Einzeldinge, die unmittelbar vom Objekt an das Subjekt gegeben werden und sollen somit den Außenweltkontakt sicherstellen. *Self-authenticating nonverbal episodes* befinden sich sozusagen an der Schnittstelle von Innen und Außen.[118]

Damit beteiligt sich die logische Empiristin an dem erkenntnistheoretischen Versuch „to answer questions like ‚Why believe what I take to be true?' ‚Why do

---

[117] Sellars. *Empiricism and the Philosophy of Mind*, § 34.

[118] Dieses Wahrnehmen eines Sinneseindrucks beruht nach Brandom auf dem folgenden Bild. Unter normalen Bedingungen verursacht ein äußeres rotes und rundes Objekt in einem dieses Objekt wahrnehmenden Bewusstsein einen rötlichen und ründlichen Sinneseindruck. Weil das Bewusstsein diesen Sinneseindruck besitzt, hat es die nicht-inferentielle Überzeugung ‚Dort ist ein roter und runder Gegenstand'. Weil das Bewusstsein diese Überzeugung hat, ist es gerechtfertigt in der Annahme, dass es vor einer roten Ampel steht. Das Haben eines Sinneseindrucks wird hier selbst als eine Form von Wissen verstanden, die das Subjekt passiv vom Objekt empfängt und ohne begriffliche Interpretation besitzt (vgl. Brandom. Study Guide, S. 127).

what I take to be right?' by appealing to something *more* than the ordinary, retail, detailed, concrete reasons which have brought one to one's present view".[119] Das ‚Mehr‘, auf das die logische Empiristin verweist, ist dabei eine innere Entität namens ‚Sinneseindruck‘, die die Wahrheit des *first person observation reports* verursacht. Als privilegierte Repräsentationen fungieren Sinnesdaten in diesem Modell als „skyhook – something which might lift us out of our beliefs to a standpoint from which we glimpse the relations of those beliefs to reality".[120]

Nachdem der fundamentalistische Repräsentationalismus des logischen Empirismus skizziert wurde, soll es nun um Rortys *epistemological behaviorism* gehen. Behavioristisch ist diese Position insofern, als die Kritiken von Quine und Sellars das öffentlich beobachtbare sprachliche Verhalten von Personen in den Blick nehmen und dann, der pragmatistischen Methode[121] nachgehend, die Frage stellen, ob die theoretischen Unterscheidungen des logischen Empirismus auch einen Unterschied in der Praxis machen. Diese Strategie „consists in appealing to *what we do* as a resolution of familiar representationalist problems".[122] Sellars und Quine fragen: „How do our peers know which of our assertions to take our word for and which to look for further confirmation of?".[123] Stellt man diese Frage, so scheint es auszureichen, herauszufinden, welchen Überzeugungen wir bedenkenlos zustimmen. Dazu gehören Sätze wie ‚Alle Junggesellen sind unverheiratet‘ gleichermaßen wie empirische Plattitüden der Sorte ‚Es gibt schwarze Hunde‘; ‚Ich habe Schmerzen‘ ebenso wie die Experteneinschätzung einer Zahnärztin ‚Sie haben Schmerzen‘.[124] Aus einer epistemischen „difference of kind" – zwischen analytischen und synthetischen Urteilen bzw. *first person* und *third person reports* – machen Sellars und Quine also eine „difference of degree", und zwar eine „[difference of] degree of difficulty in imagining how to fit the opposite in with

---

[119] Rorty, Richard. 1980/1982. Pragmatism, Relativism, and Irrationalism. In *Consequences of Pragmatism (Essays: 1972–1980)*. Minneapolis: University of Minnesota Press, S. 160–175, hier: S. 165.

[120] Rorty. Introduction: Antirepresentationalism, Ethnocentrism, and Liberalism, S. 9.

[121] Vgl. James, William. 1907/2000. Pragmatism. A New Name for Some Old Ways of Thinking. In *Pragmatism and Other Writings*. New York: Penguin Classics, S. 1–132, hier: S. 24 ff.

[122] Rorty, Richard. 1988/1991. Representation, Social Practise, and Truth. In *Objectivity, Relativism, and Truth. Philosophical Papers, Volume 1*. Cambridge: Cambridge University Press, S. 151–161, hier: S. 156.

[123] Rorty. *Philosophy and the Mirror of Nature*, S. 173.

[124] Vgl. Rorty. *Philosophy and the Mirror of Nature*, S. 173.

the rest of one's beliefs".[125] Eine über die Bedenkenlosigkeit einer Überzeugung hinausgehende Frage danach, welche dieser bedenkenlosen Überzeugungen wahr *by virtue of meaning* sind oder aufgrund ihrer privilegierten Beziehung zu Sinneseindrücken, stellt sich nicht:

> For Sellars, the certainty of 'I have a pain' is a reflection of the fact that nobody cares to question it, not conversely. Just so, for Quine, the certainty of 'All men are animals' and of 'There have been some black dogs.' Quine thinks that 'meanings' drop out as wheels that are not part of the mechanism, and Sellars thinks the same of 'self-authenticating non-verbal episodes.'[126]

Für epistemische Zwecke verzichten also sowohl Quine und Sellars auf Entitäten, die erstens außerhalb der öffentlichen Rechtfertigungspraxis lokalisiert sind und zweitens den epistemischen Status einer Überzeugung innerhalb dieser sprachlichen Praxis bestimmen. Stattdessen sehen sie die Gewissheit bestimmter Überzeugungen als etwas an, das ein Ergebnis dieser Rechtfertigungspraxis ist, statt ihr vorauszugehen. Der Kern von Rortys Position lässt sich demnach wie folgt zusammenfassen:

> Explaining rationality and epistemic authority by reference to what society lets us say, rather than the latter by the former, is the essence of what I shall call 'epistemological behaviorism,' an attitude common to Dewey and Wittgenstein.[127]

Zunächst eine begriffliche Klärung. ‚*Epistemic Authority*' ist ein Begriff, den Rorty von Sellars übernimmt und der bei Rorty am ehesten mit „positive justification status" und „capacity to justify other claims" (*epistemically efficacious*) gleichgesetzt werden kann.[128] Nun argumentiert die Erkenntnistheoretikerin Rorty zufolge, dass den Aussagen, die wir ‚gewiss' nennen, deshalb niemals widersprochen wird, weil sie epistemische Autorität haben. Diese Autorität haben sie unabhängig von der sozialen Praxis, innerhalb der sie als solche anerkannt werden. Im Falle analytischer Urteile oder *first person observation reports* besitzen diese Aussagen ihre Autorität aufgrund einer Beziehung zu Bedeutungen

---

[125] Rorty, Richard. 1987/1991. Non-Reductive Physicalism. In *Objectivity, Relativism, and Truth. Philosophical Papers, Volume 1*. Cambridge: Cambridge University Press, S. 113–125, hier: S. 120.

[126] Rorty. *Philosophy and the Mirror of Nature*, S. 174.

[127] Rorty. *Philosophy and the Mirror of Nature*, S. 174.

[128] Brandom. Study Guide, S. 124, 154 f.

bzw. Sinneseindrücken. Der *epistemological behaviorism* dreht die Erklärungs-
richtung um.[129] Er vertritt, dass die Aussagen, die wir ‚gewiss' nennen, deshalb
epistemische Autorität besitzen, weil zu einer bestimmten Zeit, innerhalb einer
bestimmten Rechtfertigungsgemeinschaft nichts als ein guter Grund anerkannt
wird, um ihnen zu widersprechen: „For Sellars, the certainty of ‚I have a pain' is
a reflection of the fact that nobody cares to question it, not conversely" und „for
Quine, a necessary truth is just a statement such that nobody has given us any
interesting alternatives which would lead to question it".[130]

Behavioristisch ist Rortys Position dabei nicht im Sinne einer Reduktion von
mentalen Zuständen auf Verhaltensdispositionen:

> To be behaviorist in the large sense in which Sellars and Quine are behaviorist is
> not to offer reductionist analyses, but to refuse to attempt a certain sort of explana-
> tion: the sort of explanation which not only interposes such a notion as 'acquaintance
> with meanings' or 'acquaintance with sensory appearances' between the impact of
> the environment on human beings and their reports about it, but uses such notions to
> explain the reliability of such reports.[131]

Infrage steht also nicht die Existenz von Sinneseindrücken oder anderen inneren
Entitäten. Vielmehr möchte Rorty die epistemische Relevanz infrage stellen, die
solchen Entitäten zukommen soll. Ausgehend davon lässt sich der Unterschied
zwischen dem *epistemological behaviorism* und dem repräsentationalistischen
foundationalism auf einen Unterschied in der Beantwortung der folgenden Frage
zuspitzen: Wie erlangen Überzeugungen epistemische Autorität? Eine zumindest
negative Antwort auf diese Frage gibt Rorty in dem folgenden Zitat:

> Behaviorism in epistemology is a matter not of metaphysical parsimony, but of whe-
> ther authority can attach to assertions by virtue of relations of 'acquaintance' between
> persons and, for example, thoughts, impressions, universals, and propositions.[132]

Rorty verneint diese Möglichkeit. Eine Aussage erhält keinerlei epistemische
Autorität aufgrund ihrer Beziehung zu ‚impressions' oder ‚meanings', aufgrund
von „confrontation" mit einem Einzelding.[133] Eine knappe Rekonstruktion von

---

[129] Vgl. Kronenberg, Bernd. 2010. *Die Zerbrechlichkeit Des Wahren. Richard Rortys Neopragmatismus und Adornos Negative Dialektik*. Bielefeld: transcript, S. 189.
[130] Rorty. *Philosophy and the Mirror of Nature*, S. 174 f.
[131] Rorty. *Philosophy and the Mirror of Nature*, S. 176.
[132] Rorty. *Philosophy and the Mirror of Nature*, S. 177.
[133] Rorty. *Philosophy and the Mirror of Nature*, S. 163.

Sellars' Kritik am Mythos des Gegebenen kann verständlich machen, wie für diese Position argumentiert werden kann.

Mit der Idee des Gegebenen kritisiert Sellars die Idee des Fundamentalismus im Allgemeinen.[134] Wie zuvor erwähnt, muss ein Fundament von Erkenntnis sowohl *epistemically efficacious* für alle wahren Überzeugungen, als auch *epistemically independent* sein. Für diese Zwecke postulierte die logische Empiristin Sinneseindrücke. Nicht-inferentiell geäußerte *first person observation reports* wie ‚Hier jetzt blau' berichten von diesen selbstausweisenden Sinneseindrücken und sollen dadurch einen positiven epistemischen Status erhalten. Sellars' Argument läuft darauf hinaus, dass Sinnesdaten nicht dazu in der Lage sind, Überzeugungen mit epistemischer Autorität auszustatten, weil sie nicht propositional oder satzartig verfasst sind. Dafür unterscheidet Sellars zwischen „facts" und „particulars".[135] Etwas wissen, bedeutet *facts* zu wissen. Diese nehmen die folgende Form an: ‚x is ø', also bspw. ‚Der Sinneseindruck ist rötlich'. Wissen wird demnach als – wie Rorty sagt – ‚wissen, dass' (*knowledge that*) verstanden: als ein propositional verfasstes ‚Ich weiß, dass der Sinneseindruck rötlich ist'.[136] Der Empiristin geht es jedoch nicht darum, dass eine Überzeugung wie ‚Ich weiß, dass der Sinneseindruck rötlich ist' *epistemically efficacious* ist, sondern, dass dies der Sinneseindruck selbst ist. Ein Sinneseindruck ist jedoch ein *particular,* d. h. ein Einzelding wie es auch Atome, Tische und Schulen sind. Einzeldinge sind aber nicht propositional verfasst und können demnach nicht als Begründungen in logische Folgerungsbeziehungen eintreten, in denen Überzeugungen mit epistemischer Autorität augestattet werden. Genauso wenig kann ein Tisch als Prämisse eines Arguments genommen werden. Es bedarf einer satzartigen Überzeugung wie ‚Dieser Tisch existiert' und ‚Dieser Tisch ist unhandlich', um damit eine dritte Überzeugung zu rechtfertigen, z. B. ‚Wir sollten ihn zu zweit tragen'. Und was für Tische gilt, gilt auch für Sinneseindrücke.[137] Einzeldinge wie sinnliche Wahrnehmungen können dabei weiterhin eine kausale Rolle in der faktischen Enstehung von Überzeugungen spielen, jedoch keine rechtfertigende. Schriebe man Sinneseindrücken beide Funktionen zu, würde man *causation* und *justification* verwechseln.[138] Dieser bereits in (Abschn. 2.1) rekonstruierte Grundfehler der Erkenntnistheorie liegt dabei nicht nur dem Fundamentalismus des logischen

---

[134] Vgl. Williams. The Tortoise and the Serpent, S. 154.

[135] Sellars. *Empiricism and the Philosophy of* Mind, § 3.

[136] Rorty. *Philosophy and the Mirror of Nature*, S. 142.

[137] Vgl. deVries und Triplett. *Knowledge, Mind, and the Given*, S. xxxi.

[138] Vgl.: „Sellars and Davidson both think that adopting psychological nominalism, and thereby avoiding a confusion between justification and causation, entails claiming that only a belief can justify a belief. This means drawing a sharp line between experience as the cause

Empirismus zugrunde, sondern der Idee des Fundamentalismus im Allgemeinen. Rorty rekonstruiert die Idee eines Fundaments von Erkenntnis nämlich als die Idee „to get behind reasons to causes, beyond argument to compulsion from the object known, to a situation in which argument would be not just silly but impossible, for anyone gripped by the object in the right way will be *unable* to doubt or to see an alternative".[139] Sinneseindrücke, die ihre intrinsische Autorität Beobachtungssätzen aufzwingen sind nur ein Spezialfall dieser allgemeinen Idee.[140]

Der negative Punkt Rortys sollte klar geworden sein. Nun zur positiven Antwort auf die Frage, durch was Überzeugungen epistemische Autorität erlangen. Rorty gesteht dies einzig der sozialen Praxis des Gebens von und Fragen nach Gründen zu:

> justification is not a matter of a special relation between ideas (or words) and objects, but of conversation, of social practice. […] we understand knowledge when we understand the social justification of belief, and thus have no need to view it as accuracy of representation.[141]

In der sozialen Kommunikationspraxis wird eine Überzeugung nur durch eine andere Überzeugung gerechtfertigt, wodurch sie ihren epistemischen Status unabhängig von intrinsisch autoritären Entitäten erhält. Davidson hat dies auf die folgende Kurzform gebracht: „nothing can count as a reason for holding a

---

of the occurrence of a justification, and the empiricist notion of experience as itself justificatory. It means reinterpreting, experience' as the ability to acquire beliefs noninferentially as a result of neurologically describable causal transactions with the world." (Rorty. The Very Idea of Human Answerability to the World, S. 141).

[139] Rorty. *Philosophy and the Mirror of Nature*, S. 159.

[140] Vgl. auch die Definition von Fundamenten als „truths which are certain because of their causes rather than because of the arguments given for them […]. The object which the proposition is about *imposes* the proposition's truth" (Rorty. *Philosophy and the Mirror of Nature*, S. 157). Steven Levine fasst luzide zusammen, dasss Rorty diese Idee auf Platon und dessen Überlegung zurückführt, „that knowledge should be modeled on a direct (noetic) perception of objects (e.g. mathematical truths) that don't allow themselves to be judged incorrectly" (Levine, Steven. 2010. Rehabilitating Objectivity: Rorty, Brandom, and the New Pragmatism. *Canadian Journal of Philosophy* 40, S. 370–394, hier: S. 581). Vgl. auch Rorty. *Philosophy and the Mirror of Nature*, S. 159 ff.

[141] Rorty. *Philosophy and the Mirror of Nature*, S. 170. Brandom fasst diesen Aspekt Rortys wie folgt zusammen: „The target is philosophical invocations of representations supposed to be epistemically privileged solely by their relations to certain kinds of things – perceptible facts and meanings – apart from the role those things play in practices of acknowledging them as authoritative" (Brandom. Vocabularies of Pragmatism, S. 159).

belief except another belief".[142] Damit verunmöglicht Rorty das bereits skizzierte erkenntnistheoretische Projekt, nicht nur Rechtfertigung sondern akkurate
Repräsentation sicherzustellen. Denn, so Rorty, wenn nur Überzeugungen *epistemically efficacious* sind, dann gilt die holistische Position, dass „nothing counts
as justification unless by reference to what we already accept, and [...] there is no
way to get outside our beliefs and our language so as to find some test other than
coherence".[143] Ohne privilegierte Repräsentationen wie ‚meanings' oder ‚sense-
data' gibt es keine Möglichkeit „to step outside our skins", keinen „skyhook".[144]
Diese anti-fundamentalistische Position mündet dabei nicht in Beliebigkeit, sondern in einem Fallibilismus, den Sellars wie folgt formuliert: „science is rational,
not because it has a *foundation* but because it is a self-correcting enterprise which
can put *any* claim in jeopardy, though not *all* at once".[145]

Mit dem eben Gesagten ist jedoch noch nicht die wichtigste Eigenschaft der
sozialen Rechtfertigungspraxis benannt worden: die Normativität dieser Praxis.
Dies entnimmt Rorty wiedermals einem Sellars Zitat.[146]

> The essential point is that in characterizing an episode or a state as that of knowing,
> we are not giving an empirical description of that episode or state; we are placing it in
> the logical space of reasons, of justifying and being able to justify what one says.[147]

Sellars stellt uns die Frage, „what one is saying of Jones when one says that
he *knows* that p".[148] Was tun wir, wenn wir *an episode or state* (z. B. eine
Überzeugung) als *knowing* charakterisieren oder eine Person als *knower*?

Die Repräsentationalistin würde sagen, es bedeutet, diese Überzeugung oder
die erkennende Person zu beschreiben (vgl. Abschn. 2.1). Ist eine Überzeugung *b* tatsächlich ein *knowing*, so müsste der Repräsentationalistin zufolge eine

---

[142] Davidson, Donald. 1983/1990. A Coherence Theory of Truth and Knowledge. In *Reading Rorty. Critical Responses to »Philosophy and the Mirror of Nature« (and Beyond)*, hrsg. Alan R. Malachowski. Oxford, Cambridge, Mass.: Blackwell, S. 120–138, hier: S. 123.

[143] Rorty. *Philosophy and the Mirror of Nature*, S. 178.

[144] Rorty. Introduction: Pragmatism and Philosophy, S. xix; Rorty. Introduction: Antirepresentationalism, Ethnocentrism, and Liberalism, S. 9.

[145] Sellars. *Empiricism and the Philosophy of* Mind, § 38. Vgl. Rorty. *Philosophy and the Mirror of Nature*, S. 180.

[146] Vgl. Rorty, Richard. 1997. Introduction. In Sellars, Wilfrid. *Empiricism and the Philosophy of Mind*. Cambridge, Mass., London: Harvard University Press, S. 1–12, hier: S. 4;
Rorty. *Philosophy and the Mirror of Nature*, S. 157, 389.

[147] Sellars. *Empiricism and the Philosophy of Mind*, § 36.

[148] Sellars. *Empiricism and the Philosophy of Mind*, § 36.

solche Beschreibung zeigen, dass zwischen *b* und einem Ding der Außenwelt *d* eine akkurate Repräsentationsbeziehung besteht. Wahre Überzeugungen werden demnach richtig beschrieben mit Sätzen wie ‚Überzeugung *b* besitzt die Eigenschaft, die Wirklichkeit akkurat zu repräsentieren‘. In ihrer Beschreibung stellt die Repräsentationalistin also fest, dass der Überzeugung eine Eigenschaft namens ‚wahr sein‘, ‚gerechtfertigt sein‘, ‚steht in einer zweistelligen Repräsentationsbeziehung mit der Realität‘ o.ä. zukommt, ähnlich wie dies für einen Liter Wasser und der Eigenschaft ‚wiegt 1kg‘ der Fall ist. Der epistemische Status einer Überzeugung wird dabei genauso wie das Gewicht einer Flüssigkeit als ein beschreibbares oder erklärbares natürliches Faktum verstanden.[149] Ausgehend von dieser Idee wird Erkenntnistheorie möglich, verstanden als eine deskriptiv-erklärende Disziplin, die es sich zur Aufgabe gemacht hat, den epistemischen Status von Repräsentationen zu erforschen (vgl. Abschn. 2.1).

Mit Sellars widerspricht Rorty dieser Auffassung. Eine Überzeugung als Wissen zu charakterisieren, heißt gerade nicht, sie zu beschreiben und somit den epistemischen Status als natürliches Faktum zu verstehen, denn „there is an inescapable evaluative or normative dimension to knowledge".[150] Statt eine Überzeugung oder eine Person zu beschreiben, wenn wir sie als *knowing* bzw. *knower* charakterisieren, nehmen wir ihr gegenüber eine normative Haltung im *logical space of reasons* ein. Der epistemische Status einer Überzeugung ist kein deskriptiv erfassbarer, sondern ein normativer Status, der etwas darüber aussagt, „how one should behave".[151] Dies soll erläutert werden durch eine Beantwortung der Frage, was es heißt, zu sagen ‚Jones weiß, dass dieser Gegenstand rot ist‘.

Zunächst muss der von Jones geäußerte Laut ‚Dieser Gegenstand ist rot‘ unterschieden werden von einem gut trainierten Papagei, der darauf abgerichtet ist, denselben Laut genau dann zu äußern, wenn ein roter Gegenstand in sein Blickfeld gerät.[152] Sowohl der Papagei als auch Jones besitzen die Fähigkeit, mit ihren Lauten differenziert auf verschiedene Umweltreize reagieren zu können. Diese

---

[149] Vgl. deVries und Triplett. *Knowledge, Mind, and the Given*, S. 92.

[150] deVries und Triplett. *Knowledge, Mind, and the Given*, S. 91. Vgl.: „I would argue that the importance of Sellars's approach to epistemology is that he sees the true and interesting irreducibility in the area not as between one sort of particular (mental, intentional) and another (physical) but as between descriptions on the one hand and norms, practices, and values on the other" (Rorty. *Philosophy and the Mirror of Nature*, S. 180 Fn. 13).

[151] Vgl. deVries und Triplett. *Knowledge, Mind, and the Given*, S. 13.

[152] Vgl. Brandom, Robert. 2002/2014. The Centrality of Sellars' Two-Ply Account of Observation to the Arguments of „Empiricism and the Philosophy of Mind". In *From Empiricism to Expressivism. Brandom Reads Sellars*. Cambridge, Mass., London: Harvard University Press, S. 99–119, hier: S. 100 ff.

Fähigkeit ist jedoch noch keine hinreichende Bedingung für Wissen. Bereits Eisen reagiert differenziert auf seine Umwelt, wenn es unter bestimmten Bedingungen zu rosten beginnt und unter anderen nicht. Auch der Grad an Reliabilität benennt noch keinen qualitativen Unterschied zwischen Jones und dem Papagei. Schließlich könnte man den Papagei so gut trainieren, dass man ausgehend von seinen Lauten ‚Hier jetzt rot‘ stets die Inferenz ziehen könnte ‚Ein roter Gegenstand ist in seiner Nähe‘. Das vereint den gut trainierten Papagei mit dem wissenden *reporter of red things* namens Jones. Brandom nennt diese Eigenschaft „*reliable differential responsive disposition*" (RDRD), Rorty weniger spezifisch „reliable signaling".[153]

Der für Rorty, Sellars und Brandom entscheidende qualitative Unterschied zwischen Jones und dem Papagei liegt in dem Sprachvermögen von Jones begründet. Die Laute eines Organismus gelten demnach erst dann als Beobachtungswissen, wenn sie als Anwendung von Begriffen verstanden werden können und somit als propositional verfasste Behauptung.[154] Aber ab wann lässt sich sagen, dass ein Laut nicht mehr nur ein materielles Vorkommnis in Raum und Zeit ist, sondern darüber hinaus auch eine Anwendung von Begriffen? Dazu Brandom, Sellars rekonstruierend:

> [...] for it to be properly characterized as a reporting or coming to believe *that* such-and-such is the case, is for it to be the making of a certain kind of move or the taking up of a certain kind of position in a game of giving and asking for reasons.[155]

Jones besitzt demnach genau dann ein begriffliches Verständnis seiner Äußerung und damit eine propositional verfasste Behauptung, wenn er im *logical space of reasons,* d. h. im epistemischen Sprachspiel des Gebens und Fordern von Gründen agieren kann. Er muss in der Lage sein, seine Überzeugungen unter Angabe von Gründen rechtfertigen zu können. Einen Begriff zu haben heißt für Sellars, Rorty und Brandom daher ein Wort *in praxi* verwenden zu können. Es handelt sich um eine Fertigkeit, ein *know-how:* „to have a concept is to use a word".[156] Das spezifisch epistemische *know-how* besteht darin, sich im Raum der Gründe bewegen zu können. Erhellend in diesem Zusammenhang ist vor allem Brandoms

---

[153] Brandom. The Centrality of Sellars' Two-Ply Account of Observation, S. 101; Rorty. *Philosophy and the Mirror of Nature,* S. 182.

[154] Brandom. The Centrality of Sellars' Two-Ply Account of Observation, S. 101 f.

[155] Brandom. The Centrality of Sellars' Two-Ply Account of Observation, S. 102.

[156] Rorty. *Philosophy and the Mirror of Nature,* S. 183.

Systematisierung davon, was wir machen, wenn wir eine Person als *knower* charakterisieren.[157] Gegeben, man definiert Wissen als *justified true belief,* was macht eine Sprecherin, wenn sie sagt ‚Jones weiß, dass *p*'?

Indem die Sprecherin die konkrete Überzeugung benennt, z. B. ‚Dieser Gegenstand ist rot', schreibt sie Jones erstens ein propositional verfasstes *commitment* zu. Jones versteht seine Äußerung als begriffliche Überzeugung, dass etwas der Fall ist. Soll es sich um eine begriffliche Überzeugung handeln, so muss Jones dazu in der Lage sein, angeben zu können, was seine Überzeugung enthält und zu was er sich verpflichtet (s. o.). So sollte er z. B. aus ‚Dieser Gegenstand ist rot' schlussfolgern können, dass ‚Rot' kein Ton, sondern der Name einer Farbe ist, die sowohl ‚Scharchlach-', als auch ‚Puterrot' umfasst. Er sollte folgern können, dass ihm die Behauptung ‚Dort ist ein roter Gegenstand' dazu verpflichtet, die Aussage ‚Dort ist ein grüner Gegenstand' zu verneinen.[158] Er sollte angeben können, was seine Überzeugung beweisen könnte, wann er Zweifel anmerken würde, unter welchen Bedingungen er seine Überzeugung aufgibt etc. Kurz: Wenn wir die Äußerung von Jones als propositionales *commitment* charakterisieren, schreiben wir Jones die Fertigkeit zu, seine Äußerung als Knotenpunkt innerhalb eines Netzes von Inferenzen zu verstehen; sie als Prämisse oder Konklusion verwenden zu können. Wir lokalisieren also weder Jones, noch *p* als natürliche Fakten in einem kausalen Netz.[159]

Zweitens versteht die Zuschreibende dieses *commitment* als ein gerechtfertiges *commitment* und damit Jones als jemanden, der *p* glaubwürdig rechtfertigen kann. Indem die Zuschreibende dies tut, sieht sie Jones als darin berechtigt an, die Überzeugung *p* zu vertreten, d. h. sie gesteht Jones ein *entitlement* zu. Mehr noch als in der Zuschreibung einer Überzeugung wird hier die normative Verfasstheit des Raums der Gründe deutlich. Jemanden als berechtigt zu verstehen, eine Überzeugung zu vertreten bedeutet nämlich, „to evaluate the person as having adhered to good standards in belief acquisition and retention".[160] Man sagt, Jones hätte „a right, by current standards, to believe", d. h. er wird den epistemischen Normen gerecht, auf die sich auch die Zuschreibende bezieht.[161] Man sagt, als Jones

[157] Brandom, Robert. 1995. Knowledge and the Social Articulation of the Space of Reasons. In *Philosophy and Phenomenological Research* 55, S. 895–908, hier: S. 903 f.

[158] Vgl. Brandom. The Centrality of Sellars' Two-Ply Account of Observation, S. 102.

[159] Vgl. Brandom. The Centrality of Sellars' Two-Ply Account of Observation, S. 102; McDowell, John. 1998. Having the World in View: Sellars, Kant, and Intentionality. Lecture I: Sellars on Perceptual Experience. In *The Journal of Philosophy* 95, S. 431–450, hier: S. 433.

[160] deVries und Triplett. *Knowledge, Mind, and the Given*, S. 13.

[161] Rorty. *Philosophy and the Mirror of Nature*, S. 389.

seine Überzeugung rechtfertigte, hat er sich genau so verhalten, wie er sich der Sprecherin zufolge auch korrekterweise hätte verhalten sollen.

Indem die Zuschreibende schließlich drittens die Überzeugung *p* als ‚wahr' charakterisiert, drückt sie *ihre* Zustimmung zu *p* aus. Mit ihrer Aussage ‚Jones weiß, dass *p*' unternimmt die Sprecherin also auch ein eigenens *commitment,* statt etwas zu beschreiben: „in taking [the belief of Jones] to be true I am not attributing *any* property to that commitment, I am endorsing it myself".[162] Die Zuschreibende impliziert damit, dass auch sie von den ihr bekannten Gründen für *p* überzeugt wurde. Sie legt außerdem nahe, selbst Gründe für *p* angegeben zu können, von denen sie ausgeht, dass sie tatsächlichen oder möglichen Einwänden standhalten können. Sie legt nahe, rechtfertigen zu können, warum es richtig ist, von *p* überzeugt zu sein und warum auch andere dieser Überzeugung zustimmen sollten. Dies ist der Unterschied zwischen *describing or explaining a thing* und *endorsing a claim (approving it, commending it).* Letzteres unterwirft die Äußerung den Normen und Regeln eines epistemischen Sprachspiels, in welchem Gründe gegeben und gefordert werden, inklusive den Gründen dafür, was als guter und was als schlechter Grund zählen soll.

Alle drei genannten Haltungen – *ascribing a commitment, ascribing an entitle-ment, undertaking a commitment* – sind normative Haltungen, die eine Sprecherin in Bezug auf Überzeugungen oder Personen einnimmt und keine Beschreibungen von Tatsachen. Die Zuschreibende nimmt dabei selbst an der Praxis des Gebens und Forderns von Gründen teil, sie beschreibt sie nicht aus der Außenperspektive einer Beobachtungsposition. Auch sie äußert Überzeugungen und verweist auf epistemische Normen, auch sie kann also von anderen charakterisiert werden als jemand, der epistemischen Normen und Regeln gerecht wird oder als jemand, der dies nicht tut. Deshalb versteht Rorty den epistemischen Status einer Überzeu-gung (z. B. der Status des Gerechtfertigtseins) immer auch als einen normativen Status, als einen „term of approval".[163]

Abschließend gilt zu betonen, dass ein normativer Status für Rorty, Sellars und Brandom immer auch ein sozialer Status ist: „The normative status of com-mitting oneself […] is a social status".[164] Denn ob eine Person im Raum der Gründe agieren kann, ist keine Fähigkeit, die ihr intrinsisch zukommt. Die Per-son besitzt keine immaterielle Zutat wie eine *res cogitans,* die ihr unabhängig von ihren epistemischen *peers* ermöglicht, Überzeugungen mit Gründen zu rechtfer-tigen. Die Fähigkeit, Verpflichtungen in Form von Behauptungen einzugehen und

---

[162] Brandom. Knowledge and the Social Articulation of the Space of Reasons, S. 903 Fn.4.

[163] Williams. Introduction to the 2009 Edition, S. xxviii.

[164] Brandom. The Centrality of Sellars' Two-Ply Account of Observation, S. 113.

diese zu rechtfertigen ist vielmehr eine, die von anderen als eine solche Fähigkeit anerkannt werden muss. Der *space of reasons* ist ein „*shared* space within which we adopt attitudes towards *each other*".[165] Das Sprachverhalten eines Kleinkinds z. B. ist lange Zeit vergleichbar mit dem eines Papageis, d. h. die Laute des Kleinkinds erschöpfen sich in differenzierten Reaktionen auf Umweltreize. Eine begriffliche Behauptung vertreten kann das Kind jedoch erst dann, wenn seine Laute von dem Rest seiner Gemeinschaft als Spielzüge im Raum der Gründe anerkannt werden. Dafür muss das Kind natürlich selbst in der Lage sein, praktisch Inferenzen zu ziehen. *Ob* das Kind jedoch dieses *know-how* besitzt oder nicht, d. h. ob es mitspielen kann oder nicht, ist eine Frage, die nur von der restlichen epistemischen Sprachgemeinschaft durch ihre praktische Anerkennung beantwortet werden kann, d. h. dadurch, dass sie das Kind wie einen weiteren Teilnehmer behandeln oder eben nicht.[166] Sellars Überlegung ist daher keine Theorie darüber „how knowledge is born in the infant breast [...], nor of any other matter of fact".[167] Es ist vielmehr „a remark about the difference between facts and rules, a remark to the effect that we can only come under epistemic rules when we have entered the community where the game governed by these rules is played".[168] Dies ist vergleichbar mit den Rechten und Verantwortungen, die eine Person auferlegt bekommt, sobald sie die Volljährigkeit erreicht und ihr zugestanden wird, Verträge rechtswirksam zu unterschreiben.[169] Natürlich gibt es keinen klar angebbaren Übergangspunkt, an dem das Kleinkind vom Papagei zum *knower* wird, wie dies im Beispiel der Volljährigkeit und der damit verbundenen Verpflichtungen der Fall ist, aber „in both cases what has happened is a shift in a person's relations with others, not a shift inside the person which now *suits* him to enter such new relationships".[170]

Daher lässt sich sagen, dass ein epistemischer Status nach Rorty immer ein normativer Status ist und ein normativer Status nur dann ein normativer Status ist, wenn er als solcher sozial anerkannt wird.[171] Die zentrale anti-erkenntnistheoretische Pointe dieser Position besteht Rorty zufolge darin, dass die Geltung einer Überzeugung kein Forschungsgegenstand einer Fachdisziplin sein kann. Die Frage, ob eine Überzeugung gerechtfertigt ist, lässt sich demnach nicht

---

[165] Brandom. Knowledge and the Social Articulation of the Space of Reasons, S. 904.

[166] Vgl. Brandom. The Centrality of Sellars' Two-Ply Account of Observation, S. 113.

[167] Rorty. *Philosophy and the Mirror of Nature*, S. 187.

[168] Rorty. *Philosophy and the Mirror of Nature*, S. 187.

[169] Vgl. Rorty. *Philosophy and the Mirror of Nature*, S. 187.

[170] Rorty. *Philosophy and the Mirror of Nature*, S. 187.

[171] Vgl. Brandom. Vocabularies of Pragmatism, S. 159.

auf die selbe erklärend-beschreibende Weise beantworten wie die Frage, wieviele Neutronen bei einer Kernspaltung freigesetzt werden. Es bedarf stattdessen der normativen Teilhabe an der sozialen Praxis des Gebens und Forderns von Gründen. Damit reformuliert Rorty die Unterscheidung von *quid juris* und *quid facti*. Diese Unterscheidung verweist nun nicht mehr wie bei Kant auf zwei typverschiedene Forschungsgegenstände, für deren Erkenntnis es zwei typverschiedene Disziplinen bedarf, d. h. Erkenntnistheorie und Erfahrungswissenschaft. Vielmehr bestimmt Rorty den Unterschied zwischen etwas, das auf einen Forschungsgegenstand verweist und etwas, das dies nicht tut; zwischen „inquiry and something which is *not* inquiry".[172] Konkret: zwischen der normativen Teilhabe an der Praxis des Gebens und Fragens nach Gründen und der deskriptiven Beobachtung menschlichen Verhaltens. Eine über die normative Rechtfertigungspraxis hinausgehende Sicherstellung der Richtigkeit unserer Überzeugungen gibt es nicht. Überzeugungen erhalten ihre epistemische Autorität nur durch diese Praxis.

Wir begannen das Kapitel mit dem Hinweis, dass Rortys *epistemological behaviorism* eine Gegenposition zu dem in (Abschn. 2.1) skizzierten Bild vom Spiegel der Natur verspricht. Konkret heißt dies, dass Rorty erstens Wissen nicht als akkurate Repräsentation verstehen möchte, dass er zweitens der auf dem Repräsentationsbegriff beruhenden Oszillation zwischen Skeptizismus und Fundamentalismus entgehen möchte und dass er sich drittens gegen die zentrale Idee der Erkenntnistheorie richtet, normative Rechtfertigungsfragen könnten mit deskriptiv-erklärender Forschung beantwortet werden. Bisher haben wir uns vor allem Rortys Argumente gegen die Verwechslung von Gründen und Ursachen, sowie seinem Anti-Fundamentalismus zugewandt.

So stellten wir zunächst fest, dass der *epistemological behaviorism* die allgemeine Position ist, die Rorty aus Quines und Sellars' Kritiken am logischen Emprisimus gewinnt. Daraufhin rekonstruierten wir den logischen Empirismus als einen repräsentationalistischen Fundamentalismus, der Sinneseindrücke als privilegierte Repräsentationen und damit als Fundament von Erkenntnis versteht. Sodann folgte eine Charakterisierung dessen, was Rorty unter *epistemological behaviorism* verstehen möchte. Es kristallisierte sich heraus, dass der entscheidende Unterschied zwischen dem repräsentationalistischen Fundamentalismus und Rortys Gegenposition in einer unterschiedlichen Beantwortung der folgenden Frage begründet liegt: Wie erlangen Überzeugungen epistemische Autorität? Wir unterteilten Rortys Antwort in eine negative und eine positive. Zunächst betont Rorty, dass der epistemische Status einer Überzeugung nicht qua Beziehung zu Einzeldingen wie z. B. Sinneseindrücken erlangt werden kann. Dies

---

[172] Rorty. *Philosophy and the Mirror of Nature*, S. 384.

ließ sich mithilfe von Sellars' Kritik am Mythos des Gegebenen plausibilisieren. Sinneseindrücke sind als Einzeldinge zu verstehen, die Überzeugungen zwar verursachen, jedoch nicht rational rechtfertigen können, da sie nicht propositional verfasst sind. Ihnen eine rechtfertigende Funktion zuzuschreiben würde bedeuten, Gründe und Ursachen zu verwechseln. Die positive Antwort Rortys geht darüber hinaus. Ihm zufolge können Überzeugungen ihre epistemische Autorität nur durch die Teilnahme an der normativen und sozialen Praxis des Gebens und Forderns von Gründen erlangen, in welcher Überzeugungen unter Rückgriff auf andere Überzeugungen gerechtfertigt werden. Hierbei interessierten uns insbesondere zwei Aspekte. Erstens, die in der folgenden Kurzform ausgedrückte Idee: *only a belief can justify a belief.* Damit verunmöglicht Rorty das fundamentalistische Projekt, aus unseren Überzeugungen auszusteigen und diese mit der Außenwelt zu vergleichen, indem bspw. Überzeugungen mit Sinneseindrücken in eine epistemisch relevante Relation gebracht werden sollen. Zweitens, das von Sellars geprägte Insistieren darauf, dass das Rechtfertigen von Überzeugungen und das Zuschreiben von Wissen keine Beschreibung oder Erklärung eines (quasi-)natürlichen Faktums ist, sondern die Einnahme einer normativen Haltung im logischen Raum der Gründe. Rorty wendet diesen Gedanken auf die bloße Idee der Erkenntnistheorie an, d. h. der Idee einer Fachdisziplin, die zur Aufgabe hat, die Geltung von Wissensansprüchen fundierend sicherzustellen, indem sie die quasi-mechanischen Vorgänge des Erkennens beschreibt und erklärt (vgl. Abschn. 2.1). Ist die Geltung einer Überzeugung kein (quasi-)natürliches Faktum, das es zu beschreiben oder erklären gilt, dann ist die bloße Idee der Erkenntnistheorie fehlgeleitet. Deshalb schreibt Rorty, der *epistemological behaviorism* „enables us to unravel, at long last, Locke's confusion between explanation and justification".[173] Dies wird dadurch ermöglicht, dass der epistemische Status einer Überzeugung nicht mehr als Forschungsgegenstand einer (Quasi-)Wissenschaft verstanden wird, sondern als Ergebnis der normativen Teilhabe an der sozialen Praxis des Gebens und Forderns von Gründen.

Rortys *epistemological behaviorism* ist daher anti-fundamentalistisch und wendet sich mit der Unterscheidung zwischen der normativen Teilhabe an einer Rechtfertigungspraxis und der beobachtenden Beschreibung von Tatsachen gegen die Verwechslung von Gründen und Ursachen bzw. Rechtfertigung und Beschreibung, die der erkenntnistheoretischen Tradition zugrunde liegt. Im Folgenden soll erläutert werden, inwiefern sich aus dieser Position Rortys auch sein Anti-Repräsentationalismus ergibt und wie er damit dem *veil-of-ideas skepticism* entgeht.

---

[173] Rorty. *Philosophy and the Mirror of Nature*, S. 182.

2.2.2 *Epistemological Behaviorism* als Anti-Repräsentationalismus

An manchen Stellen geht Rorty davon aus, dass sein anti-fundamentalistisches Argument gegen die Möglichkeit des fundierenden erkenntnistheoretischen Programms bereits ein anti-repräsentationalistisches Argument ist. So z. B. wenn er sagt: „there is no test for whether a belief accurately represents reality except justification of the belief in the terms provided by the relevant community. So Occam's Razor suggests that we skip the representing and just stick to the justifying".[174] Dies ließe sich leicht als ein bloß verifikationistisches Argument zurückweisen.[175] Die Repräsentationalistin nämlich könnte zugestehen, dass es zwar unmöglich ist, die Repräsentationsbeziehung zwischen Innen und Außen zu erkennen, dass es also keinen überzeugungsunabhängigen Test der Korrektheit von Überzeugungen gibt. Dies lässt allerdings offen, ob im Falle wahrer Überzeugungen eine Repräsentationsbeziehung tatsächlich existiert oder nicht. Die Repräsentationalistin könnte also durchaus zugestehen, dass das erkenntnistheoretische Forschungsprogramm aussichtslos ist, Wissen mithilfe von privilegierten Repräsentationen zu fundieren. Sie könnte ohne weiteres zugestehen, dass es keinen Standpunkt gibt „which has somehow broken out of our language and our beliefs and tested them against something known without their aid".[176] Ein solches Zugeständnis zwingt sie allerdings nicht zur Aufgabe ihres Repräsentationalismus, sondern würde unter repräsentationalistischen Voraussetzungen schlicht auf einen *veil-of-ideas skepticism* hinauslaufen: „As long as knowledge is conceived of as accurate representation – as the Mirror of Nature – Quine's and Sellars's holistic doctrines sound pointlessly paradoxical, because such accuracy requires a theory of privileged representations".[177] Rortys Position richtet sich allerdings nicht nur gegen die Idee privilegierter Repräsentationen, sondern auch gegen die grundsätzlichere Idee, Wissen überhaupt als akkurate Repräsentation zu verstehen, d. h. als zweistellige Relation zwischen Subjekt und Objekt, Überzeugung und Welt, Innen und Außen.

Die anti-repräsentationalistische Position stützte Rorty im Verlauf seines Werkes mit unterschiedlichen Argumenten, die hier nicht allesamt rekonstruiert

---

[174] Rorty. Response to Brandom, S. 185.

[175] Vgl. Rorty. Introduction: Antirepresentationalism, Ethnocentrism, and Liberalism, S. 6; Rorty, Richard. 1998. Introduction. In *Truth and Progress. Philosophical Papers, Volume 3*. Cambridge: Cambridge University Press, S. 1–15, hier: S. 2 f.; Davidson, Donald. 1990. The Structure and Content of Truth. In *The Journal of Philosophy* 87, S. 279–328, hier: S. 304.

[176] Rorty. Introduction: Antirepresentationalism, Ethnocentrism, and Liberalism, S. 6.

[177] Rorty. *Philosophy and the Mirror of Nature*, S. 170.

werden können oder müssen.[178] Im Folgenden soll es lediglich um die Variante des Anti-Repräsentationalismus gehen, die bereits in Rortys *epistemological behaviorism* enthalten ist. Zur Erinnerung: Die Idee der Repräsentation beruht auf dem Bild zweier „disparate ontological realms, one containing beliefs and the other-non-beliefs", wobei beide Bereiche durch eine repräsentationale Relation verbunden sind.[179] Das Ding, das von einer Überzeugung akkurat repräsentiert wird, ist dasjenige, das diese Überzeugung wahr macht. Eine Überzeugung *b* als Repräsentierendes und ein Ding *d* als Repräsentiertes zu bezeichnen, bedeutet also, dass das Repräsentierte eine Autorität über das Repräsentierende ausübt. Denn erst wenn das Repräsentierende dem Repräsentierten hinreichend gerecht wird, kann es als akkurate Repräsentation bezeichnet werden. Das Repräsentierte fungiert hier als normativer Maßstab, der es erlaubt, die Richtigkeit oder *accuracy* des Repräsentierenden zu beurteilen.[180]

Rortys anti-repräsentationalistische Alternative könnte knapper nicht ausfallen: „no linguistic items represent any nonlinguistic items".[181] Zunächst sollte jedoch danach gefragt werden, welches Argument Rorty gegen den repräsentationalistischen Wissensbegriff überhaupt einwendet. Mehrfach erwähnt wurde bereits die Oszillation zwischen Fundamentalismus und Skeptizismus. Eine darüber hinausgehende Kritik ergibt sich aus dem *epistemological behaviorism*. Dieser argumentiert, dass Überzeugungen ihre epistemische Autorität nicht durch eine Beziehung zu Einzeldingen erlangen können. Daraus leitet sich nun nicht nur ein anti-fundamentalistisches (Abschn. 2.2.1), sondern auch ein anti-repräsentationalistisches Argument ab. Denn was für Dinge im Allgemeinen gilt, gilt *a fortiori* auch für die der Außenwelt. Entscheidend ist hierbei wiedermals die

---

[178] So formuliert Rorty an manchen Stellen ein an Dewey angelehntes darwinistisches Argument, das besagt „that the story of biological evolution is helpless to explicate the coping-representing distinction, helpless to say when organisms stopped coping and began copying. In the light of these arguments, we should give up thinking of beliefs as representations. We should think of vocabularies as tools for coping rather than media for copying" (Rorty. Response to Brandom, S. 185. Vgl. Rorty, Richard. 1993/1998. Hilary Putnam and the Relativist Menace. In *Truth and Progress. Philosophical Papers, Volume 3*. Cambridge: Cambridge University Press, S. 43–62, hier: S. 47 ff.). Ebenso spielt Davidsons Anti-Repräsentationalismus eine entscheidende Rolle für Rorty (vgl. Davidson. The Myth of the Subjective, S. 46; Davidson. The Structure and Content of Truth, S: 304). Für einen diesbezüglichen Überblick vgl. insbesondere Levine, Steven. 2020. Rorty, Davidson, and Representation. In *A Companion to Rorty*, hrsg. Alan R. Malachowski. Hoboken, NJ: John Wiley & Sons, S. 370–394.

[179] Rorty. Pragmatism, Davidson and Truth, S. 129.

[180] Vgl. Brandom. Fetishism, Anti-Authoritarianism, and the Second Enlightenment, S. 15 f.

[181] Rorty. Introduction: Antirepresentationalism, Ethnocentrism, and Liberalism, S. 2.

Unterscheidung von normativ verfasster Rechtfertigung und erklärend erfassbarer Kausalität. So wie Sinneseindrücke und andere Einzeldinge wie Tische keinerlei epistemische Autorität auf Überzeugungen übertragen können, kann auch die Außenwelt diese Leistung nicht übernehmen. Andernfalls würde man wiedermals Gründe und Ursachen verwechseln. Brandom fasst dieses Argument von Rorty präzise zusammen:

> Normative relations are exclusively intravocabulary. Extravocabulary relations are exclusively causal. Representation purports to be both a normative relation, supporting assessments of correctness and incorrectness, and a relation between representings within a vocabulary and representeds outside of that vocabulary. Therefore, the representational model of the relation of vocabularies to their environment should be rejected.[182]

Sobald Wissen ausschließlich als teilnehmende Aushandlung des Für-und-Wider einer Aussage mit seinen *peers* verstanden wird, versteht man Wissen als das Ergebnis von Argumenten und nicht als eine Relation zu Objekten: „Our certainty will be a matter of conversation between persons, rather than a matter of interaction with nonhuman reality".[183] Und „once conversation replaces confrontation [of ideas with things], the notion of the mind as Mirror of Nature can be discarded".[184] Das ist keine Leugnung der Welt, wohl aber die Leugnung einer

---

[182] Brandom. Vocabularies of Pragmatism, S. 160. Vgl.: „We do not need to raise the question […] of whether there are things in the world which make algebraic and moral truths, or aesthetic judgements, true. For, although there are causes of the acquisition of beliefs, and reasons for the retention or change of beliefs, there are no causes for the *truth* of beliefs" (Rorty. Non-Reductive Physicalism, S. 120 f.). Oder auch: „Davidson says that ‚all the evidence there is is just what it takes to make our sentences or theories true. Nothing, however, no thing makes sentences or theories true: not experience, not surface irritations, not the world, can make a sentence true.‘ I interpret this passage as saying that the inferential relations between our belief that S and our other beliefs have nothing in particular to do with the aboutness relation which ties S to its objects. The lines of evidential force, so to speak, do not parallel the lines of referential direction" (Rorty. Pragmatism, Davidson and Truth, S. 148).

[183] Rorty. *Philosophy and the Mirror of Nature*, S. 157.

[184] Rorty. *Philosophy and the Mirror of Nature*, S. 170. Später versteht Rorty seinen Anti-Repräsentationalismus als Sonderform eines Anti-Autoritarismus: „The pragmatists' anti-representationalist account of belief is, among other things, a protest against the idea that human beings must humble themselves before something non-human, whether the Will of God or the Intrinsic Nature of Reality. Seeing anti-representationalism as a version of anti-authoritarianism permits one to appreciate an analogy which was central to John Dewey's thought: the analogy between ceasing to believe in Sin and ceasing to accept the distinction between Reality and Appearance" (Rorty, Richard. 1999. Pragmatism as Anti-Authoritarianism. In *Revue Internationale de Philosophie* 53, S. 7–20, hier: S. 7). Die

normativ relevanten Funktion dieser Welt in unseren Diskursen, mithilfe derer wir etwas über diese erfahren. Es ist auch keine Version eines linguistischen Idealismus, der aus der Sprachabhängigkeit allen Erkennens den Schluss zieht, dass wir eigentlich nichts außer Sprache erkennen können; dass die Rede von Protonen oder Staaten nur Selbsttäuschung ist, da ‚Protonen' und ‚Staaten' nicht wirklich existieren und man eigentlich nur von Texten über Protonen oder Texten über Staaten wissen kann. Verwiesen sei hierbei auf Rortys Diskussion des berkeleyschen Idealismus:

> Having said that 'nothing can be like an idea except an idea,' Berkeley went on to infer that only ideas and minds are real. [...] Berkeley's metaphysics is a typical result of the idea that thoughts or sentences lie on one side of an abyss, and are true only if they connect with something that is on the other side of the abyss. This picture held Berkeley captive, and led him to conclude that there was no abyss: that reality was somehow mental or spiritual in nature.[185]

Ein solcher Idealismus würde das Bild vom Spiegel der Natur voraussetzen und annehmen, dass das Innere leichter zu erkennen sei als das Äußere. Darauf aufbauend folgert er, dass das Äußere nur dann erkannt werden kann, wenn es ein Inneres ist. Wie angedeutet, kann ein solcher Idealismus auch in textualistischen oder linguistischen Begriffen formuliert werden:

> There are, alas, people nowadays who owlishly inform us 'philosophy has proved' that language does not refer to anything nonlinguistic, and thus that everything one can talk about is a text.[186]

Gegen die mentalistische, sowie die linguistische Form eines solchen Idealismus hält Rorty entgegen, dass „from a full-fledged pragmatist point of view, there is no interesting difference between tables and texts, betweeen protons

---

angesprochene Analogie muss uns an dieser Stelle nicht interessieren. Relevant ist ausschließlich die Charakterisierung des Anti-Repräsentationalismus als einen Versuch, „to set aside any authority save that of a consensus of our fellow humans" (Rorty. Pragmatism as Anti-Authoritarianism, S. 7). Bereits der *epistemological behaviorism* richtet sich gegen die Idee einer epistemischen Autorität von inneren Einzeldingen wie Sinneseindrücken oder von äußeren Einzeldingen in der Außenwelt, die ihre Autorität unabhängig von der sozialen Praxis des Gebens und Forderns von Gründen besitzen und damit einen äußeren Maßstab für diese Praxis darstellen.

[185] Rorty. Being That Can Be Understood Is Language, S. 25 f.

[186] Rorty. Nineteenth-Century Idealism and Twentieth-Century Textualism, S. 164.

and poems".[187] Aussagen über Protonen sind also genauso unproblematisch wie Aussagen über Beckett-Dramen, denn Rorty zieht keinen Unterschied in der Erkennbarkeit von Gegenstandstypen (wobei im Idealismus das Bewusstsein oder die Sprache auf der epistemisch privilegierten und natürliche Dinge auf der unerkennbaren Seite stehen würden). Er zieht einzig einen Unterschied zwischen Rechtfertigung und Kausalität und damit zwischen epistemisch relevant und irrelevant: „only a sentence can be relevant to the truth of another sentence".[188]

Rorty geht es also um eine strenge Bestimmung davon, welche Relevanz dem kausalen Kontext zukommt, in dem Protonen, Staaten und sprachliches Verhalten in unmittelbaren Kontakt stehen. Dass zwischen Überzeugungen und der restlichen Welt keine repräsentationale Relation angenommen wird, heißt nur, dass kausale Relationen ausreichen, um das Verhältnis zwischen Überzeugungen und der restlichen Welt zu beschreiben.[189] Die Dinge der Welt – z. B. Schnee, Protonen, Staaten, soziale Klassen oder Organismen – verursachen Überzeugungen und Überzeugungen wirken ursächlich auf den Rest der Welt, die Welt kann jedoch keine Überzeugungen rechtfertigen oder wahr machen. Wieder kommt Rorty auf den Slogan zurück: *only a belief can justify a belief.* Wenn er hierbei zwischen *beliefs* und *non-beliefs,* oder zwischen Rechtfertigung und Kausalität unterscheidet, dann unterscheidet er zwischen epistemisch relevant und epistemisch irrelevant. Er macht lediglich den Punkt, dass über die Korrektheit von Überzeugungen nur normative Rechtfertigungsbeziehungen entscheiden und nicht eine weitere Relation zwischen Überzeugungen und der Welt, die erkenntnistheoretisch beschrieben oder erklärt werden müsste.[190]

---

[187] Rorty. Nineteenth-Century Idealism and Twentieth-Century Textualism, S. 153.

[188] Rorty. Being That Can Be Understood Is Language, S. 25.

[189] Vgl. Rorty. Pragmatism, Davidson and Truth, S. 128; Rorty. Non-Reductive Physicalism, S. 122.

[190] Brandom merkt an, die Repräsentationalistin könnte zugestehen, dass die Außenwelt zwar keine Überzeugungen rechtfertigen kann, dies allerdings auch gar nicht ihre These sei. Ihr geht es nämlich nicht um Rechtfertigung, sondern um Wahrheit. So wissen wir, dass eine Überzeugung wahr sein kann, ohne gerechtfertigt zu sein und genauso kann eine Überzeugung gerechtfertigt sein, ohne wahr zu sein. Daran anschließend vertritt die Repräsentationalistin die These: „how things are determines the correctness of our claims in the sense of their truth" und eben nicht die Richtigkeit im Sinne von gerechtfertigt (Brandom. Vocabularies of Pragmatism, S. 161). Nun muss die Repräsentationalistin aber auch eine solche Wahrheitsrelation als eine normative Relation auffassen, da die infragestehende Beziehung die Richtigkeit von Überzeugungen bestimmen soll. Das im Fließtext rekonstruierte anti-repräsentationalistische Argument Rortys richtet sich also gleichermaßen gegen eine Rechtfertigungs- als auch gegen eine Wahrheitsrelation, da es sich allgemein gegen die Idee einer normativen Relation zwischen Überzeugungen und Dingen richtet. Nichtsdestotrotz

Damit entgeht Rorty auch dem *veil-of-ideas skepticism*. Natürlich äußern wir konkrete Zweifel an konkreten Überzeugungen. Im besten Fall lassen sich diese Zweifel mit den uns zu Verfügung stehenden epistemischen Mitteln beseitigen, d. h. indem wir neue Bücher lesen, andere Daten erheben, neue Methoden ausprobieren, Experimente durchführen, uns an andere Personen wenden oder ähnlich bescheidenen Praktiken nachgehen. Ein darüber hinausgehender Zweifel jedoch, ob auch unsere simpelsten Plattitüden mit der Außenwelt übereinstimmen, stellt sich nicht, da wir mit Rorty die normative Kommunikationspraktik

---

kann diese Bemerkung Brandoms aufgegriffen werden, um kurz zu skizzieren, wie Rorty die Unterscheidung zwischen Wahrheit und Rechtfertigung verwendet. In den 1970er und frühen 80er Jahren tendierte Rorty dazu, einen epistemischen Wahrheitsbegriff zu vertreten, d. h. Wahrheit nicht entkoppelt von dem menschlichen Erkenntnisvermögen der Rechtfertigung zu denken. So setzte er z. B. Wahrheit mit „warranted assertability" (gerechtfertigter Äußerbarkeit) gleich (Rorty. *Philosophy and the Mirror of Nature*, S. 176). Diese Identifikation von Wahrheit und Rechtfertigung lässt sich auf eine pragmatistische Intuition zurückführen: „Pragmatists think that if something makes no difference to practice, it should make no difference to philosophy" (Rorty, Richard. 1995/1998. Is Truth a Goal of Inquiry? Donald Davidson Versus Crispin Wright. In *Truth and Progress. Philosophical Papers, Volume 3*. Cambridge: Cambridge University Press, S. 19–42, hier: S. 19). Die Unterscheidung von Wahrheit und Rechtfertigung ist eine eben solche Unterscheidung, die in der Praxis keinen Unterschied macht. Denn wenn wir konkrete Zweifel an der Wahrheit unserer Überzeugungen haben, können wir nur testen, ob sie adäquat gerechtfertigt sind. Dafür lesen wir Bücher, führen weitere Experimente durch, wenden uns an *peers* etc. Die Beurteilung der Wahrheit einer Überzeugung und die Beurteilung der Rechtfertigung einer Überzeugung sind praktisch gesehen also ein und dieselbe Aktivität. Daran hat Rorty immer festgehalten. Später allerdings gibt er jeden Versuch der Formulierung einer Wahrheitstheorie auf, ob epistemisch oder nicht, und verwendet den Wahrheitsbegriff in Rückgriff auf Davidson als undefinierten Grundbegriff (vgl. Rorty. Response to Brandom, S. 184; Rorty. Is Truth a Goal of Inquiry?). So lassen sich nur mehr verschiedene Verwendungsweisen des Adjektivs ‚wahr' angeben: Neben einer billigenden Verwendung (*endorsing use*), in der wir ‚wahr' benutzen, um einer Überzeugung zuzustimmen –‚wahr' also synonym für ‚gerechtfertigt' verstehen –, lässt sich z. B. auch eine warnende (*cautionary*) Verwendung identifizieren wie in dem Satz ‚Pass auf, deine Überzeugung ist gerechtfertigt, könnte aber trotzdem nicht wahr sein. Handel also mit Vorsicht nach ihr!' (Rorty. Pragmatism, Davidson and Truth, S. 128). Mit dieser letzten Verwendungsweise will Rorty die Unterscheidung von Wahrheit und Rechtfertigung aufrecht erhalten, ohne Wahrheit als Beziehung zwischen Innen- und Außenwelt denken zu müssen. Im warnenden Gebrauch lässt sich Wahrheit nämlich nicht mit Rechtfertigung gleichsetzen, da es diese transzendiert. Dies tut sie jedoch nur insofern, als sie auf mögliche Einwände gegen eine Überzeugung in der Zukunft verweist und somit fallibilistische Wachsamkeit fordert (vgl. Rorty. Hilary Putnam and the Relativist Menace, S. 60 f.; Rorty, Richard. 2000. Universality and Truth. In *Rorty and His Critics*, hrsg. Robert Brandom. Malden, Mass., Oxford: Blackwell, S. 1–30, hier: S. 4 f.).

als die epistemisch allein relevante Beziehung verstehen.[191] Die Frage des *veil-of-ideas skepticism,* ob unsere Überzeugungen auch die Wirklichkeit korrekt repräsentieren, stellt sich also deshalb nicht, da Überzeugungen nicht als Repräsentationen verstanden werden, d. h. nicht als etwas, das in einer normativ relevanten Beziehung zu Dingen steht.

Nun wurde Rortys Position oftmals selbst als Skeptizismus oder Relativismus kritisiert.[192] Man wendet ein: Zugestanden Rorty habe den Schleider der Ideen hinter sich gelassen, so handele er sich doch neue skeptizistisch-relativistische Konsequenzen ein, sobald er Rechtfertigungsbeziehungen als die epistemisch allein relevanten Beziehungen versteht. Denn Rechtfertigungspraktiken können sich radikal voneinander unterscheiden, man denke an die von Samuel Hahnemann und die von Robert Koch. Demnach gäbe es genauso viel gerechtfertigtes Wissen, wie man Rechtfertigungspraktiken erfinden könnte. Diese Kritik geht jedoch davon aus, dass Rorty Rechtfertigung und Gerechtfertigtsein auf einen *de facto* Konsens reduziert, auf „anybody's agreement reached any way".[193] Das jedoch verlagert die Frage nach Geltung wieder aus den normativen Kontext der Teilnahme in den deskriptiven der Beobachtung. Die Frage, ob etwas Geltung besitze, müsse nach dieser falschen Interpretation nicht mehr von der Philosophin, sondern von der Soziologin beantwortet werden.[194] Ob eine Aussage gerechtfertigt ist, lässt sich Rorty zufolge aber gerade nicht durch eine externe Beobachtung

---

[191] Vgl. Kronenberg. Die Zerbrechlichkeit des Wahren, S. 182. Vgl. auch Rorty: „If [...] we think of ‚rational certainty' as a matter of victory in argument rather than of relation to an object known, we shall look toward our interlocutors rather than to our faculties for the explanation of the phenomenon. If we think of our certainty about the Pythagorean Theorem as our confidence, based on experience with arguments on such matters, that nobody will find an objection to the premises from which we infer it, then we shall not seek to explain it by the relation of reason to triangularity. Our certainty will be a matter of conversation between persons, rather than a matter of interaction with nonhuman reality" (Rorty. *Philosophy and the Mirror of Nature,* S. 157).

[192] Besonders instruktiv ist hierbei Rortys Debatte mit Hilary Putnam (vgl. Rorty. Hilary Putnam and the Relativist Menace; Putnam, Hilary. 2000. Richard Rorty on Reality and Justification. In *Rorty and His Critics,* hrsg. Robert Brandom. Malden, Mass., Oxford: Blackwell; Rorty. Response to Putnam).

[193] Allen, Barry. 2000. What Was Epistemology? In *Rorty and His Critics,* hrsg. Robert Brandom. Malden, Mass., Oxford: Blackwell, S. 220–236, hier: S. 223.

[194] So Putnam (Putnam. Richard Rorty on Reality and Justification, S. 84 ff.). Dabei reagiert er auf die folgende unvorsichtige Äußerung Rortys: „I view warrant as a sociological matter, to be ascertained by observing the reception of S's statement by his peers" (Rorty. Hilary Putnam and the Relativist Menace, S. 50). Diese Aussage drückt jedoch nur eine Hälfte von Rortys Position aus, da *warrant* nur aus einer beschreibenden Beobachtungsperspektive auf diese Weise erklärt werden kann (vgl. Abschn. 2.2.3). Verstanden als ein normativer *term of*

bestimmen, sondern nur durch die normative Teilnahme am Geben und Fordern von Gründen, am Behaupten, Verteidigen und Widerlegen von Aussagen, das wir nur mit denjenigen Standards durchführen können, die wir für das Behaupten, Verteidigen und Wiederlegen von Aussagen haben oder etablieren. Dies ist gerade kein Aufruf zu Beliebigkeit, sondern im Gegenteil zur engagierten Teilhabe am Prozess des Erkennens, der nur mit den Begriffen und Überzeugungen fortgeführt werden kann, die uns zu einem gewissen Zeitpunkt zu Verfügung stehen.

Zusammenfassend lässt sich festhalten, dass nachdem in (Abschn. 2.2.1) vor allem die anti-fundamentalistische Position Rortys im Vordergrund stand, sowie seine Kritik an der Verwechslung von Gründen und Ursachen, es uns in (Abschn. 2.2.2) vor allem um die anti-repräsentationalistische Position ging, die sich aus Rortys *epistemological behaviorism* ergibt. Wissen soll Rorty zufolge deshalb nicht als akkurate Repräsentation verstanden werden, da die Annahme einer Repräsentationsbeziehung zwischen Überzeugungen und der Außenwelt dieselbe Verwechslung von Gründen und Ursachen wiederholt, die auch dem Fundamentalismus zugrundelag. Wo dieser in Form des logischen Empirismus nämlich eine normativ relevante Beziehung zwischen Überzeugungen und Sinneseindrücken postulierte, nimmt jener eine normativ relevante Beziehung zwischen Überzeugungen und Dingen der Außenwelt an. Mit diesem Anti-Repräsentationalismus löst sich auch das Problem des *veil-of-ideas skepticism* auf. Denn versteht man Überzeugungen nicht mehr als Repräsentationen, die von repräsentierten Dingen der Außenwelt wahr gemacht werden, lässt sich nicht mehr das skeptizistische Szenario formulieren, dass selbst unsere einfachsten Plattitüden die Außenwelt falsch repräsentieren könnten. Dies lässt sich schlicht deshalb nicht formulieren, da Überzeugungen nicht als Repräsentationen verstanden werden.

Bevor im dritten Kapitel die bislang formulierten Überlegungen auf die wissenssoziologische Tradition angewandt werden, wird kurz skizziert, wie sich Rorty eine Soziologie des Wissens nach der Aufgabe des Bildes vom Spiegel der Natur vorstellt und warum er mit dieser Vorstellung die Soziologie überschätzt.

2.2.3 Rortys Soziologie

Die eben rekonstruierte Absage an das Bild vom Spiegel der Natur und dem damit einhergehenden Projekt der Erkenntnistheorie verpflichtet Rorty nicht zu

---

approval, ist ‚warrant' jedoch nicht identisch mit ‚a sociological matter, to be ascertained by observing the reception of S's statement by his peers'.

einer Absage an die Idee eines Wissens des Wissen. Wenn Erkenntnis als soziale Rechtfertigungspraxis verstanden wird, dann erübrigt sich nur der Versuch einer (quasi-)kausalen Analyse von geistigen, sprachlichen o.a. Vorgängen, um *damit* Erkenntnis normativ zu fundieren. Ein Wissen der epistemischen sozialen Praktiken ist jedoch möglich, solange auf die normative Dimension der Erkenntnistheorie verzichtet wird und sich das Wissen des Wissen schlicht in einer „description of human behavior" erschöpft:[195]

> If we have an understanding of our practices of scientific inquiry [...] then we have all the understanding that philosophy is going to give us – but what it gives us is not clearly distinct from what the history and sociology of science gives us. It is, at any rate, not distinct by virtue of being 'foundational.'[196]
>
> [...] philosophy will have no more to offer than common sense (supplemented by biology, history, etc.) about knowledge and truth.[197]

Erklärungen und Beschreibungen wie sie von Psychologie, Biologie, Neurologie, Geschichte und Soziologie formuliert werden, können demnach eben jene Funktion der Beschreibung epistemischen Verhaltens übernehmen. Sie dürfen nur nicht als Rechtfertigungen verstanden werden.

Diese Position hängt eng zusammen mit Rortys Naturalismus bzw. nichtreduktiven Physikalismus, der im Folgenden als Ausformulierung seiner Verhältnisbestimmung von *reasons* und *causes* und als Bestimmung dessen rekonstruiert werden soll, was eine Soziologie des Wissens Rorty zufolge leisten könnte.[198] Rorty zeichnet ein „picture of the relations between the human self and the world which, though ‚naturalized' through and through, excludes nothing".[199] Als ‚Physikalist' definiert Rorty „someone who is prepared to say that every event can be described in micro-structural terms, a description which mentions only elementary particles, and can be explained by reference to other events so described".[200] Wobei ‚event' so allgemein gefasst ist, dass darunter jegliches Ereignis zu verstehen ist; selbst menschliches Verhalten, das gerne als Kultur, Kunst oder

---

[195] Rorty. *Philosophy and the Mirror of Nature*, S. 182.

[196] Rorty, Richard. 1978/1985. Epistemological Behaviorism and the De-Transcendentalization of Analytic Philosophy. In *Hermeneutics and Praxis*, hrsg. Robert Hollinger. Notre Dame, Indiana: University of Notre Dame Press, S. 89–121, hier: S. 113.

[197] Rorty. *Philosophy and the Mirror of Nature*, S. 176.

[198] Vgl. Rorty. Non-Reductive Physicalism; Rorty, Richard. 1989/1991. Wittgenstein, Heidegger, and the Reification of Language. In *Essays on Heidegger and Others. Philosophical Papers, Volume 2*. Cambridge: Cambridge University Press, S. 50–65, hier: S. 55.

[199] Rorty. Non-Reductive Physicalism, S. 113.

[200] Rorty. Non-Reductive Physicalism, S. 114.

Kognition der physikalischen Natur gegenübergestellt wird: „Mozart composing a melody or Euclid seeing how to prove a theorem.[201] Jedes menschliche Verhalten lässt sich demnach in physikalisch-naturalistischen Begriffen verstehen, auch das Erkennen wie es bspw. in Laboren, Universitäten und Bibliotheken praktiziert wird. Kein Forschungsgegenstand entzieht sich dieser naturalistischen Perspektive: „There are no ghosts".[202] Wir können in Anlehnung an diese Definition von Physikalismus eine Position formulieren, die konkreter auf unseren Bereich des erkenntnisorientierten menschlichen Verhaltens zugeschnitten ist: Jede soziale Rechtfertigungspraxis lässt sich aus einer Beobachtungsperspektive heraus in einem deskriptiv-erklärenden Vokabular verstehen, unabhängig davon, ob dieses Vokabular das der Teilchenphysik, der Biologie oder der Soziologie ist. Statt von einem Physikalismus muss hierbei wohl eher von einem Deskriptivismus und im speziellen Fall der Soziologie von einem Soziologismus gesprochen werden.

Nun soll dieser Deskriptivismus jedoch auch ein nicht-reduktiver sein, d. h. einer „which […] excludes nothing".[203] Im Falle der Erkenntnis heißt dies, dass er Geltungsfragen einen Ort zugestehen muss, der nicht mit einem deskriptiv-erklärenden Vokabular erfasst werden kann. Rortys bereits angeschnittener Vorschlag lautet daher, Rechtfertigungspraxen „bifocally" zu betrachten.[204] D. h. entweder aus einer beschreibend-erklärenden Beobachtungsperspektive oder aus einer normativen Teilnehmerperspektive. Denn auch wenn ausnahmslos jedes menschliche Verhalten von außen als blinder Kausalprozess beschrieben oder erklärt werden kann, hindert uns nichts daran, in anderen Kontexten und mit anderen Zwecken an einer sozialen Praxis teilzunehmen und somit ein normatives Vokabular für das erkenntnisorientierte Verhalten von Menschen zu verwenden. Denn „why should we take the existence of the outside point of view […] as a recommendation never to assume the inside point of view of the earnest seeker after truth"?[205] Dieser linguistische Pluralismus Rortys ist nur möglich, weil

---

[201] Rorty. Non-Reductive Physicalism, S. 114.

[202] Rorty. *Philosophy and the Mirror of Nature*, S. 387.

[203] Rorty. Non-Reductive Physicalism, S. 113. Rortys technischere Definition von ‚Reduktion' lautet: „‚reduction' is a relation merely between linguistic items, not among ontological categories. To reduce the language of X's to the language of Y's one must show either (a) that if you can talk about Y's you do not need to talk about X's, or (b) that any given description in terms of X's applies to all and only the things to which a given description in terms of Y's applies" (Rorty. Non-Reductive Physicalism, S. 115).

[204] Rorty. *Philosophy and the Mirror of Nature*, S. 385.

[205] Rorty. Pragmatism, Davidson and Truth, S. 141. Natürlich ist die Übernahme einer Beobachtungsperspektive und damit die Verwendung eines deskriptiven Vokabulars immer auch eine normative Teilnahme an der Verwendung von eben diesem deskriptiven Vokabular:

er zuvor scharf zwischen Rechtfertigung und Beschreibung unterschieden hatte: „norms are one thing and descriptions another".[206] D. h. aber nur, dass Normen und Beschreibungen unterschiedliche Werkzeuge (*tools*) sind, die uns erlauben, unterschiedliche Zwecke zu erreichen. Wie ein Hammer und eine Säge sind Normen und Beschreibungen also nicht konkurrierend, sondern schlicht anders.[207] Wenn wir allerdings, so die Pointe von *Mirror*, den Zweck verfolgen wollen, die *quid juris* Frage zu beantworten, so benötigen wir ein normatives Vokabular, mit dem wir das Erkennen nicht von außen beschreiben, sondern praktisch daran teilnehmen. Den anderen Teilnehmern gegenüber nehmen wir dann eine normative Haltung ein, indem wir Gründe geben und fordern, begriffliche und inhaltliche Verpflichtungen eingehen und uns anderen erklärlich machen. Wir reden mit ihnen, nicht über sie.

Wir können also sowohl die normative Teilnehmerperspektive, als auch die deskriptiv-erklärende Beobachtungsperspektive haben und damit einen nicht-reduktiven Deskriptivismus bzw. Soziologismus vertreten, wenn wir darauf achten, beide Perspektiven nicht ineinander fallen zu lassen: „there is only a need to keep them distinct, so that one does not try to use both at once".[208] Sie ineinander fallen zu lassen, führt zu dem Versuch einer „synoptic vision which will somehow [...] bring the outside and the inside points of view together".[209] Das wäre die Position der Erkenntnistheorie, die ein deskriptiv-erklärendes Vokabular zur Erforschung des Bewusstseins oder der Sprache verwenden will, um zu

---

„We could not deploy the descriptive vocabulary unless we could also deploy the normative one, just as we could not employ a screwdriver if we did not have hands. [...] We cannot stop prescribing, and *just* describe, because the describing counts *as* describing only if rule-governed, only if conducted by people who talk about each other in the vocabulary of agency." (Rorty, Richard. 2000. Response to Ramberg. In *Rorty and His Critics*, hrsg. Robert Brandom. Malden, Mass., Oxford: Blackwell, S. 370-77, hier: S. 372. Vgl. Ramberg, Bjørn. 2000. Post-Ontological Philosophy of Mind. In *Rorty and His Critics*, hrsg. Robert Brandom. Malden, Mass., Oxford: Blackwell, S. 351-370, hier: S. 362). Jede Soziologin ist Teil einer Gemeinschaft von Soziologinnen, denen gegenüber sie sich nicht soziologisch verhält, sondern normativ (vgl. Farshim, Alexander. 2002. *Universalismus, Relativismus und Repräsentation. Eine Kritik des modernen Wissensbegriffs.* Inaugural-Dissertation zur Erlangung des Doktorgrades der Philosophie am Zentrum für Philosophie und Grundlagen der Wissenschaften der Justus-Liebig-Universität Gießen. http://Geb.Uni-Giessen.De/Geb/Volltexte/2006/2696/, S. 36).

[206] Rorty. Pragmatism, Davidson and Truth, S. 142.

[207] Zur Werkzeug-Metapher vgl. Rorty. *Contingency, Irony, and Solidarity*, S. 11 ff.; Rorty. Introduction: Pragmatism and Philosophy, S. xix.

[208] Rorty. Pragmatism, Davidson and Truth, S. 143.

[209] Rorty. Pragmatism, Davidson and Truth, S. 141.

erkennen, welche Überzeugungen wir normativ berechtigt sind zu vertreten. Um also die Verwechslung von Rechtfertigung und Erklärung zu vermeiden, müssen keinerlei Entitäten postuliert werden, die von einem naturalistischen Vokabular nicht erfasst werden können – z. B. der Geist, die Wissenschaft, der Mensch. Wir müssen auch nicht zwischen zwei Typen von Überzeugungen unterscheiden – zwischen verursachten Überzeugungen auf der einen Seite und Überzeugungen, die Ergebnis rationaler Argumentation sind auf der anderen.[210] Schließlich können mit Rorty alle Überzeugungen normativ als Ergebnis guter oder schlechter Gründe behandelt werden oder deskriptiv-erklärend als Ergebnis kausaler Einwirkung.[211] Stattdessen müssen wir schlicht vermeiden, einen dritten Standpunkt zu beziehen, der die normative *quid juris* Frage mit der deskriptiven *quid facti* Frage vermengt.

Nachdem auf die eben beschriebene Weise die *quid juris* Frage in die Teilnahme einer sozialen Praxis verlegt wurde, bedarf Rorty zufolge ein Wissen des Wissens nur mehr der „historicosociological question of how and why patterns of justification change".[212] Diese Frage ließe sich z. B. im Stile Thomas Kuhns oder Michel Foucaults beantworten. Man müsse nur darauf achten, beide Autoren von den Restbeständen erkenntnistheoretischer Affinitäten zu lösen.[213] Deshalb schreibt Rorty: „Part of my ambition, to paraphrase Freud, is to help it come to pass that where epistemology and metaphysics were, sociology and history shall be".[214] Bereits in der Einleitung wurde angedeutet, dass Rorty die Soziologie an dieser Stelle überschätzt. Fernab davon, eine spiegellose Disziplin zu sein, übernahm die Soziologie zentrale Aspekte von genau der cartesisch-kantischen Philosophie, die Rorty zu verabschieden gedenkt. Der restliche Teil dieser Arbeit wird folglich darin bestehen, eine analoge Argumentation über die wissenssoziologische Tradition zu formulieren, wie Rorty es in Bezug auf die Erkenntnistheorie getan hat. Auch dieses Vorhaben steht unter dem Vorzeichen Rortys, denn in dem fünften und sechsten Kapitel von *Philosophy and the*

---

[210] Vgl. Rorty, Richard. 2000. Response to Habermas. In *Rorty and His Critics*, hrsg. Robert Brandom. Malden, Mass., Oxford: Blackwell, S. 56-64, hier: S. 59.

[211] Genauso ließe sich natürlich auch der Gebrauch eines normativen Vokabulars kausal erklären.

[212] Rorty, Richard. Antiskeptical Weapons: Michael Williams Versus Donald Davidson. In *Truth and Progress. Philosophical Papers, Volume 3*. Cambridge: Cambridge University Press, S. 153–163, hier: S. 163.

[213] Vgl. Rorty. *Philosophy and the Mirror of Nature*, S. 322 ff.; Rorty, Richard. 1986. Foucault and Epistemology. In *Foucault: A Critical Reader*, hrsg. David Couzens Hoy. Oxford, New York: Basil Blackwell, S. 41–50.

[214] Rorty. Response to Dennett, S. 103.

Mirror of Nature kritisiert er zwei Versuche, eine Nachfolgedisziplin (*successor subject*) der Erkenntnistheorie zu etablieren: empirische Psychologie und analytische Sprachphilosophie.[215] Beide Kapitel richten sich nicht gegen Psychologie und Sprachphilosophie per se, sondern gegen die Versuche, erkenntnistheoretische Psychologie bzw. erkenntnistheoretische Sprachphilosophie zu betreiben. Da es Rorty darum geht, die repräsentationalistischen Probleme aufzulösen statt zu lösen, argumentiert er, dass auch diese Nachfolgedisziplinen das nicht bewerkstelligen können, woran bereits Descartes, Locke und Kant gescheitert sind. Das zentrale Argument gegen die Möglichkeit beider Nachfolgedisziplinen lautet, „that such a ‚new epistemology' can offer nothing relevant to issues of justification, and that consequently it has no relevance to the cultural demands which led to the emergence of epistemology in the seventeenth and eighteenth centuries".[216] Dass freilich auch die *old epistemology* nichts zu Fragen der Rechtfertigung beitragen konnte, ist Rortys zentrales Argument gegen die Möglichkeit einer Erkenntnistheorie überhaupt. Analog zu diesen beiden Kapiteln wird unsere Arbeit argumentieren, dass auch die Soziologie des Wissens als eine solche Nachfolgedisziplin rekonstruiert werden kann, d. h. als eine erkenntnistheoretische Soziologie des Wissens, die an das Bild vom Spiegel der Natur gebunden ist. Damit wiederholt sie die Probleme der Erkenntnistheorie in noch zu bestimmender Weise auf einer anderen Ebene. Weil aber auch die Soziologie nichts zu *issues of justification* beitragen kann und auch sie sich nur in den unlösbaren Problemen der Erkenntnistheorie verliert, wäre sie gut damit beraten, das Bild vom Spiegel der Natur aufzugeben und sich als spiegellose Soziologie des Wissens neu zu erfinden.

---

[215] Vgl. Rorty. *Philosophy and the Mirror of Nature,* S. 213 ff., 257 ff.
[216] Rorty. *Philosophy and the Mirror of Nature,* S. 220.

Erkenntnistheorie und Soziologie des Wissens

3

Wird das Verhältnis von Soziologie und Erkenntnistheorie in den Blick genommen, dann meist als ein äußeres Verhältnis. Möchte man Typen skizzieren, so ließe sich sagen, Soziologinnen verstehen ihr Fach als verschieden von, als entgegengesetzt zur oder als bessere Alternative der Erkenntnistheorie. Die erste Position unterscheidet klassisch zwischen den Erfahrungswissenschaften und einer diese Erfahrungswissenschaften fundierenden Erkenntnistheorie.[1] Fragen der ersteren haben keine Relevanz für Fragen der letzteren. Als empirische Tatsachenwissenschaft steht somit auch die Soziologie des Wissens in keinem Konkurrenzverhältnis zur Erkenntnistheorie, sondern bedarf wie jede Einzeldisziplin auch ihrerseits einer philosophischen Fundierung. Eine solche arbeitsteilige Verhältnisbestimmung erkennt die Probleme und Lösungen der Erkenntnistheorie als legitime an.

Im Gegensatz dazu lässt sich in einschlägigen Handbüchern nachlesen, dass die Wissenssoziologie eine „deutliche *Gegenposition* zur klassischen Erkenntnistheorie der Philosophie"[2] darstelle oder dass sich die wissenssoziologischen und erkenntnistheoretischen Betrachtungsweisen „grundlegend" unterscheiden.[3] Nicht nur in Handbüchern wird diese Frontstellung beschworen, auch Norbert Elias beginnt den Aufsatz über die systematische Darstellung seiner Wissenssoziologie mit der Feststellung, dass soziologische und philosophische Theorien der

---

[1] Vgl. Stehr, Nico, und Meja, Volker. 1985. Sozialwissenschaftlicher und erkenntnistheoretischer Diskurs: Das Problem des Relativismus. *Soziale Welt* 36, S. 261–270, hier: S. 262; Berger, Peter L., und Luckmann, Thomas. 1966/1969. *Die gesellschaftliche Konstruktion der Wirklichkeit. Eine Theorie der Wissenssoziologie.* Frankfurt am Main: Fischer, S. 14 f.

[2] Kneer, Georg. 2010. Wissenssoziologie. In *Handbuch Spezielle Soziologien*, hrsg. Georg Kneer und Markus Schroer. Wiesbaden: Springer VS, S. 707–723, hier: S. 707; Herv. F.B.

[3] Knoblauch, Hubert. 2014. *Wissenssoziologie.* 3. Auflage. Konstanz, München: UTB, S. 14.

© Der/die Autor(en), exklusiv lizenziert an Springer Fachmedien Wiesbaden GmbH, ein Teil von Springer Nature 2022
F. Beer, *Soziologisch denken mit Richard Rorty*, Philosophische Grundlagen der Soziologie, https://doi.org/10.1007/978-3-658-37738-0_3

Erkenntnis „insoluable and unrelated" sind.[4] Eine solche Gegenposition soll die Wissenssoziologie deshalb beziehen, weil sie ein der Erkenntnistheorie entgegengesetztes Verständnis von Wissen besitzt: sozial statt individuell, historisch statt ahistorisch, fallibel statt notwendig etc.

Stellt man drittens die Soziologie als bessere Alternative dar, so wird zumindest negativ ein inneres Verhältnis von Erkenntnistheorie und Soziologie anerkannt. Michael Lynch z. B. sieht den von ihm unterstützten „pivotal move from epistemology to the sociology of science" in dem „*empirical* approach to the traditional topics of epistemology" begründet.[5] Fast ein Jahrhundert zuvor formuliert Wilhelm Jerusalem, man müsse „*anstatt* der transzendentalen Analyse Kants eine soziologische Zergliederung der menschlichen Erkenntnisinhalte" vornehmen.[6] Nach diesem Selbstverständnis wurden die einst sinnvollerweise gestellten Fragen der Erkenntnistheorie nie befriedigend beantwortet, was jedoch nicht an der Fragestellung, sondern an den Antworten lag. Denn statt auf erkenntnistheoretische, ist eine gute Antwort auf rein soziologische Mittel angewiesen. Die Soziologie wird somit als eine „challenger discipline" der Erkenntnistheorie verstanden, die auf der Ebene der Probleme an die Philosophie anschließt, auf der Ebene der Methoden jedoch mit ihr bricht und sie dadurch herausfordert.[7]

---

[4] Elias, Norbert. 1971. Sociology of Knowledge: New Perspectives. Part One. *Sociology* 5, S. 149–168, hier: S. 149.

[5] Lynch, Michael. 1992. Extending Wittgenstein: The Pivotal Move from Epistemology to the Sociology of Science. In *Science as Practice and Culture,* hrsg. Andrew Pickering. Chicago, London: The University of Chicago Press, S. 215–265, hier: S. 215; Herv. F.B.

[6] Jerusalem, Wilhelm. 1924. Die soziologische Bedingtheit des Denkens und der Denkformen. In *Der Streit um die Wissenssoziologie. Erster Band. Die Entwicklung der deutschen Wissenssoziologie,* hrsg. Volker Meja und Nico Stehr. Frankfurt am Main: Suhrkamp, S. 27–56, hier: S. 28; Herv. F.B.

[7] Kusch, Martin. 1999. Philosophy and the Sociology of Knowledge. In *Studies in History and Philosophy of Science* 30, S. 651–685, hier: S. 671 f. In der Regel wird der Psychologie diese Doppelrolle zugeschrieben: „Cognitive psychology was within the realm of philosophy insofar as many of its questions had been central philosophical problems for centuries and yet outside of the realm of philosophy insofar as its methods and styles of arguing were closer to physiology or statistics than to metaphysics or ethics" (Kusch. Philosophy and the Sociology of Knowledge, S. 672). Für ein Beispiel des hier bloß angedeuteten Konkurrenzverhältnis vgl. z. B. Mannheim: „Es wurde evident, daß über die Art, in der die Struktur des Subjekts das Weltbild beeinflußte, mit Hilfe der Tier-, Kinder- und Sprachpsychologie, der Psychologie der Naturvölker und der Geistesgeschichte viel mehr gesagt werden konnte als in einer rein spekulativen Analyse der Akte eines transzendentalen Subjekts" (Mannheim, Karl. 1929/2015. Erster Ansatz des Problems. In *Ideologie und Utopie.* Frankfurt am Main: Vittorio Klostermann, S. 3–47, hier: S. 15).

Alle drei Selbstbeschreibungen eint die Überzeugung, dass die Soziologie selbst nicht erkenntnistheoretisch ist. Entweder weil sie als Erfahrungswissenschaft keinerlei erkenntnistheoretische Kompetenz besitze, weil sie eine der Erkenntnistheorie entgegengesetzte Auffassung von Wissen vertrete oder weil die Erkenntnistheorie ein bloß fehlerhafter Versuch sei, eine handvoll sinnvoller Fragen zu beantworten, die legitimerweise nur soziologisch beantwortet werden können. Gegen dieses Selbstverständnis ist diese Arbeit gerichtet. Nach ihr können große Teile der soziologischen Erforschung von Wissen als erkenntnistheoretische Forschung rekonstruiert und daher im Anschluss an Rorty u. a. kritisiert werden. Dabei ist es wichtig zu betonen, dass diese Kritik sich nicht gegen eine als illegitim verstandene Soziologisierung der Erkenntnistheorie wendet. Folgt man Rorty und anderen, so muss das erkenntnistheoretische Denken selbst der Kritik unterworfen werden, nicht erst dessen Soziologisierung. Der Gegenstand unserer Kritik ist demnach nicht *social epistemology,* sondern *epistemological sociology (of knowledge).*[8] Es geht also nicht um ein Plädoyer für die Arbeitsteilung zwischen Erkenntnistheorie und Soziologie des Wissens, sondern um die Aufgabe des erkenntnistheoretischen Denkens per se und damit um die Aufgabe des erkenntnistheoretischen Denkens innerhalb der Soziologie des Wissens.

Was genau bezeichnen wir, wenn wir von einer *epistemological sociology of knowledge,* einer erkenntnistheoretischen Soziologie des Wissens sprechen? Erkenntnistheoretisch ist eine Soziologie des Wissens genau dann, wenn ihrem Wissensbegriff das im zweiten Kapitel rekonstruierte Bild vom Spiegel der Natur zugrundeliegt. Dies umfasst erstens die Übernahme des Innen/Außen-Repräsentationalismus, der zur Oszillation zwischen *veil-of-ideas skepticism* und Fundamentalismus führt und zweitens die Verwechslung von Gründen und Ursachen, von Rechtfertigung und Erklärung bzw. Beschreibung.[9]

---

[8] Für ersteres vgl. Fuller, Steve. 2012. Social Epistemology: A Quarter-Century Itinerary. In *Social Epistemology: A Journal of Knowledge, Culture and Policy* 26, S. 267–283; Goldman, Alvin I., und Whitcomb, Dennis. Hrsg. 2011. *Social Epistemology: Essential Readings.* New York: Oxford University Press.

[9] Die Soziologie des Wissens als *epistemological sociology* zu verstehen, impliziert demnach etwas anderes als sie als „challenger discipline" zu verstehen (Kusch. Philosophy and the Sociology of Knowledge, S. 671 f.). Eine *challenger discipline* schließt auf der Ebene der Probleme an die Erkenntnistheorie an, bricht jedoch mit ihr auf der Ebene der Methoden. Unserer Rekonstruktion geht es hingegen darum zu zeigen, dass die Soziologie des Wissens das Bild vom Spiegel der Natur übernommen hat, vor dessen Hintergrund die Probleme der Erkenntnistheorie überhaupt erst verständlich werden. Auch wird gezeigt, dass eine erkenntnistheoretische Soziologie des Wissens auf der Ebene der Methoden an die Erkenntnistheorie

Demnach geht es nicht darum, philosophische Einflüsse auf ein ansonsten als autark verstandenes soziologisches Denken zu identifizieren. Wir argumentieren vielmehr dafür, dass wissenssoziologisches Denken der Tendenz nach immer schon erkenntnistheoretisches Denken ist. Damit teilen wir die Einschätzung von Merz-Benz, dass „der *Modus des philosophischen Denkens* selbst, die Denkfigur des Kritizismus, in die Soziologie Eingang gefunden und dort eine bestimmende und weitreichende Wirkung entfaltet hat"[10] und zwar bis zu dem Punkt, an dem dieses philosophische Denken das „Prinzip soziologischen Denkens" geworden ist.[11] Anders als Merz-Benz identifizieren wir jenes philosophische Denken aber nicht unmittelbar mit dem Kritizismus des (Neu-)Kantianismus, sondern wie Latour mit dem auch diesem Kritizismus zugrundeliegenden Bild vom Spiegel der Natur.[12]

Wir werden dabei wie folgt vorgehen. In (Abschn. 3.1) argumentieren wir dafür, dass die Soziologie des Wissens an die erkenntnistheoretische Tradition insofern anschließt, als sie die grundlegende Innen/Außen-Unterscheidung in empirisierter Form übernimmt, indem sie das transzendentale Subjekt Kants durch die Gesellschaft oder, allgemeiner formuliert, das Soziale ersetzt. Dieser Quasi-Transzendentalismus wird dabei nicht einfach vorausgesetzt, sondern zum Forschungsprogramm erhoben. Wissen soziologisch zu erforschen, heißt demnach, Überzeugungssysteme kritizistisch auf ihre sozialen Aprioris zurückzuführen. In (Abschn. 3.2) soll die Frage beantwortet werden, inwiefern die Soziologie des Wissens an die normative Dimension der Erkenntnistheorie anschließt. In (Kap. 2) wurde herausgearbeitet, dass es der Erkenntnistheorie nie um eine bloße Beschreibung der Vorgänge ging, die beim Erkennen stattfinden. Erkenntnistheorie formulierte immer auch den Anspruch, Wissensansprüche in privilegierten Repräsentationen fundieren zu können, um so dem *veil-of-ideas skepticism* zu entgehen. Wie sich die erkenntnistheoretische Tradition diese normative Legitimierung vorstellte, erwies sich als der Hauptkritikpunkt Rortys. Nach ihm verwechsle die Erkenntnistheorie *reasons* und *causes*. Nun nimmt die normative Dimension innerhalb der Soziologie des Wissens weniger die Form der fundierenden Legitimierung, als die der skeptizistischen Delegitimierung von Erkenntnisansprüchen an. Dabei lassen sich zwei Formen der Delegitimierung rekonstruieren. Erstens wird an die normative Dimension

---

anschließt, insofern als sie die philosophische Methode des Kritizismus in abgewandelter Form übernimmt (vgl. Abschn. 3.1).

[10] Merz-Benz. Soziologie als Erkenntniskritik, S. 317.

[11] Merz-Benz. Soziologie als Erkenntniskritik, S. 340.

[12] Vgl. Latour. *Die Hoffnung Der Pandora*.

der Erkenntnistheorie angeschlossen, sobald der in (Abschn. 3.1) rekonstruierte Quasi-Transzendentalismus als entlarvende Ideologiekritik vorgetragen wird (Abschn. 3.2.1). Zweitens ergibt sich eine womöglich nicht intendierte Delegitimierung aus der ebenso in (Abschn. 3.1) dargestellten Empirisierung und damit Pluralisierung des epistemischen Innen/Außen-Verhältnisses. Denn durch die Pluralisierung des Innen/Außen-Verhältnisses wird das Problem des *veilof-ideas skepticism* durch das Problem des *veils-of-society skepticism* erweitert (Abschn. 3.2.2). In beiden Fällen, Ideologiekritik und *veils-of-society skepticism,* wird dieselbe Verwechslung von Gründen und Ursachen bzw. Rechtfertigung und Erklärung vorgenommen, die Rorty als konstitutiv für die erkenntnistheoretische Tradition verstanden hat.

Nun kann im Rahmen dieser Arbeit nicht jeder relevanten Position der Soziologiegeschichte diese Verbundenheit mit der erkenntnistheoretischen Tradition einzeln nachgewiesen werden.[13] Deshalb ist das dritte Kapitel als Erprobung einer Hypothese zu verstehen: Lässt sich die wissenssoziologische Tradition in Richtung von Rortys Rekonstruktion der erkenntnistheoretischen Tradition lesen? Dabei werden wir keine detaillierte Auseinandersetzung mit konkreten Theorien vornehmen, sondern bereits bestehende Studien zusammenführen, die allesamt die Soziologie des Wissens in der von Descartes, Locke und Kant begründeten Traditionslinie verorten.[14]

---

[13] Auch ist davon auszugehen, dass die soziologische Übernahme zentraler Prämissen der erkenntnistheoretischen Tradition nicht einfach eine vorfindbare Tatsache ist, sondern für unterschiedliche Akteure ein theoretisches Problem dargestellt hat, das letztlich unterschiedlichen Lösungen zugeführt wurde. Diesbezüglich unterscheiden sich bereits Mannheim und Durkheim, die Einbeziehung von Soziologen aus der Nachkriegszeit wie Bloor oder Bourdieu würde sodann weitere Differenzen zu Tage fördern.

[14] Entscheidende Impulse verdanken wir hierbei Dirk Baecker, Bruno Latour, Peter-Ulrich Merz-Benz, Gillian Rose, Warren Schmaus und Michel Foucault. Vgl. jeweils Baecker, Dirk. 2017a. Schematismus als erster Dienst am Kunden. Siebzig Jahre Dialektik Der Aufklärung II. https://kure.hypotheses.org/309; Baecker, Dirk. 2017b. Was ist nochmals Wirklichkeit? In *Merkur. Deutsche Zeitschrift für europäisches Denken* 71, S. 5–12; Latour.»Glaubst Du an Die Wirklichkeit?«; Merz-Benz. Soziologie als Erkenntniskritik; Rose, Gillian. 1981/2009. *Hegel Contra Sociology.* London, Brooklyn: Verso; Schmaus, Warren. 2004. *Rethinking Durkheim and His Tradition.* Cambridge: Cambridge University Press; Foucault, Michel. 1966/2015. *Die Ordnung der Dinge. Eine Archäologie der Humanwissenschaften.* Frankfurt am Main: Suhrkamp, S. 413 ff.

3.1   Soziologie als Quasi-Transzendentalismus: Gesellschaft als empirisiertes Subjekt

In diesem Teil wird dafür argumentiert, dass große Teile der Soziologie des Wissens insofern als erkenntnistheoretische Soziologien des Wissens verstanden werden müssen, als sie an die Innen/Außen-Unterscheidung des Bildes vom Spiegel der Natur anschließen. An die Stelle des transzendentalen Subjekts Kants setzt die Soziologie eine quasi-transzendentale Gesellschaft. Diese Position wird dabei nicht schlicht vorausgesetzt, sondern zum Forschungsprogramm erhoben. Wissen soziologisch zu erforschen heißt, von dieser Warte aus gesehen, Überzeugungssysteme kritizistisch auf ihre sozialen Bedingungen der Möglichkeit, auf ihre sozialen Aprioris zurückzuführen (Abschn. 3.1.2). Zunächst wird allerdings die in (Abschn. 2.1) nur angeschnittene Transzendentalphilosophie Kants in ihren Grundzügen skizziert. Denn schließt die Soziologie des Wissens an die Innen/Außen-Unterscheidung in ihrer kantischen Version an, so muss zumindest ansatzweiße erläutert werden, worin diese spezifisch kantische Version besteht (Abschn. 3.1.1).

3.1.1   Die kopernikanische Wende Kants

Entscheidend für Kants Neubestimmung des Innen/Außen-Verhältnisses ist die kopernikanische Wende, die zu einer „Theorie der Gegenstandskonstitution" führt.[15] Zur Erläuterung dieses Gedankens bedarf es jedoch eines Verständnisses des Ausgangsproblems der *Kritik der reinen Vernunft*, d. h. eines Verständnisses der Frage nach der Möglichkeit synthetischer Urteile a priori. Dieses Ausgangsproblem ist gebunden an Kants Diagnose des wissenschaftlichen Feldes im ausgehenden 18. Jahrundert. Während im Zuge der wissenschaftlichen Revolution die newtonsche Physik immer mehr an Bedeutung gewinnt, verliert sich die einstige „Königin der Wissenschaften" in dogmatischen Streitereien auf dem „Kampfplatz der Metaphysik".[16] Während also die Naturwissenschaften, wie bereits vor ihnen die Logik, den „sicheren Gang einer Wissenschaft" gehen, lassen sich die metaphysischen Auseinandersetzungen nur als ein „[H]erumtappen" beschreiben.[17] In dieser Gemengelage möchte Kant der Metaphysik zu ihrer

---

[15] Böhme, Gernot. 1979. Quantifizierung als Kategorie der Gegenstandskonstitution. Zur Rekonstruktion der Kantischen Erkenntnistheorie. *Kant Studien* 70, S. 1–16, hier: S. 1.

[16] Kant. *Kritik der reinen Vernunft*, AVIII.

[17] Kant. *Kritik der reinen Vernunft*, BVII.

einstigen Würde zurückverhelfen. Diesen Anspruch gedenkt er jedoch nicht zu erfüllen, indem er eigene metaphysische Theorien über Freiheit, die Seele oder Gott formuliert. Stattdessen geht es Kant darum, vorab zu ergründen, ob über Gegenstände dieser Art überhaupt gesichertes Wissen erlangt werden kann. Eine solche Ergründung bekam fortan den Namen der Kritik oder des Kritizismus.[18] Es ist dies der Versuch, die Quellen, den Umfang und die Grenzen der Erkenntnis zu bestimmen, indem man nach den überzeitlichen Bedingungen der Möglichkeit von Wissen überhaupt fragt.[19] Die Kritik fragt also nach den Bedingungen, unter denen alle unsere möglichen „Meinungen als Wissen gelten können", als akkurate Repräsentationen der Außenwelt.[20] Gelingt der Philosophie dieses Unterfangen, so hätte sie die Grenzen des akkuraten Wissens für jede mögliche Erkenntnis in Vergangenheit und Zukunft bestimmt. Damit wären aber auch die Grenzen gesetzt, innerhalb derer die Metaphysik als legitime Wissenschaft wirklich werden kann; die Grenzen, innerhalb derer metaphysische Theorien mit Wissensanspruch auftreten können (statt bloß dogmatische Setzungen oder Meinungen zu sein).

Nun tritt wissenschaftliches Wissen stets in Form von Aussagen oder Urteilen auf. Um also zu bestimmen, wie Metaphysik als legitime Wissenschaft möglich ist, muss Kant angeben, welchen Urteilstypus eine metaphysische Erkenntnis zu artikulieren versucht.[21] Kant zufolge hat Metaphysik den Anspruch, wie die Mathematik und die reine Naturwissenschaft, synthetische Urteile a priori zu formulieren.[22] Ließe sich ergründen, wie es möglich ist, dass innere Urteile dieser Art mit dem äußeren „Objekte übereinstimmend" sind, so hätte man ebenso die Möglichkeit der Metaphysik ergründet.[23] Die Frage der *Kritik der reinen Vernunft* lautet daher: Wie sind synthetische Urteile a priori möglich?

Zur Begriffsklärung. Kant unterscheidet zwischen Erkenntnissen a priori und aposteriori, sowie zwischen synthetischen und analytischen Urteilen. Das Unterscheidungskriterium zwischen Erkenntnissen a priori und a posteriori ist die

---

[18] Vgl. Riehl. *Der philosophische Kritizismus und seine Bedeutung für die positive Wissenschaft.*

[19] Kant. *Kritik der reinen Vernunft*, AXII.

[20] Mohr, Georg, und Willaschek, Marcus. 1998. Einleitung: Kants Kritik der reinen Vernunft. In *Klassiker Auslegen, Band 17/18. Immanuel Kant: Kritik der reinen Vernunft*, hrsg. Georg Mohr und Marcus Willaschek. Berlin: Akademie Verlag, S. 5–36, hier: S. 6.

[21] Vgl. Tetens, Holm. 2006. *Kants »Kritik der reinen Vernunft«. Ein systematischer Kommentar.* Stuttgart: Reclam, S. 24.

[22] Kant. *Kritik der reinen Vernunft*, B18.

[23] Riehl. *Der philosophische Kritizismus und seine Bedeutung für die positive Wissenschaft*, S. 383.

„Rolle der Wahrnehmungen für die Begründung der Aussagen".[24] Erkenntnisse a posteriori sind empirische Aussagen, die durch Erfahrung begründet oder widerlegt werden müssen. Die Wahrheit oder Falschheit von Erkenntnissen a priori lässt sich hingegen unabhängig von Erfahrung erweisen. Des Weiteren gelten Erkenntnisse a priori notwendig und streng allgemein, während die Wahrheit von Erkenntnissen a posteriori stets eine kontingente und besondere ist.[25] Die Metaphysik formuliert dem Anspruch nach Erkenntnisse a priori, da sie „das Feld aller möglichen Erfahrungen" verlässt und von Gegenständen wie Gott, Freiheit oder der Unsterblichkeit der Seele handelt.[26]

Ähnlich differenzierte die Philosophie vor Kant zwischen Tatsachen- und Vernunftwahrheiten (Leibniz) oder zwischen *relations of ideas* und *matters of fact* (Hume).[27] Die kantische Urteilslehre führt jedoch eine weitere Unterscheidung ein, nämlich die von synthetischen und analytischen Urteilen. Allgemein formuliert sind Urteile Verhältnisbestimmungen des grammatischen Subjekts und des Prädikats.[28] So setzt ein Urteil wie ‚Der Tisch ist weiß' das Subjekt des Satzes (‚Der Tisch') in ein ganz bestimmtes Verhältnis mit dem Prädikat (‚ist weiß'). Nun gibt es Kant zufolge Urteile, die eine Analyse oder „Zergliederung" bereits bekannter Begriffe vornehmen.[29] Mit ihnen wird geklärt, was in den verwendeten Begriffen bereits inhaltlich enthalten ist. Dabei wird dem Subjekt des Satzes kein weiterer Inhalt hinzufügt. Das Prädikat expliziert lediglich die bereits im Subjekt gelegene Bedeutung des verwendeten Begriffs. Klassische Beispiele wären ‚Jedes Ding ist ausgedehnt' oder ‚Alle Junggesellen sind unverheiratet'. Kant spricht deshalb auch von begriffserklärenden Erläuterungsurteilen oder analytischen Urteilen.[30] Diese sind immer auch Erkenntnisse a priori, schließlich liegt die Geltung der Urteile in der Bedeutung der verwendeten Begriffe begründet und nicht in der Erfahrung.

Davon zu unterscheiden sind synthetische Urteile. Während im Falle analytischer Urteile das Prädikat eines Satzes dem Subjekt inhaltlich nichts hinzufügt, was nicht bereits im Subjekt enthalten ist, so liegt im Falle synthetischer Urteile

---

[24] Tetens. *Kants »Kritik der reinen Vernunft«*, S. 25.

[25] Kant. *Kritik der reinen Vernunft*, B4.

[26] Kant. *Kritik der reinen Vernunft*, B7.

[27] Vgl. Cramer, Konrad. 1998. Die Einleitung (A1/B1–A16/B30). In *Klassiker Auslegen, Band 17/18. Immanuel Kant: Kritik der reinen Vernunft*, hrsg. Georg Mohr und Marcus Willaschek. Berlin: Akademie Verlag, S. 57–79, hier: S. 73.

[28] Kant. *Kritik der reinen Vernunft*, B10.

[29] Kant. *Kritik der reinen Vernunft*, B9.

[30] Kant. *Kritik der reinen Vernunft*, B11.

das Prädikat „ganz außer dem" Subjekt.[31] Da synthetische Urteile ein Subjekt
mit einem Prädikat synthetisieren oder verknüpfen, das nicht bereits im Begriff
des Subjekts enthalten ist, spricht Kant auch von „Erweiterungsurteilen".[32] Ein
Beispiel wäre ‚Dieses Buch wiegt 200 g‘. In diesem Beispiel handelt es sich
ebenso um eine Erkenntnis a posteriori. Dies ist kein Einzelfall. Jedes empirische Urteil ist immer auch ein synthetisches Urteil, da empirische Urteile stets
eine Verknüpfung von Subjekt und Prädikat vornehmen und sich dabei auf die
Erfahrung stützen. Hierbei ist es also die Erfahrung, die es erlaubt, ein Prädikat,
das nicht bereits im Subjekt enthalten ist, legitimerweise und objektiv gültig mit
jenem Subjekt zu verknüpfen. Z. B. lässt sich das vorige Beispiel eines synthetischen Urteils a posteriori objektiv gültig artikulieren, wenn man das Buch mit
einer funktionstüchtigen Waage korrekt gewogen hat. Synthetische Urteile a posteriori sind also deshalb möglich, weil man sich auf die Erfahrung stützen kann,
um Prädikate einem Subjekt synthetisch zu verknüpfen.

Während jedoch jedes analytische Urteil auch ein analytisches Urteil a priori
ist, so ist Kant zufolge nicht jedes synthetische Urteil ein synthetisches Urteil a
posteriori. Synthetische Urteile können ebenso a priori gültig sein. Kant nennt
z. B. die Sätze ‚7+5=12‘ oder ‚Alles was geschieht, hat seine Ursache‘. Bei
diesen Aussagen handelt es sich nicht um analytische Urteile, da weder die ‚12‘
bereits in der „Vereinigung von Sieben und Fünf" enthalten ist,[33] noch der Begriff
der Ursache in dem Begriff von einem „Etwas, das geschieht".[34] Diese Urteile
erläutern keine Begriffe, sondern erweitern unsere Erkenntnis, sind also synthetisch. Gleichzeitig können sie nicht a posteriori sein, d. h. sie können sich nicht
auf die Erfahrung stützen, um das Prädikat mit dem Subjekt objektiv gültig zu
verknüpfen. Denn beide Urteile erheben den Anspruch auf strenge Allgemein-
heit und Notwendigkeit, auf Eigenschaften also, die ausschließlich Erkenntnissen
a priori zukommen.[35] Hieran anschließend stellt sich folgende Frage: „Was ist
hier das *Unbekannte* = x, worauf sich der Verstand stützt, wenn er außer dem
Begriff von A ein demselben fremdes Prädikat B aufzufinden glaubt, *welches
er* gleichwohl damit verknüpft *zu sein erachtet?*".[36] Dies ist die Frage nach der
Möglichkeit synthetischer Urteile a priori. Wie lassen sich objektiv gültige Urteile
artikulieren, die nicht von der Bedeutung unserer Begriffen handeln, sondern die

---

[31] Kant. *Kritik der reinen Vernunft*, B10.
[32] Kant. *Kritik der reinen Vernunft*, B11.
[33] Kant. *Kritik der reinen Vernunft*, B15.
[34] Kant. *Kritik der reinen Vernunft*, B13.
[35] Vgl. Kant. *Kritik der reinen Vernunft*, A9/B13.
[36] Kant. *Kritik der reinen Vernunft*, B13.

Erkenntnis von einem Gegenstand erweitern, dabei jedoch erfahrungsunabhängig begründet werden können und deshalb streng allgemein, sowie notwendig wahr sind? In seiner Antwort verweist Kant häufig auf die Mathematik und die reine Naturwissenschaft, da er von der Wirklichkeit synthetischer Urteile a priori in diesen Disziplinen überzeugt ist und davon ausgeht, dass „eine Klärung, wie diese synthetischen Urteile a priori möglich sind, zugleich zeigt, unter welchen Bedingungen Metaphysik als Wissenschaft möglich ist".[37]

Wie Kant diese Frage beantworten möchte, liegt in seiner kopernikanischen Wende bzw. seiner „Revolution der Denkart" begründet, die das Verhältnis von Innen und Außen neu bestimmt:[38]

> Bisher nahm man an, alle unsere Erkenntnis müsse sich nach den Gegenständen richten; aber alle Versuche über sie a priori etwas durch Begriffe auszumachen, wodurch unsere Erkenntnis erweitert würde, gingen unter dieser Voraussetzung zu nichte. Man versuche es daher einmal, ob wir nicht in den Aufgaben der Metaphysik besser fortkommen, daß wir annehmen, die Gegenstände müssen sich nach unserem Erkenntnis richten, welches so schon besser mit der verlangten Möglichkeit einer Erkenntnis derselben a priori zusammenstimmt, die über Gegenstände, ehe sie uns gegeben werden, etwas festsetzen soll. Es ist hiermit eben so, als mit den ersten Gedanken des Copernicus bewandt der, nachdem es mit der Erklärung der Himmelsbewegungen nicht gut fort wollte, wenn er annahm, das ganze Sternheer drehe sich um den Zuschauer, versuchte, ob es nicht besser gelingen möchte, wenn er den Zuschauer sich drehen, und dagegen die Sterne in Ruhe ließ.[39]

---

[37] Mohr und Willaschek. Einleitung, S. 16. Vgl. dazu „Wir haben also einige wenigstens unbestrittene, synthetische Erkenntnis *a priori* und dürfen nicht fragen, ob sie möglich sei (denn sie ist wirklich), sondern nur: wie sie möglich sei, um aus dem Prinzip der Möglichkeit der gegebenen auch die Möglichkeit aller übrigen ableiten zu können" (Kant, Immanuel. 1783/1957. *Prolegomena zu einer jeden künftigen Metaphysik*. Hamburg: Felix Meiner, § 4). Ein Beispiel für ein wirkliches synthetisches Urteil a priori aus der reinen Physik wäre Kant zufolge der Satz, „daß in allen Veränderungen der körperlichen Welt die Quantität der Materie unverändert bleibe" (Kant. *Kritik der reinen Vernunft*, B17). Freilich lässt sich gegen Kants Insistieren, dass er die Wirklichkeit, d. i. objektive Gültigkeit, synthetischer Urteile a priori in der Mathematik und der reinen Naturwissenschaft fraglos akzeptiert, folgendes einwenden: „eigentlich ist durch den Ansatz des erwiesenen Daseins der Wissenschaften, das nun nur in seiner Gültigkeit überprüft werden soll, bereits die Skepsis ausgesprochen. Die Philosophie Kants bedient sich der Mittel des Zweifels, der Mittel der Prüfung, um das, was ihr als unbestreitbare Wahrheit vor Augen steht, gleichsam um so strahlender zu offenbaren, weil es auch durch die skeptische Prüfung hindurch sich enthüllte" (Adorno. *Kants »Kritik der reinen Vernunft«*, S. 53). Der Nachweis also, wie synthetische Urteile a priori in der Mathematik und der reinen Naturwissenschaft möglich sind, ist als normative Fundierung beider Fachdisziplinen zu verstehen.

[38] Kant. *Kritik der reinen Vernunft*, BXI.

[39] Kant. *Kritik der reinen Vernunft*, BXVI.

Die hier noch wenig technische Sprache Kants unterscheidet zwischen zwei Bildern des Verhältnisses von Erkenntnis und Gegenstand oder Innen und Außen. Beide Varianten setzen dabei die repräsentationalistische Prämisse voraus, dass Wahrheit verstanden wird als „Übereinstimmung einer Erkenntnis mit ihrem Gegenstande".[40] Im ersten Bild jedoch muss sich das Innen nach dem Außen richten, um diese Übereinstimmung zu erlangen. Der Gegenstand ist wie er ist, unabhängig von aller möglichen Erkenntnis von ihm. Das Ziel der inneren Erkenntnis besteht darin, diesen vollständig autarken und äußeren Gegenstand so zu erfassen, wie er an sich ist; d. h. unabhängig von jeglicher Erkenntnis von ihm. Das zweite Bild behält die Relation bei, verändert jedoch ihr Vorzeichen. Nun richtet sich das Außen nach dem Innen. Der Gegenstand kann somit nur insofern ein Gegenstand von Erkenntnis sein, als er sich vorab den Bedingungen der Erkenntis unterwirft. Kurz gesagt: „Die Bedingungen der *Erkenntnis* eines Gegenstands sind zugleich die Bedingungen des *Gegenstands* der Erkenntnis".[41] Dieses zweite Bild ist Kants Zwecken insofern dienlich, als damit die Möglichkeit synthetischer Urteile a priori plausibilisiert wird. Denn Zusammenhänge der Wirklichkeit mit Erweiterungsurteilen zu erkennen, die a priori gültig sind und somit notwendig und streng allgemein gelten, ist nun gerade deshalb möglich, weil unser inneres Erkenntnisvermögen diese Zusammenhänge in die Wirklichkeit hineinlegt.[42]

Damit schließt Kant an das neuzeitliche erkenntnistheoretische Projekt an, das Innen mit dem Außen in Übereinstimmung zu bringen. Kant wiederholt jedoch nicht einfach die subjektive Wende Descartes', er versucht also nicht die „Objektivität der Erkenntnis durch Subjektivismus zu beseitigen; sondern die Objektivität, die vor ihm durch die Beziehung auf das Subjekt relativiert, skeptisch eingeschränkt gewesen ist, nun im Subjekte selbst als eine objektive zu begründen".[43] Wo also Descartes die Relativität der Gegenstände auf ein Bewusstsein als Einwand gegen die Möglichkeit akkurater Repräsentation gesehen hat, versucht Kant die Geltung von Erkenntnis durch diejenigen subjektiven Bedingungen zu begründen, denen alle möglichen Erkenntnisgegenstände unterliegen müssen. Das Außen

---

[40] Kant. *Kritik der reinen Vernunft,* A58/B83.

[41] Mohr und Willaschek. Einleitung, S. 5, vgl. 18.

[42] Vgl.: „Wenn die Anschauung sich nach der Beschaffenheit der Gegenstände richten müßte, so sehe ich nicht ein, wie man a priori von ihr etwas wissen könne; richtet sich aber der Gegenstand (als Objekt der Sinne) nach der Beschaffenheit unseres Anschauungsvermögens, so kann ich mir diese Möglichkeit ganz wohl vorstellen" (Kant. *Kritik der reinen Vernunft,* BXVII).

[43] Adorno. *Kants »Kritik der reinen Vernunft«,* S. 10.

lässt sich demnach nur deshalb mit a priorischer Notwendigkeit akkurat repräsentieren, weil es den Bedingungen des mit cartesischer Gewissheit ausgestatteten Innen unterliegt (vgl. Abschn. 2.1). Da es den Gegenstand vorab konstituieren muss, wird das Bewusstsein zum Gesetzgeber der Natur.[44] Gary Gutting fasst dies wie folgt zusammen:

> The answer to the defining question of epistemology, 'How can our representations accurately represent objects?,' was that the very meaning of 'object' (at least in the crucial context of empirical knowledge) requires that an object be properly correlated with the mind's rules for forming representations of it.[45]

Diese Kurzfassung der kopernikanischen Wende vorausgesetzt, muss Kant freilich immer noch die Prüfung der Möglichkeit synthetischer Urteile a priori konkret durchführen und aufzeigen, genau welchen Bedingungen jeder mögliche Erkenntnisgegenstand unterliegt. Dafür bedarf es transzendentaler Erkenntnis: „Ich nenne alle Erkenntnis transzendental, die sich nicht so wohl mit Gegenständen, sondern mit *unserer Erkenntnisart* von Gegenständen, *so fern diese a priori möglich sein soll*, überhaupt beschäftigt".[46] Eine transzendentale Erkenntnis wendet sich demnach reflexiv auf a priorische Erkenntnisarten und soll zeigen, wie diese nicht-empirischen Erkenntnisse möglich sind.[47] Dabei handelt es sich bei einer transzendentalen selbst auch immer um eine a priorische und damit notwendige wie streng allgemeine Erkenntnis.[48] Die Möglichkeit eben dieser transzendentalen Erkenntnis der erkennenden Mechanismen des Geistes wird dabei durch den privilegierten Zugang zum Innen gewährleistet.[49] Die Erkenntnis subjektiver Erkenntnisbedingungen ist daher nur so lange unproblematisch, solange man sich auf die cartesische Idee stützen kann, dass dem Bewusstsein nichts näher ist, als es selbst.

Wie dem auch sei, der positive Teil der *Kritik* gliedert sich jedenfalls in zwei transzendentale Erkenntnisse; in die transzendentale Ästhetik und in den analytischen Teil der transzendentalen Logik. Kant unterscheidet die Ästhetik und die Logik entlang der beiden inneren Erkenntnisquellen Sinnlichkeit und Verstand,

---

[44] Vgl. Kant. *Kritik der reinen Vernunft*, A127/B163 f.

[45] Gutting. Rorty's Critique of Epistemology, S. 43.

[46] Kant. *Kritik der reinen Vernunft*, B25.

[47] Vgl. Adorno. *Kants »Kritik der reinen Vernunft«*, S. 36 ff.; Mohr und Willaschek. Einleitung, S. 17.

[48] Kant. *Kritik der reinen Vernunft*, A56/B80.

[49] Vgl. Rorty. *Philosophy and the Mirror of Nature*, S. 137 f.; Gutting. Rorty's Critique of Epistemology, S. 42.

die gemeinsam die a priorischen Bedingungen der Möglichkeit des erkennenden Subjekts bereitstellen.[50] Wenn Kant also davon spricht, dass sich der Gegenstand nach den subjektiven Bedingungen der Erkenntnis richtet, so heißt dies, dass er sich nach Teilen der Sinnlichkeit und des Verstandes richtet. Die Sinnlichkeit empfängt den materialen Inhalt ihrer anschauulichen Vorstellungen von der Außenwelt („Rezeptivität der Eindrücke"), während der Verstand diese Anschauungen unter begriffliche Vorstellungen subsumiert und damit einen Gegenstand erkennt („Spontaneität der Begriffe").[51] Durch die Sinnlichkeit wird uns ein Gegenstand „gegeben", durch den Verstand wird er „gedacht".[52] Beide Vermögen lassen sich zwar begrifflich scharf unterscheiden, damit Erkenntnis allerdings zustandekommt, bedarf es laut Kant beider Fakultäten: „Nur daraus, daß sie sich vereinigen, kann Erkenntnis entspringen".[53] Einem Begriff muss demnach stets ein Gegenstand gegeben werden, „darauf er sich beziehe" und dies ist nur vermittelt der Sinnlichkeit möglich.[54] Ebenso müssen Anschauungen „verständlich" gemacht werden, „d.i. sie unter Begriffe" bringen, damit ihnen etwas epistemisch relevantes abgewonnen werden kann.[55] Kurz gesagt: „Gedanken ohne Inhalt sind leer, Anschauungen ohne Begriffe sind blind".[56]

Die transzendentale Ästhetik und der analytische Teil der transzendentalen Logik haben nun zur Aufgabe, zu bestimmen, ob die Sinnlichkeit bzw. der Verstand erstens über Vorstellungen a priori verfügt, zweitens „welche dies sind" und drittens „inwiefern sie als Bedingungen empirischen und nicht-empirischen Wissens fungieren".[57] D. h. sie haben zur Aufgabe zu zeigen, inwiefern sich der Gegenstand nach der Sinnlichkeit bzw. dem Verstand richtet und wie dadurch synthetische Urteile a priori möglich werden.

Die transzendentale Ästhetik hat zum Ergebnis, dass Raum und Zeit sinnliche Vorstellungen a priori sind. Sie sind dabei als reine Anschauungsformen zu verstehen, nicht als anschauliche Inhalte. D. h. alle anschaulichen Inhalte, die die Außenwelt an das Subjekt heranträgt, müssen durch die räumlichen und zeitlichen Formen „gefiltert werden, um überhaupt »unsere« Anschauungen zu

---

[50] Kant. *Kritik der reinen Vernunft*, A52/B76.

[51] Kant. *Kritik der reinen Vernunft*, A50/B74.

[52] Kant. *Kritik der reinen Vernunft*, A50/B74.

[53] Kant. *Kritik der reinen Vernunft*, A51/B75 f.

[54] Kant. *Kritik der reinen Vernunft*, B298.

[55] Kant. *Kritik der reinen Vernunft*, A51/B75.

[56] Kant. *Kritik der reinen Vernunft*, A51/B75.

[57] Mohr und Willaschek. Einleitung, S. 21.

werden".[58] Daher lässt sich von jedem möglichen Gegenstand, der uns empirisch gegeben werden kann, a priori sagen, dass dieser sich immer unter den reinen Anschauungsformen von Raum und Zeit befindet. Raum und Zeit fungieren demnach insofern als Bedingungen der Möglichkeit empirischen Wissens, als jeder empirische Gegenstand notwendig ein raum-zeitlicher Gegenstand sein muss. Als Bedingungen der Möglichkeit nicht-empirischer Erkenntnis fungieren sie insofern, als durch sie die synthetischen Urteile a priori der Mathematik möglich werden. Hier wiederholt sich im Konkreten die allgemeine Idee der kopernikanischen Wende: Von der raum-zeitlichen Struktur empirischer Wirklichkeit können wir deshalb a priori Erkenntnisse haben, weil „sich die Raum-Zeitlichkeit der von uns wahrgenommenen Welt nicht dieser Welt selbst, sondern der Struktur unseres Wahrnehmungsapparats verdankt".[59]

Darauf folgt der analytische Teil der transzendentalen Logik. Die metaphysische Deduktion ermittelt, welche Vorstellungen a priori der Verstand besitzt.[60] Dabei gewinnt Kant diese insgesamt zwölf reinen Verstandesbegriffe oder Kategorien aus der formalen Logik.[61] So leitet er aus formallogischen Inhalten wie ‚einige', ‚ist', ‚nicht', ‚wenn…, dann…' Begriffsinhalte ab wie ‚Vielheit', ‚Realität', ‚Negation', sowie ‚Kausalität und Dependenz'.[62]

Während die metaphysische Deduktion zeigt, dass der Verstand über Vorstellungen a priori verfügt und welche dies sind, hat die transzendentale Deduktion zur Aufgabe, die objektive Gültigkeit der Kategorien zu prüfen. Sie muss also erklären, „wie sich Begriffe a priori auf Gegenstände beziehen können".[63] Nun unterscheidet Kant genau zwei Fälle, „unter denen synthetische Vorstellungen und ihre Gegenstände zusammentreffen, sich aufeinander notwendiger Weise beziehen".[64] Im ersten Fall ermöglicht der Gegenstand die Vorstellung. Diese Beziehung zwischen Vorstellung und Gegenstand ist eine empirische. Im zweiten Fall ermöglicht die Vorstellung den Gegenstand. Dabei spricht Kant nicht davon, dass eine Vorstellung den Gegenstand „dem Dasein nach" hervorbringt, d. h. die Existenz eines Gegenstandes kausal bewirkt.[65] Vielmehr meint Kant, dass die Vorstellung den Gegenstand a priori bestimmt und zwar insofern, als erst die

---

[58] Adorno. *Kants »Kritik der reinen Vernunft«*, S. 36.

[59] Rosefeldt. *Dinge an sich und der Außenweltskeptizismus*, S. 223.

[60] Kant. *Kritik der reinen Vernunft*, A77/B102 ff.

[61] Vgl. Tetens. *Kants »Kritik der reinen Vernunft«*, S. 85 ff.

[62] Kant. *Kritik der reinen Vernunft*, A70/B95; A80/B106.

[63] Kant. *Kritik der reinen Vernunft*, A85/B117.

[64] Kant. *Kritik der reinen Vernunft*, A92/B124.

[65] Kant. *Kritik der reinen Vernunft*, A92/B125.

Vorstellung es ermöglicht, „etwas als einen Gegenstand zu erkennen";[66] erst die Vorstellung konstituiert den Gegenstand als Gegenstand. In der Transzendentalen Ästhetik hat dies Kant bereits für die a priori Vorstellungen der Sinnlichkeit gezeigt. Nun stellt sich die Frage,

> ob nicht auch Begriffe a priori vorausgehen, als Bedingungen, unter denen allein etwas, wenn gleich nicht angeschauet, dennoch als Gegenstand überhaupt gedacht wird, denn alsdenn ist alle empirische Erkenntnis der Gegenstände solchen Begriffen notwendiger Weise gemäß, weil ohne deren Voraussetzung, nichts als Objekt der Erfahrung möglich ist.[67]

Die objektive Gültigkeit der Kategorien soll also implizit bewiesen werden. Demnach wird ihre Objektivität

> darauf beruhen, daß durch sie allein Erfahrung (der Form des Denkens nach) möglich sei. Denn allsdenn beziehen sie sich notwendigerweise und a priori auf Gegenstände der Erfahrung, weil nur vermittelst ihrer überhaupt irgend ein Gegenstand der Erfahrung gedacht werden kann.[68]

Kant hat also zu prüfen, ob die Kategorien vorausgesetzt werden müssen, um überhaupt von Gegenständen der Erfahrung sprechen zu können. Wenn dies der Fall ist, d. i. wenn die Kategorien nicht-empirische Bedingungen der Möglichkeit empirischer Erkenntnis sind, dann ist ihre objektive Gültigkeit bewiesen. Schließlich wäre nun geklärt, wie sie sich a priori auf Gegenstände der Erfahrung beziehen können: Gegenstände der Erfahrung sind nur dann Gegenstände der Erfahrung, wenn sie den Kategorien des Verstandes unterliegen. Daher lässt sich von allen möglichen Gegenständen der Erfahrung sagen, dass die Kategorien a priori mit ihnen übereinstimmen.

Das Resultat des gesamten positiven Teils der Kritik der reinen Vernunft endet mit der Darstellung der Grundsätze des reinen Verstandes. Diese synthetischen Urteile a priori sind Ergebnis des „Zusammenspiel[s]" der „Formen der Anschauung mit den in der Vernunftkritik deduzierten Formen des Verstandes, also den Kategorien".[69] Sie sind „Prinzipien der Exposition der Erscheinungen",[70] d. h. sie bestimmen die formalen Eigenschaften, die jeder Gegenstand der Erfahrung

---

[66] Kant. *Kritik der reinen Vernunft*, A92/B125.
[67] Kant. *Kritik der reinen Vernunft*, A93/B125 f.
[68] Kant. *Kritik der reinen Vernunft*, A93/B126.
[69] Adorno. *Kants »Kritik der reinen Vernunft«*, S. 59.
[70] Kant. *Kritik der reinen Vernunft*, B303.

notwendigerweise besitzen muss, um ein Gegenstand der Erfahrung sein zu können. Sie formulieren die Grenzen möglicher Erfahrung. Dazu gehört z. B. das Kausalgesetz: „Alle Veränderungen geschehen nach dem Gesetze der Verknüpfung der Ursache und Wirkung";[71] und dies notwendig, streng allgemein und a priori gültig.

Wir beenden diesen Teil mit einer kompakten Zusammenfassung der kopernikanischen Wende, dem obersten Grundsatz aller synthetischen Urteile a priori: „die Bedingungen der Möglichkeit der Erfahrung überhaupt sind zugleich die Bedingungen der Möglichkeit der Gegenstände der Erfahrung, und haben darum objektive Gültigkeit in einem synthetischen Urteile a priori".[72]

Es lässt sich festhalten, dass Kant die erkenntnistheoretische Problemstellung beibehält, das Innen in Übereinstimmung mit dem Außen zu bringen. Für Kant zeigt sich die Außenwelt dem erkennenden Subjekt nur mehr als uninterpretierter Inhalt, der der Sinnlichkeit gegeben wird. Es liegt an dem transzendentalen Subjekt, diesem Gegebenen anschauliche und begriffliche Formen aufzuprägen. Erst dieser Vorgang konstituiert die Gegenstände, die dem Subjekt erscheinen und von denen es akkurates Wissen erlangen kann. Eine innere akkurate Repräsentation von äußeren Gegenständen ist daher deshalb möglich, weil die Gegenstände der Erkenntnis überhaupt erst durch das Zusammenspiel innerer Aprioris und von außen empfangener Sinneseindrücke konstituiert werden.

3.1.2 Die Soziologisierung der kopernikanischen Wende

Eine detaillierte historische Rekonstruktion der Entwicklungslinien, die von Descartes, Locke und Kant zur Soziologie des Wissens führen, befindet sich jenseits der Möglichkeiten dieses Buches. Eine kurze Skizze ließe sich jedoch wie folgt formulieren. Mit Dirk Baecker lässt sich sagen, dass die „Wirklichkeit der Moderne [...] in der generischen Unterscheidung von innen und außen [kulminiert]".[73] Was mit Descartes' „Invention of the Mind"[74] beginnt, hört dort jedoch nicht auf: „Rasch entdeckt man eine Vielzahl weiterer Kandidaten für ein eigensinniges, vielleicht nicht denkendes, aber doch kognitionsfähiges Innen".[75] Zu nennen wären Organismen, Zellen, Gehirne, historische Epochen oder Maschinen.

---

[71] Kant. *Kritik der reinen Vernunft,* A189/B232.

[72] Kant. *Kritik der reinen Vernunft,* A158/B197.

[73] Baecker. Was ist nochmals Wirklichkeit?, S. 9.

[74] Rorty. *Philosophy and the Mirror of Nature,* S. 17.

[75] Baecker. Was ist nochmals Wirklichkeit?, S. 9.

Ebenso ist die Soziologie an dieser „Explosion der Innenverhältnisse" beteiligt, da auch sie die Innen/Außen-Unterscheidung in empirisierter Form übernimmt.[76] Sie verabschiedet also keineswegs das Bild vom Spiegel der Natur. Konstitutiv für dieses Bild ist nämlich nur die Annahme, „etwas müsse die Rolle des »Inneren« spielen"; unabhängig davon, wie dieses Etwas konkret bestimmt wird.[77] Die Soziologie schließt dabei vor allem an den (Neu-)Kantianismus an.[78] So wurde das transzendentale Subjekt der kantischen Philosophie

> durch einen geeigneteren Kandidaten ersetzt, durch die Gesellschaft. Anstelle eines fiktiven Geistes, der der Realität Gestalt verlieh, sie meißelte, zuschnitt und ordnete, bestimmten nun Vorurteile, Kategorien und Paradigmen einer Gruppe zusammenlebender Menschen die Vorstellungen jedes einzelnen von ihnen.[79]

Die jeweiligen Versuche dieses Austausches lassen sich bei den Größen des Faches nachlesen. So heißt es, die Soziologie setze „als »Subjekt« der Erkenntnis nicht einen einzelnen Menschen, sondern die menschliche Gesellschaft" an.[80] Sie gibt „der Gesellschaft" das zurück, „was man einer Transzendenz oder einem transzendentalen Subjekt zugeschrieben hat".[81] Erkenntniskritik wird folglich überführt in eine „*soziologische[.] Kritik der menschlichen Vernunft*".[82] Schon

---

[76] Baecker. Was ist nochmals Wirklichkeit?, S. 10.

[77] Dreyfus und Taylor. *Die Wiedergewinnung des Realismus,* S. 17.

[78] Vgl. Merz-Benz. Soziologie als Erkenntniskritik.

[79] Latour. »Glaubst du an die Wirklichkeit?«, S. 14. Vgl. auch Latour, Bruno. 1999b. For David Bloor... and beyond: A Reply to David Bloor's ‚Anti-Latour'. In *Studies in History and Philosophy of Science* 30, S. 113–130, hier: S. 116–118. Dort schneidet Latour die selbe These spezifisch auf David Bloors *Strong Programme* der *Sociology of Scientific Knowledge* (SSK) zu. Für letzere vgl. Wehling, Peter. 2017. Einführung. In *Science and Technology Studies. Klassische Positionen und aktuelle Perspektiven,* hrsg. Susanne Bauer, Torsten Heinemann, und Thomas Lemke. Berlin: Suhrkamp, S. 43–65; Sismondo, Sergio. 2010. *An Introduction to Science and Technology Studies.* Malden, Mass. Wiley-Blackwell, S. 47 ff.; Kehl, Christoph, und Mathar, Tom. 2012. Eine neue Wissenschaftssoziologie: Die Sociology of Scientific Knowledge und das Strong Programme. In *Science and Technology Studies. Eine Sozialanthropologische Einführung,* hrsg. Stefan Beck, Jörg Niewöhner, und Estrid Sørensen. Bielefeld: transcript, S. 107–126. Für einen Überblick zur Debatte zwischen Latour und Bloor vgl. Bammé, Arno. 2009. *Science and Technology Studies. Ein Überblick.* Marburg: Metropolis, S. 199 ff.

[80] Elias, Norbert. 1970/2006. *Was ist Soziologie?* Gesammelte Schriften, Band 5. Frankfurt am Main: Suhrkamp, S. 46.

[81] Bourdieu, Pierre. 1997/2017. *Meditationen. Zur Kritik der scholastischen Vernunft.* Frankfurt am Main: Suhrkamp, S. 147.

[82] Jerusalem. Die soziologische Bedingtheit des Denkens und der Denkformen, S. 29.

früh versprach die Soziologie somit „die philosophischen Probleme quasi im Handstreich dadurch zu erledigen, daß sie die Philosophie vom Kopf auf die Füße stellte. Gemeint war: die reale empirische Grundlage des Wissens in der Gesellschaft zu erweisen".[83] Von nun an basieren die „Leistungen des transzendentalen Subjekts" in der „Naturgeschichte der Menschengattung"[84] und auch der Begriffe und Anschauungen vermittelnde Schematismus vollzieht sich nicht mehr „in den Tiefen der menschlichen Seele",[85] sondern wird von der Kulturindustrie als „ersten Dienst am Kunden" betrieben.[86] Diese These von Horkheimer und Adorno kommentiert Baecker wie folgt:

> Sie steht am Endpunkt einer Reihe von Versuchen, die regulativen Ideen bzw. Aprioris Kants als Kunst, als Geist, als Praxis, als Werte, als Kultur (Schlegel, Novalis, Hegel, von Humboldt, Marx, von Helmholtz, Dilthey, Simmel, Scheler, Cassirer) empirisch dingfest zu machen und könnte heute fortgesetzt werden in eine Reihe sozial- und kognitionswissenschaftlicher Versuche, Diskurse, Rahmen, Skripte, Accounts, Schemata oder Metaphern (Goffman, Foucault, Harvey Sacks, Lakoff u.a.), für dieselbe Funktion der ‚Organisation von Erfahrung' (Goffman) verantwortlich zu machen.[87]

Mit Baecker sind wir der Überzeugung, dass die soziologische Beschäftigung mit Wissen der Tendenz nach tatsächlich ein einziger Versuch ist, die „Aprioris Kants [...] empirisch dingfest zu machen".[88] Vor diesem Hintergrund kann der von Soziologinnen oft betonte Unterschied zwischen Erkenntnistheorie und Soziologie des Wissens auf zwei unterschiedliche Auffassungen darüber zugespitzt werden, was als das innere Subjekt der Erkenntnis verstanden werden soll, d. h. welches X die Funktionen übernimmt, die Kant den reinen Anschauungsformen und Kategorien des transzendentalen Ichs zugemutet hat. Diese

---

[83] Dux, Günter. 1981. Zur Strategie einer Soziologie der Erkenntnis. In *Die Logik in der Geschichte des Geistes. Der Prozess der Säkularisierung*. Gesammelte Schriften, Band 8. Wiesbaden: Springer VS, S. 103–137, hier: S. 105.

[84] Habermas, Jürgen. 1965/1981. Erkenntnis und Interesse. In *Technik und Wissenschaft als »Ideologie«*. Frankfurt am Main: Suhrkamp, S. 146–168, hier: S. 161.

[85] Kant. *Kritik der reinen Vernunft*, A141/B180.

[86] Horkheimer, Max und Adorno, Theodor W. 1947/2016. *Dialektik der Aufklärung. Philosophische Fragmente*. Frankfurt am Main: Fischer, S. 132.

[87] Baecker. Schematismus als erster Dienst am Kunden?, o. S.

[88] Baecker. Schematismus als erster Dienst am Kunden?, o. S. Auch Schnädelbach nennt neben einer kulturalistischen und gesellschaftstheoretischen auch gattungsgeschichtliche, kognitionswissenschaftliche, historische, evolutionstheoretische und historische Relativierungen der kantischen Apriori (vgl. Schnädelbach, Herbert. 1996/2000. Was ist eigentlich ein relatives Apriori? In *Philosophie in der modernen Kultur. Vorträge und Abhandlungen 3*. Frankfurt am Main: Suhrkamp, S. 187–203, hier: S. 189 f.).

cartesisch-kantischen Prämissen einmal zugestanden, kann auch „die Denkfigur des Kritizismus" zum „Prinzip soziologischen Denkens" werden.[89] Denn nun lässt sich das Forschungsprogramm einer Soziologie des Wissens als die kritizistische Rückführung von Erkenntnisformen und -inhalte auf ihre sozialen Aprioris verstehen.

Trotz aller Unterschiede: Das zugrundeliegende Bild von Erkenntnis, vor dessen Hintergrund die eben skizzierte neu-kantianische Soziologie überhaupt erst verständlich wird, steht bei all diesen Überlegungen nicht zur Disposition. Rorty, Latour und andere kritisieren jedoch eben dieses zugrundeliegende Bild, nach dem Erkenntnis als ein zweistelliges Verhältnis von Innen und Außen zu denken ist. Mit ihnen und gegen Baecker sind wir folglich der Überzeugung, dass die „Reihe von Versuchen", die „Aprioris Kants [...] empirisch dingfest zu machen", nicht fortgesetzt, sondern aufgegeben werden sollte.[90]

Vorher jedoch folgt eine systematische Darstellung der eben bloß angedeuteten erkenntnistheoretischen Soziologie des Wissens. Dafür widmen wir uns Foucaults „Charakterisierung der Soziologie als anthropologische Wissenschaft".[91] Entscheidend hierfür ist das Schlusskapitel der 1966 veröffentlichten Studie *Die Ordnung der Dinge*. Dort versucht Foucault, die im 19. Jahrhundert aufkommenden Humanwissenschaften in ihrem Wesen zu bestimmen und zwar über ihren Bezug zur Philosophie und den empirischen Wissenschaften (Philologie, Politische Ökonomie und Biologie).[92] In der von Foucault verwendeten Gebrauchsweise umfasst der Begriff der Humanwissenschaften die Literatur- und Mythenanalyse, sowie einen psychologischen und den für unsere Zwecke relevanten soziologischen Bereich.[93]

Entscheidend für Foucaults Charakterisierung ist die provokante These, dass der Mensch „vor dem Ende des achtzehnten Jahrhunderts" nicht existierte.[94] Dabei bezieht sich Foucault nicht auf die biologische Gattung. Ebensowenig behauptet er, dass sich zu diesem Zeitpunkt noch kein Wissen über diese Gattung

---

[89] Merz-Benz. Soziologie als Erkenntniskritik, S. 317, 340.

[90] Baecker. Schematismus als erster Dienst am Kunden?, o. S.

[91] Roßler, Gustav. 2018. Ist eine nicht-anthropozentrische Soziologie denkbar? Die Soziologie als anthropologische Humanwissenschaft bei Foucault und Latours Gegenentwurf. In *Le foucaldien* 4, S. 1–26, hier: S. 2.

[92] Foucault. *Die Ordnung der Dinge*, S. 421.

[93] Foucault. *Die Ordnung der Dinge*, S. 426.

[94] Foucault. *Die Ordnung der Dinge*, S. 373.

gebildet hat.[95] Foucault behauptet vielmehr, dass es „kein erkenntnistheoretisches Bewußtsein vom Menschen als solchem" gab.[96] Erst in der modernen
Wissensordnung *(episteme)* wird dem Menschen eine ganz spezifische Doppelrolle zugemutet: Nun ist er zugleich „schwieriges Objekt und souveränes Subjekt
jeder möglichen Erkenntnis".[97] Als Subjekt wird der Mensch in der Moderne
zur Bedingung der Möglichkeit objektiver Erkenntnis, er erscheint „als der einzig mögliche Garant kognitiver Ordnung".[98] Dies ist seine Rolle als „Subjekt
jeder möglichen Erkenntnis", wie es Kant als erster philosophisch reflektiert
hat. Gleichzeitig aber ist der Mensch ein Objekt des Wissens unter anderen.[99]
Zunächst in den empirischen Wissenschaften der Politischen Ökonomie, Biologie und der Philologie, später in den Humanwissenschaften des ausgehenden
neunzehnten Jahrhunderts oder heute in der Neurologie.

In der Moderne also ist der Mensch „ein solches Wesen […], in dem man
Kenntnis von dem nimmt, was jede Erkenntnis möglich macht", weshalb Foucault
die moderne Konstellation als anthropologisch bezeichnet.[100] Diese Doppelrolle
als Subjekt/Objekt ist jedoch von einer konstitutiven Instabilität gekennzeichnet,
einer ständigen „Wiederholung des Positiven im Fundamentalen".[101] Diese Wiederholung zeichnet Foucault innerhalb der modernen Philosophie („Analytik der
Endlichkeit"), der „empirischen Wissenschaften" (Ökonomie, Biologie, Philologie) und der Humanwissenschaften nach.[102] Die für unsere Zwecke relevante
Version dieser Wiederholung ist die erkenntnistheoretische Wiederholung des
Empirischen im Transzendentalen wie sie innerhalb der Soziologie (des Wissens)
anzutreffen ist.[103]

---

[95] Vgl. Foucault, Michel. 1977-8/2017. *Sicherheit, Territorium, Bevölkerung. Geschichte der Gouvernementalität I*. Frankfurt am Main: Suhrkamp, S. 129 En. 34.

[96] Foucault. *Die Ordnung der Dinge*, S. 373.

[97] Foucault. *Die Ordnung der Dinge*, S. 375.

[98] Schnädelbach, Herbert. 1989. Das Gesicht im Sand. Foucault und der anthropologische Schlummer. In *Zwischenbetrachtungen. Im Prozeß der Aufklärung*, hrsg. Axel Honneth, et al. Frankfurt am Main: Suhrkamp, S. 231–261, hier: S. 237.

[99] Foucault. *Die Ordnung der Dinge*, S. 375.

[100] Foucault. *Die Ordnung der Dinge*, S. 384.

[101] Foucault. *Die Ordnung der Dinge*, S. 381.

[102] Foucault. *Die Ordnung der Dinge*, S. 377, 421.

[103] Vgl. Schnädelbach. Das Gesicht im Sand, S. 238; Roßler. Ist eine nicht-anthropozentrische Soziologie denkbar?, S. 9 f.; Foucault. *Die Ordnung Der Dinge*, S. 404.

Die allgemeine Form der Wiederholung lässt sich wie folgt rekonstruieren.[104] Der Mensch wird durchdrungen von Determinanten, die ihn als einen bloßen Naturgegenstand erscheinen lassen. Hier tritt der Mensch als Positivität auf, als wissenschaftliche Tatsache. Diese Positivitäten sind jedoch gleichzeitig auch dasjenige, „wovon ausgehend ihr Erscheinen möglich wird".[105] Die Positivitäten übernehmen also auch die Funktion eines Fundaments, das Erkenntnis von Positivitäten überhaupt erst ermöglicht. Paradoxerweise handelt es sich also um ein Fundament, das nur auf seiner „eigenen Tatsache beruht".[106] Die „Crux des Anthropozentrismus" liegt also, wie Schnädelbach zusammenfassend formuliert, darin, „daß er es mit einem Fundament zu tun hat, das ebenso positiv vorhanden sein soll wie das, was doch erst des Fundaments bedarf".[107]

Wie bereits erwähnt tritt diese instabile Doppelrolle in der Soziologie des Wissens als erkenntnistheoretische Wiederholung des Empirischen im Transzendentalen auf. Daher zunächst etwas zum Begriff des Transzendentalen. Kant verwendet diesen Begriff ausschließlich als Adjektiv für a priorische Erkenntnis, die die Möglichkeit synthetischer Urteile a priori zum Gegenstand hat (vgl. Abschn. 3.1.1). In der Nachfolge Kants löste man sich zunehmend von dieser spezifischen Verwendungsweise.[108] So kann in einem erweiterten Sinne unter Transzendentalismus jede Erkenntnislehre verstanden werden, die von einer „Sphäre des Transzendentalen" ausgeht.[109] In dieser Sphäre ist dabei dasjenige lokalisiert, „durch das Erfahrung möglich wird, ohne daß es selber eigentlich aus

---

[104] Foucault. *Die Ordnung der Dinge,* S. 377 ff.

[105] Foucault. *Die Ordnung der Dinge,* S. 380.

[106] Foucault. *Die Ordnung der Dinge,* S. 380.

[107] Schnädelbach. *Das Gesicht im Sand,* S. 238.

[108] Vgl. bspw. Husserl: „Ich selbst gebrauche das Wort ‚transzendental' in einem weitesten Sinne für das […] originale Motiv, das durch Descartes in allen neuzeitlichen Philosophien das sinngebende ist und in ihnen allen sozusagen zu sich selbst kommen […] will. Es ist das Motiv des Rückfragens nach der letzten Quelle aller Erkenntnisbildungen, des Sichbesinnens des Erkennenden auf sich selbst und sein erkennendes Leben […]. Radikal sich auswirkend, ist es das Motiv einer rein aus dieser Quelle begründeten, also letztbegründeten Universalphilosophie. Diese Quelle hat den Titel *Ich-selbst* […]" (Husserl. *Die Krisis der europäischen Wissenschaften,* § 26). Für eine weitere Abweichung vgl. Luhmann: „Ungeachtet aller spezifischen Theorieannahmen […] kann man eine Theorie als transzendental charakterisieren, wenn sie nicht zuläßt, daß die Bedingungen der Erkenntnis durch die Ergebnisse der Erkenntnis in Frage gestellt werden. Transzendentale Theorien blockieren den autologischen Rückschluss auf sich selber" (Luhmann, Niklas. 1990. *Die Wissenschaft der Gesellschaft.* Frankfurt am Main: Suhrkamp, S. 13).

[109] Adorno. *Kants »Kritik der reinen Vernunft«,* S. 40.

der Erfahrung stammte".[110] Für Kant setzt sich diese Sphäre aus den Kategorien des Verstandes und den reinen Anschauungsformen der Sinnlichkeit zusammen, die das von außen erhaltene Material formen und so Erkenntnisgegenstände konstituieren.

Genauso wie die Erkenntnistheorie, fragen Foucault zufolge nun auch die Humanwissenschaften nach den Bedingungen der Möglichkeit positiver Erkenntnis. Sie unterscheiden sich jedoch von ihr in der Lokalisierung dieser Bedingungen. Was die Philosophie nämlich „in der Innerlichkeit [...] eines Wesens [...] verlangt, entwickeln die Humanwissenschaften in der Exteriorität der Erkenntnis".[111] Statt also die transzendentalen Bedingungen der Möglichkeit in der Innerlichkeit eines transzendentalen Bewusstseins zu verorten, lokalisieren die Humanwissenschaften jene a priorischen Bedingungen in einem Aspekt der Menschen, der sich auf empirische Weise erkennen lässt. Diese Exteriorität wird dabei spezifiziert als

> jene[.] Schicht von Verhaltensweisen, Benehmen, Attitüden, bereits vollzogenen Gesten, bereits ausgesprochenen oder geschriebenen Sätzen, innerhalb deren [die Repräsentationen] vorab ein erstes Mal denen gegeben worden sind, die handeln, sich verhalten, tauschen, arbeiten und sprechen [d.h. den Menschen].[112]

Die hier angesprochene Schicht von Verhaltensweisen ist in der Soziologie bekannt als soziales Handeln, soziale Praxis, Kommunikation, Gesellschaft oder allgemein als das Soziale.[113] Dieses Soziale ist jene Schicht, innerhalb derer die Menschen ihre Repräsentationen erhalten, d. h. ihr Denken, ihre Überzeugungssysteme, Bewusstseinsformen und -inhalte. Das Soziale übernimmt also die Funktion des transzendental Bedingenden, während das Denken zum Bedingten wird. Diese Gegenüberstellung und Verhältnisbestimmung des Sozialen und des Denkens kann gar als die „common theoretical assumption of sociological theories of knowledge" bezeichnet werden.[114] Man trifft sie in unterschiedlichen

---

[110] Adorno. *Kants »Kritik der reinen Vernunft«*, S. 39.

[111] Foucault. *Die Ordnung der Dinge*, S. 424.

[112] Foucault. *Die Ordnung der Dinge*, S. 425.

[113] Vgl. Roßler. Ist eine nicht-anthropozentrische Soziologie denkbar?, S. 12 f.

[114] Elias. Sociology of Knowledge, S. 149.

Versionen an: als Unterscheidung zwischen gesellschaftlichen Sein und Bewusst-sein,[115] als Gesellschaft und Wissenschaft,[116] als Seinslage und Denken,[117] als Struktur und Semantik.[118]

Um die soeben rekonstruierte Soziologisierung der kantischen Aprioris auf den Begriff zu bringen, sprechen Foucault und Gillian Rose von einem Quasi-Transzendentalismus.[119] Ebenso wie eine Sphäre des Transzendentalen fungiert auch eine Sphäre des Quasi-Transzendentalen als Bedingung der Möglichkeit von Erfahrung. *Quasi*-transzendental ist eine solche Sphäre nur dann, wenn sie selbst als empirische Tatsache verstanden wird. Die gegenstandskonstituierenden Aprioris werden so zum Forschungsgegenstand einer positiven Wissenschaft oder umgekehrt, ein bereits konstituiertes *natural object* wird als konstituierendes Sub-jekt verstanden: Der Mensch der Humanwissenschaften muss „selbst die Rolle der transzendentalen Synthesis übernehmen".[120] Im Falle der Soziologie setzt sich diese Sphäre des Quasi-Transzendentalen aus sozialen Aprioris zusammen. Ein solches Apriori ist

> an a priori, that is, not empirical, for it is the basis of the possibility of experience. But a 'sociological' a priori is, *ex hypothesi,* external to the mind, and hence appears to acquire the status of a natural object or cause. The status of the relation between the sociological precondition and the conditioned becomes correspondingly ambiguous in all sociological quasi-transcendental arguments.[121]

Diese Zirkularität und Ambiguität des von Rose beschriebenen sozialen Aprioris begnete uns bereits bei Foucault als Wiederholung des Empirischen im Tran-szendentalen, d. h. als Sonderfall der modernen Wiederholung des Positiven im Fundamentalen.[122]

---

[115] Vgl. Marx, Karl, und Engels, Friedrich. 1845-6/1969. Die deutsche Ideologie. In *Marx-Engels-Werke, Band 3.* Berlin: Karl Dietz Verlag, S. 9–532.

[116] Vgl. Sunder Rajan, Kaushik. 2006. *Biocapital: The Constitution of Postgenomic Life.* Durham, London: Duke University Press, S. 4.

[117] Vgl. Mannheim, Karl. 1929/2015. *Ideologie und Utopie.* Frankfurt am Main: Vittorio Klostermann.

[118] Vgl. Luhmann, Niklas. 1980. Gesellschaftsstruktur und semantische Tradition. In *Gesell-schaftsstruktur und Semantik. Studien zur Wissenssoziologie der modernen Gesellschaft. Band 1.* Frankfurt am Main: Suhrkamp, S. 9–71.

[119] Vgl. Foucault. *Die Ordnung der Dinge.* S. 307. Rose. *Hegel Contra Sociology,* S. 15.

[120] Schnädelbach. Das Gesicht im Sand, S. 247.

[121] Rose. *Hegel Contra Sociology,* S. 15.

[122] Vgl. Schnädelbach. Das Gesicht im Sand, S. 238.

Eine so verstandene Soziologie des Wissens setzt ihren Quasi-
Transzendentalismus jedoch nicht schlicht voraus, sondern erhebt ihn zum
Forschungsprogramm: „Am Horizont jeder Humanwissenschaft gibt es den Plan,
das Bewusstsein des Menschen auf seine realen Bedingungen zurückzuführen,
es auf die Inhalte und Formen zurückzubringen, die es haben entstehen lassen
und die sich in ihm verbergen".[123] Die von Descartes und Kant in einem
Innenraum lokalisierten Repräsentationen, sowie ihre a priorischen Bedingungen
der Möglichkeit, werden so zu einem „Phänomen empirischer Ordnung, das sich
im Menschen ereignet und das man als solches analysieren" kann.[124] Der Gegenstand der Soziologie besteht also nicht bloß aus empirischen Tatsachen, sondern
aus Repräsentationen von Tatsachen und deren Bedingungen der Möglichkeit,
wobei diese Repräsentationen und Bedingungen selbst nur als weitere Tatsachen
verstanden werden.[125] Das Forschungsprogramm der Soziologie des Wissens
besteht in einem empirischen Kritizismus, der sich als „Entschleierung" und
reflexives Aufweisen der unbewußten sozialen Bedingungen versteht, die hinter
dem Rücken der Akteure wirken und ihr Denken bestimmen.[126] Die von Foucault
rekonstruierte Soziologie des Wissens ist eine naturalisierte Erkenntnistheorie
avant la lettre.[127]

---

[123] Foucault. *Die Ordnung der Dinge,* S. 436.

[124] Foucault. *Die Ordnung der Dinge,* S. 435. Vgl. auch Rose: „The newly specified a priori,
the precondition of validity, is transcendental. But the precondition is now external to the
mind, and hence appears to acquire the status of a natural, contingent, empirical object"
(Rose. *Hegel Contra Sociology,* S. 25).

[125] Daher rührt auch die Gefahr des reduktiven Soziologismus, nach dem kogntive Repräsentationen und Überzeugungssysteme nicht mehr sind als der Ausdruck einer Sozialstruktur,
„was soviel heißt wie: es werden die Forschungsergebnisse der […] Soziologie zur alleinigen
Erklärung herangezogen" (Roßler. Ist eine nicht-anthropozentrische Soziologie denkbar?,
S. 12). Vgl. auch Foucault. *Die Ordnung der Dinge,* S. 417.

[126] Foucault. *Die Ordnung der Dinge,* S. 436. Für einen konkreten Nachweis der kritizistischen Denkfigur innerhalb der Soziologie des Wissens vgl. insbesondere die Mannheim- und
Elias-Interpretation von Merz-Benz. Soziologie als Erkenntniskritik.

[127] Der Begriff der naturalisierten Erkenntnistheorie stammt von Quine und bezieht sich bei
ihm auf eine materialistische Psychologie (vgl. Quine, Willard V.O. 1969. Epistemology
Naturalized. In *Ontological Relativity and Other Essays.* New York: Columbia University
Press, S. 69–90). Innerhalb der Soziologie spricht z. B. Schluchter in Bezug auf Durkheims
Soziologie der Erkenntnis von einer „Naturalisierung Kants" (Schluchter, Wolfgang. 2015.
Grundlegungen der Soziologie. Eine Theoriegeschichte in systematischer Absicht. 2. Auflage.
Tübingen: Mohr Siebeck, S. 118). Wir werden in Abschn. 3.2.2 darauf zurückkommen. Unter
Naturalisierung soll an dieser Stelle nur verstanden werden, dass die kantischen Aprioris als
Forschungsgegenstände der Erfahrungswissenschaften verstanden werden, d. h. als quasi-
transzendentale Aprioris. Für die Zwecke dieser Arbeit sind die Unterschiede zwischen einer

Darüber hinaus bemerkt Gillian Rose treffend, dass dieser zum Forschungsprogramm erhobene Quasi-Transzendentalismus eine Metakritik Kants ist. Während
nämlich Kant die im Gemüt lokalisierten Kategorien und reinen Anschauungsformen als transzendentale Bedingungen der Möglichkeit empirischer Erkenntnis
versteht, geht die Soziologie des Wissens dem Anspruch nach dahinter zurück
und erkennt im Bereich des Sozialen nochmals tiefer angesetzte Möglichkeitsbedingungen eben dieser Kategorien und Anschauungsformen: „In this case,
'metacritique' and 'sociology of knowledge' mean the same thing. For the
categories or knowledge are derived from a social precondition, and this produces a *sociology* of knowledge".[128] Die Grundstruktur der cartesisch-kantischen
Tradition bleibt damit freilich erhalten.

Wir fassen zusammen. Die Soziologie des Wissens schließt an das Bild vom
Spiegel der Natur an, indem sie das transzendentale Subjekt durch die Gesellschaft bzw. das Soziale ersetzt, da sie damit die Innen/Außen-Unterscheidung
in soziologisierter und damit empirisierter Form übernimmt. Dadurch wird dem
Sozialen die Funktion einer quasi-transzendentalen Sphäre zugeschrieben, die
sich zusammensetzt aus sozialen Aprioris. Diese Soziologisierung der kopernikanischen Wende lässt sich mit einer Reformulierung des obersten Grundsatzes
der synthetischen Urteile a priori zusammenfassen: „[D]ie gesellschaftlichen
Bedingungen der Möglichkeit von Erkenntnis, sind zugleich die gesellschaftlichen Bedingungen der Möglichkeit der Gegenstände der Erkenntnis".[129] Dieser
Quasi-Transzendentalismus wird dabei nicht einfach vorausgesetzt, sondern zum
Forschungsprogramm erhoben. So verstanden besteht die Aufgabe der erkenntnistheoretischen Soziologie des Wissens in der kritizistischen Rückführung von
Überzeugungssystemen auf ihre sozialen Aprioris.

---

naturwissenschaftlichen und einer sozialwissenschaftlichen Naturalisierung der Erkenntnistheorie erstmal nicht relevant. Wollte man auf diese Unterschiede eingehen – bspw. um
zwischen einer Biologisierung und einer Soziologisierung des Erkenntnissubjekts zu unterscheiden –, so könnte man mit Farshim eine Naturalisierung von einer Kulturalisierung der
Aprioris unterscheiden (vgl. Farshim. *Universalismus, Relativismus und Repräsentation*,
S. 79 f.).

[128] Rose. *Hegel Contra Sociology*, S. 43, vgl. 24 f.

[129] Böhme. Quantifizierung als Kategorie der Gegenstandskonstitution, S. 2.

3.2   Die soziologische Delegitimierung von Wissensansprüchen

Die Konsequenzen, die sich aus der eben beschriebenen Soziologisierung der kantischen Aprioris ergeben, sind zu zahlreich, um in dieser Arbeit vollständig behandelt zu werden.[130] In diesem Teil soll es lediglich um den damit verbundenen soziologischen Anschluss an die normative Dimension der Erkenntnistheorie gehen. Zur Wiederholung: Entscheidend für die erkenntnistheoretische Tradition ist nicht unbedingt ein bestimmter Typus der Deskription. Entscheidend ist vor allem ihr Anspruch, normative Fragen zu beantworten, „die sich auf die Gültigkeit oder Nichtgültigkeit, die Wahrheit oder Unwahrheit, die Richtigkeit oder Nichtrichtigkeit von Erkenntnis [...] schlechthin beziehen".[131] Daher gilt: „Erkenntnistheorie, so wie wir den Begriff meinen, das ist also nicht etwa eine Beschreibung der Vorgänge, die beim Erkennen statthaben".[132] Darüber hinausgehend hat uns Rortys Darstellung der erkenntnistheoretischen Tradition gelehrt, dass die Beantwortung der Frage nach Gültigkeit von Erkenntnis auf eine spezielle Art der Rechtfertigung zurückgreifen muss, d. i. einem „para-mechanical account of mental processes which, somehow, would underwrite some claims to

---

[130] Um nur zwei zu nennen: Rose wendet gegen den soziologischen Quasi-Transzendentalismus ein, dass die Soziologie (insb. Durkheim) mit ihrer Metakritik zwar die Kategorien Kants erklärbar macht, damit jedoch die Gesellschaft genauso zur unerklärbaren Vorbedingung wird, wie zuvor die Aprioris Kants (vgl. Latz, Andrew Brower. 2018. *The Social Philosophy of Gillian Rose*. Eugene: Cascade, S. 47). Hier setzt auch Latours Kritik ein, die Soziologie dürfe die Gesellschaft nicht als *explanans,* sondern müsse sie als *explanandum* verstehen (vgl. Latour. *Eine neue Soziologie für eine neue Gesellschaft*). Dieses Problem der Erklär- und Erkennbarkeit der Vorbedingungen der Möglichkeit liegt jedem Transzendentalismus zugrunde (vgl. Rorty. Wittgenstein, Heidegger, and the Reification of Language). Ein Vorwurf, der sich spezifisch auf den Quasi-Transzendentalismus bezieht, lautet, dass „die damit verbundenen Rückkoppelungen – [...] das Subjekt [...] der Sozialwissenschaften [ist selbst] ein soziales Wesen – zu „Hypotheken in der Wissenschaftstheorie führten, die bis heute nicht abgetragen sind" (Schnädelbach. Das Gesicht im Sand, S. 247 f.). Dieser Vorwurf bezieht sich also auf den unklaren Status aller quasi-transzendentalen Vorbedingungen, die sowohl empirisch, als auch transzendental sein sollen. Uns interessieren nun weniger die durch die Soziologisierung neu entstandenen, als die von der erkenntnistheoretischen Tradition übernommenen alten Hypotheken, die in einem soziologischen Quasi-Transzendentalismus nur andere Formen annehmen.

[131] Adorno, Theodor W. 1957-8/2018. *Erkenntnistheorie*. Nachgelassene Schriften. Abteilung IV: Vorlesungen. Frankfurt am Main: Suhrkamp, S. 12.

[132] Adorno. *Erkenntnistheorie,* S. 12. Schnädelbach unterscheidet insgesamt drei Aufgabentypen der Erkenntnistheorie: explikative, deskriptive und normative (vgl. Schnädelbach, Herbert. 2002. *Erkenntnistheorie zur Einführung*. Hamburg: Junius, S. 23 f.).

knowledge and disallow other claims".[133] Es sind also gerade Quasi-Erklärungen und Quasi-Beschreibungen der Vorgänge des Erkennens, die als normative Legitimierung fungieren sollen. Das ist der Grund, warum die Erkenntnistheorie auf einer „confusion between the justification of knowledge-claims and their causal explanation" beruht.[134]

Im Folgenden soll gezeigt werden, dass auch die Soziologie des Wissens mit Hilfe der eben skizzierten Rückführung auf soziale Aprioris auf einen solchen „para-mechanical account" zurückgreift, um normative Geltungsfragen zu beantworten. Ihr normativer „para-mechanical account" ist dabei nicht fundierend, sondern meist delegitimierender Natur und dies auf zwei Weisen: Eine intendierte Delegitimierung, die als ideologiekritisch bezeichnet werden soll (Abschn. 3.2.1) und eine nicht-indentierte Delegitimierung, die sich aus der Pluralisierung der epistemischen Innen/Außen-Verhältnisse ergibt (Abschn. 3.2.2). Wir beginnen mit Ideologiekritik.

3.2.1 Soziologie als ideologiekritische Wissenschaft

Da es „ebensoviel verschiedene Ideologiebegriffe wie sozialwissenschaftliche Lehrstühle" gibt, muss zu Beginn darauf hingewiesen werden, dass die folgende Darstellung nicht jeder möglichen Konzeption von Ideologiekritik gerecht wird.[135] Ebensowenig wird behauptet, dass alle möglichen Konzeptionen der Ideologiekritik von Rortys Kritik der erkenntnistheoretischen Tradition getroffen werden. Ideologiekritik (im hier verstandenen und noch zu entwickelnden Sinn) soll heißen: jede kritizistische Rückführung von Überzeugungen auf soziale Aprioris, die sich als normative Delegitimierung der so zurückgeführten Überzeugungen versteht. Das Soziale fungiert hier als Einwand gegen die zurückgeführte kognitive Position. Die Kernaussage des folgenden Teils lässt sich dabei mit einem Satz Horkheimers auf den Punkt bringen, der darin über Mannheim schreibt: „Daß aber die Tatsache der »Seinsgebundenheit« Einfluß auf den Wahrheitsgehalt eines Urteils haben soll, ist gar nicht zu verstehen".[136] Genausowenig wie Sinnesdaten oder die quasi-mechanischen Vorgänge des transzendentalen Ichs

---

[133] Rorty. *Philosophy and the Mirror of Nature*, S. 126.

[134] Rorty. *Philosophy and the Mirror of Nature*, S. 10.

[135] Schnädelbach, Herbert. 1969. Was ist Ideologie? Versuch einer Begriffsklärung. In *Das Argument* 50, S. 71–92, hier: S. 72.

[136] Horkheimer, Max. 1930/1982. Ein neuer Ideologiebegriff? In *Der Streit um die Wissenssoziologie. Zweiter Band. Rezeption und Kritik der Wissenssoziologie*, hrsg. Volker Meja und Nico Stehr. Frankfurt am Main: Suhrkamp, S. 474–496, hier: S. 486.

in einem normativ legitimierenden Verhältnis zu Überzeugungen stehen können, können das Soziale, die Seinsgebundenheit oder kapitalistische Klassenverhältnisse in einem normativ delegitimierenden Verhältnis zu Überzeugungen stehen. In beiden Fällen findet eine, mit Rorty gesprochen, Verwechslung von Gründen und Ursachen statt (Abschn. 3.2.1.1). Neben dieser Übernahme der zentralen Verwechslung der erkenntnistheoretischen Tradition, liegt der Ideologiekritik ein epistemischer Repräsentationalismus zugrunde. Hierauf baut sich die Unterscheidung von Wissenschaft und Ideologie auf, mit der die Ideologiekritik für sich einen epistemisch souveränen Standpunkt reklamiert, vergleichbar mit dem der fundamentalistischen Erkenntnistheorie (Abschn. 3.2.1.2).

Ideologiekritik und die Verwechslung von *reasons* und *causes*

Die ideologiekritische Tradition lässt sich auf eine von Marx, Nietzsche und Freud etablierte Fragetechnik zurückführen, die die Soziologie des Wissens bis heute bestimmt.[137] Foucault rekonstruiert die Fragetechnik sehr prägnant: „Man interpretiert nicht, was im Bezeichneten ist, sondern fragt letztlich, von wem die Interpretation stammt".[138] Beobachtet man also ein Überzeugungssystem, so fragt man sich nicht ‚Sind diese Aussagen gerechtfertigt?', ‚Welche Gründe sprechen dafür, sie zu vertreten?', ‚Welche Inferenzen folgen aus ihnen?'. Stattdessen formuliert man Fragen der Art ‚Welche Klassenlage lässt sich als Ursache für das Vertreten dieser Überzeugungen identifizieren?', ‚Welche Interessen werden durch diese Positionen gestützt?', ‚Auf welche Seinsverbundenheit verweisen die Theorien?'. Dieser Fragetechnik geht es demnach weniger um einen argumentativen Austausch mit den infragestehenden Überzeugungen im Raum der Gründe, als um eine (quasi-)kausale Erklärung der Überzeugungssysteme bestimmter Gruppen, z. B. unter Rückgriff auf soziale Bedingungen. Die ideologisch verblendeten Teilnehmerinnen dieser Gruppe können davon überzeugt sein, dass ihre kognitiven Positionen auf Gründen basieren, die bessere Einsicht der Ideologiekritikerin erlaubt es jedoch, auch dies nur als Illusion und das ideologische Denken als Widerspiegelung der sozialen Situation zu erkennen: „Ideologisches

---

[137] Vgl. Mannheim. *Ideologie und Utopie*, S. 266 f.; Berger und Luckmann. Die gesellschaftliche Konstruktion der Wirklichkeit, S. 5 ff.; Elias. Sociology of Knowledge, S. 149; Dux. Zur Strategie einer Soziologie der Erkenntnis; Luhmann. *Die Wissenschaft der Gesellschaft*, S. 91.

[138] Foucault, Michel. 1967/2001. Nietzsche, Freud, Marx (Nr. 46). Schriften in Vier Bänden. Dits Et Ecrits, Band I. 1954–1969. Frankfurt am Main: Suhrkamp, S. 727–743, hier: S. 736.

Denken hält sich selbst für unabhängig; es nimmt an, dass es auf Gründen basiert, während es nur eine Reflexion sozialer Interessen ist, und so weiter".[139]

Diese reflexive Fragetechnik nach den Determinanten, die hinter einem Überzeugungssystem liegen und dieses bestimmen, lässt sich als eine Variante der Soziologisierung der kantischen Aprioris lesen. So verstanden schließt Ideologiekritik an die kantische Idee an, „that the objects of human knowledge and experience are inextricably tied to our spontaneous, productive activity".[140] Mit dem Unterschied jedoch, dass Ideologiekritik eine „socialized and historicized version of the Copernican turn" formuliert.[141] Die von Kant in den reinen Anschauungsformen und Kategorien identifizierten „Grenzen der Erkenntnismöglichkeiten" sind daher keine überzeitlichen Bedingungsmöglichkeiten mehr, „sondern je geschichtlich gewordene Schranken", die sich aus den sozialen Bedingungen ergeben, die sie haben entstehen lassen.[142] Soweit stimmt Ideologiekritik mit dem überein, was wir zuvor als soziologischen Quasi-Transzendentalismus rekonstruiert haben, dessen Forschungsprogramm darin besteht, kognitive Positionen auf ihre sozialen Aprioris zurückzuführen. Der Nachweis eines Überzeugungssystems als Ideologie unterscheidet sich nun in einem zentralen Aspekt von der kritizistischen Rückführung eines Urteils auf seine a priorischen Bedingungen der Möglichkeit wie dies z. B. Kant durchgeführt hat. Der Ideologiebegriff ist nämlich meist ein pejorativer Begriff, der auf die Falschheit eines Überzeugungssystems verweist.[143] Folglich geht es Ideologiekritik nicht darum, die Bedingung der Möglichkeit akkurater Erkenntnis aufzudecken, sondern um „die allgemeinen Ursachen des Irrtums, des falschen Bewusstseins".[144]

Falsche Überzeugungen werden in der alltäglichen Praxis des Gebens und Forderns von Gründen allerdings ständig kritisiert. Eine spezifisch sozialwissenschaftliche Form der Kritik namens ‚Ideologiekritik' bedarf es demnach nur dann, wenn ‚Ideologie' nicht gleichgesetzt werden kann mit ‚falsche Überzeugung'.

---

[139] Stahl, Titus. 2016. Ideologiekritik. In *Marx Handbuch. Leben – Werk – Wirkung,* hrsg. Michael Quante und David P. Schweikard. Stuttgart: J.B. Metzler, S. 238–252, hier: S. 239.

[140] Ng, Karen. 2015. Ideology Critique from Hegel and Marx to Critical Theory. *Constellations* 22, S. 393–404, hier: S. 393.

[141] Ng. Ideology Critique from Hegel and Marx to Critical Theory, S. 393.

[142] Lenk, Kurt. 1972. *Marx in der Wissenssoziologie. Studien zur Rezeption der Marxschen Ideologiekritik.* Neuwied, Berlin: Luchterhand, S. 141.

[143] Vgl. Jaeggi, Rahel. 2009. Was ist Ideologiekritik? In *Was ist Kritik?*, hrsg. Rahel Jaeggi und Tilo Wesche. Frankfurt am Main: Suhrkamp, S. 266–295, hier: S. 268 f.; Stahl. Ideologiekritik, S. 239.

[144] Schnädelbach. Was ist Ideologie?, S. 79.

Daher rührt der „seltsame Status" von Ideologien.[145] Zumindest ein Unterschied zu bloß falschen Überzeugungen liegt darin, dass Ideologien „unseren Weltbezug [konstituieren] und damit den Deutungshorizont, in dem wir uns und die gesellschaftlichen Verhältnisse verstehen".[146] Dieser Verweis auf die Konstitution des Weltbezugs ist zentral, da er auf den bereits erwähnten Aprioritätscharakter von Ideologien verweist. Ideologien sind Bewusstseinsformen, die sich notwendig aus den sozialen Bedingungen der ideologisch Verblendeten ergeben und so die Grenzen der Erkenntnismöglichkeiten dieser Gruppe markieren. Diese sozial bedingten Erkenntnismöglichkeiten führen jedoch zu einem verzerrten und verschleierten Weltbezug. Es handelt sich deshalb um *„Pseudoaprioris".*[147] Pseudo sind diese Aprioris auch insofern, als ein ideologisches Überzeugungssystem keinerlei ahistorischer Notwendigkeit unterliegt, dies aber aufgrund seines Aprioritätscharakters vorgibt. Die Ideologiekritikerin jedoch erkennt, dass sich das ideologische Überzeugungssystem aus den empirischen und damit kontingenten und prinzipiell veränderbaren sozialen Bedingungen einer bestimmten Gruppe ergeben. Daraus speist Ideologiekritik ihre emanzipatorische Kraft.[148] Statt also das Erkennen in Aprioris zu fundieren, besteht das ausgesprochene Ziel der Ideologiekritik in der Überwindung von Pseudoaprioris.

Vor dem Hintergrund Rortys soll der soeben rekonstruierten Version der Ideologiekritik die Verwechslung von Gründen und Ursachen nachgewiesen werden.

---

[145] Jaeggi. Was ist Ideologiekritik?, S. 268.

[146] Jaeggi. Was ist Ideologiekritik?, S. 269.

[147] Habermas, Jürgen. 1973. Nachwort. In *Erkenntnis und Interesse. Mit einem neuen Nachwort.* Frankfurt am Main: Suhrkamp, S. 367–417, hier: S. 380. Vgl. auch Luhmann für diese entgegengesetzte aber doch äquivalente Zielsetzung von Apriorisierung und Ideologisierung: „Apriorisierung und Ideologisierung laufen hier parallel und bemühen sich um dasselbe mit je verschiedenen Fragestellungen. Die Frage nach einem Apriori zielt auf das, was in der Identität des Erkennenden und der Identität des Gegenstandes identisch ist; also auf das, was garantiert, daß Wissen mehr ist als das Ereignis der momentanen Berührung zweier unabhängiger Kontinuitäten. Als Ideologie versucht man dagegen Wissen oder Meinen zu erfassen, soweit es von einer »zweiten Realität«, nämlich der sozialen Situation des Subjektes, abhängig ist. Theoriebautechnisch gesehen, ist also die Strategie der Apriorisierung dessen, was andere wissen, eine Reduktion der Komplexität auf den Punkt, von dem aus Wissen als Wissen begründbar ist: auf die Bedingung seiner Möglichkeit; und die Strategie der Ideologisierung dessen, was andere wissen, ist eine Erweiterung der Komplexität durch Einführung einer zweiten Realitätsrelation im Rücken dessen, der sich auf die Realität bezieht, mit der Folge, daß Gegenständlichkeit und semantischer Apparat variabel werden je nachdem, was diese zweite Relation verfügt. Im Falle der Apriorisierung wird also auf Identifikation der Erkenntnisrelation, im Falle der Ideologisierung auf Relationierung der Erkenntnisrelation hin gearbeitet." (Luhmann. Gesellschaftsstruktur und semantische Tradition, S. 56).

[148] Vgl. Habermas. Erkenntnis und Interesse, S. 158 f.

Damit wird diese in die erkenntnistheoretische Tradition des Bildes vom Spiegel der Natur eingeschrieben. Allen Anschein nach wurde dies noch nicht geleistet. Entlang der von Rorty gelegten Linien stößt man jedoch auf eine Beschäftigung mit den bereits erwähnten Vorläufern des ideologiekritisch-soziologischen Kritizismus: Marx, Freud und Nietzsche. Robert Brandom nämlich interpretiert diese „great genealogists" vor dem Hintergrund der bereits etablierten Unterscheidung von *reasons* und *causes, quid juris* und *quid facti.*[149] Da uns Brandoms Interpretation einen begrifflichen Rahmen zu Verfügung stellt, innerhalb dessen wir unsere Rekonstruktion der Ideologiekritik als Erbin der erkenntnistheoretischen Tradition verorten können, soll sie an dieser Stelle besprochen werden.

Brandom beginnt mit Kants Kritik an der Erkenntnisphysiologie Lockes, die sich als Erkenntnistheorie missversteht, da sie eine Verwechslung von Gründen und Ursachen vornimmt (vgl. Abschn. 2.1). Marx, Nietzsche und Freud schlossen an diese Diskussion an, indem sie alle drei auf unterschiedlichen Gebieten dieselbe Entdeckung machten: „When the great genealogists dug down in the areas of discourse they addressed, they found causes underlying the reasons".[150] So lassen sich z. B. die Ansichten der politischen Ökonomie durch Klassenlagen innerhalb der Gesellschaft erklären, womit diese nun als Ansichten der *bürgerlichen* politischen Ökonomie verstanden werden.[151] Ebenso lässt sich das Erkennen überhaupt als ein Effekt des Zusammenspiels von Trieben entlarven.[152] Entdeckungen dieser Art lassen sich Brandom zufolge auf zwei Weisen verstehen, moderat und radikal.

Moderat verstanden entdeckten Marx, Freud und Nietzsche verzerrende Ursachen *(distorting causes)* im Rücken der Akteure. Das radikale Verständnis sieht in diesen Entdeckungen allerdings nicht bloß

> causes distorting our reasons, but causes masquerading as reasons. When what we fondly believe to be reasons are unmasked, all that remains is blind causal processes. Those processes have taken on the guise of reasons, but in fact yield nothing more

---

[149] Brandom, Robert. Reason, Genealogy, and the Hermeneutics of Magnanimity. Paper Presented at the Howison Lectures in Philosophy Series, Uc Berkley. https://www.pitt.edu/~rbr andom/Texts/Reason_Genealogy_and_the_Hermeneutics_of.pdf., S. 1–19, hier: S. 3; Brandom Robert. 2019. *A Spirit of Trust: A Reading of Hegel's Phenomenology*- Harvard: Harvard University Press, S. 560 ff.

[150] Brandom. Reason, Genealogy, and the Hermeneutics of Magnanimity, S. 3.

[151] Vgl. Marx und Engels. *Die deutsche Ideologie.*

[152] Vgl. Nietzsche, Friedrich. 1882-7/2018. Die fröhliche Wissenschaft. In *Morgenröte. Idyllen aus Messina, Die fröhliche Wissenschaft.* Sämtliche Werke KSA, Band 3, hrsg. Giorgio Colli und Mazzino Montinari. München: Deutscher Taschenbuch Verlag, S. 343–652, hier: § 333.

than rationalizations. Genealogy in its most radical form seeks to dispel the illusion of reason.[153]

Die moderate Sicht erkennt also Ursachen, die Gründe verzerren, während die radikale Sicht die Existenz von Gründen überhaupt leugnet. Letztere behauptet, dass das, was wir ,Gründe geben' nennen, in jedem möglichen Fall eine Verschleierung der unbewussten Kausalmechanismen der ökonomischen Macht, der Triebe oder Ähnlichem ist.

Versteht man wie wir die ideologiekritische Soziologie des Wissens sowohl als Fortführung der genealogischen Tradition von Marx, Nietzsche und Freud, als auch als Fortführung der erkenntnistheoretischen Tradition von Descartes, Locke und Kant, so lässt sie sich nicht als eine radikale Genealogin verstehen. Wie mehrfach erwähnt, lautet Rortys Generalvorwurf an die Erkenntnistheorie und ihre Nachfolgedisziplinen, sie verwechseln Gründe und Ursachen. Eine radikale Genealogie kann jedoch keine Verwechslung von Ursachen und Gründen vornehmen, da sie Gründe auf Ursachen reduziert. Das Geben und Fordern von Gründen schlechthin wird als blinder Kausalprozess entlarvt, der vorgibt, er wäre mehr als nur das: „Natural, causal processes of belief-formation are put *in place of* rational ones".[154] Das moderate Verständnis hingegen hält sowohl an Ursachen, als auch an Gründen fest und stellt darauf ab, dass manche Ursachen die Gründe eines Diskurses verzerren. Es ist dieser Begriff der Verzerrung, der auf das nun zu behandelnde Thema verweist: die ideologiekritische Delegitimierung von Wissensansprüchen durch einen Nachweis ihrer sozialen Bedingtheit. Erst bei einer moderaten Genealogie findet eine Verwechslung von Gründen und Ursachen statt und damit eine Fortführung des erkenntnistheoretischen Denkens.

Interessanterweise scheint Brandom selbst jedoch keiner genealogischen Erklärung eine Verwechslung von Gründen und Ursachen zuzuschreiben:

> As I shall use the term, genealogical explanations concern the relations between the act or state of believing and the content that is believed. A genealogy explains the advent of a belief, in the sense of a believing, an attitude, in terms of contingencies of its etiology, *appealing exclusively to facts that are not evidence, that do not provide reasons or justifications, for the truth of what is believed.*[155]

Es ist richtig, dass die Ideologiekritik das Halten einer Überzeugung ohne Rückgriff auf Gründe erklärt, die *für* die Richtigkeit dieser Überzeugung sprechen.

---

[153] Brandom. Reason, Genealogy, and the Hermeneutics of Magnanimity, S. 3.

[154] Brandom. Reason, Genealogy, and the Hermeneutics of Magnanimity, S. 4; Herv. F.B.

[155] Brandom. Reason, Genealogy, and the Hermeneutics of Magnanimity, S. 4; Herv. F.B.

Man muss jedoch betonen, dass ideologiekritische Erklärungen den Nachweis der sozialen Bedingheit oftmals als einen Grund *gegen* die so erklärten Überzeugungen konzipiert. Dass eine kognitive Position durch Ursachen *verzerrt* wird, kann schließlich nur heißen, dass dadurch ihre Geltung beeinträchtigt wird, d. h. ihre Möglichkeit, akkurat zu repräsentieren. Ideologiekritik weist demnach die Verwobenheit von sozialen Bedingungen und einer kognitiven Position empirisch kritizistisch auf, um diese Position als eine verzerrte, verstellte, verblendete zu enthüllen. Eine im hier verstandenen Sinne ideologiekritische Erklärung eines Überzeugungssystems versteht sich somit als eine „Entlarvung von deren Wahrheitsanspruch"[156], da das Soziale als „Schleier" und „Hindernis" verstanden wird.[157]

Diese Idee einer delegitimierenden Funktion der sozialen Bedingtheit eines Überzeugungssystems lässt sich bis in die Wissenschaftssoziologie des 20. und 21. Jahrhunderts verfolgen. Dazu Lorraine Daston über die *science studies:*

> The iridescent word *social* was and remains the talisman of science studies. [...] The adjective social was conveniently protean, depending on which noun it modified. It could signify sobriety and conscience (as in "the social responsibility of science"), complexity and connectivity (as in "the social context of science"), or devastating critique (as in "the social construction of science") [...]. Moreover, especially in its critical cadences, the social drew heavily upon the debunking strategies of Marxist approaches to ideology. To reveal that a scientific category (for example, race) or a scientific claim (for example, the passivity of the ovum in human conception) was socially constructed was ipso facto to challenge its validity and to imply a covert political agenda.[158]

Ähnlich rekonstruiert auch Foucault diese ideologiekritische Tradition:

---

[156] Latour. Bruno. 2005/2007. *Eine neue Soziologie für eine neue Gesellschaft*. Frankfurt am Main: Suhrkamp, S. 159.

[157] Foucault, Michel. 1974/2014. Die Wahrheit und die juristischen Formen (Nr. 139). In *Schriften in Vier Bänden. Dits Et Ecrits, Band II 1970–1975*. Frankfurt am Main: Suhrkamp, S. 669–792, hier: S. 686. Vgl. jedoch Kurt Lenk für einen Widerspruch in Bezug auf Marx selbst: „Die Wahrheit oder Unwahrheit einer Gesellschaftstheorie läßt sich nach Marx weder am Grad ihrer Interessengebundenheit, noch an ihrem vorgeblich wertfreien Charakter ablesen, vielmehr nur daran, in welchem Maße es ihr gelingt, die Bewegungsgesetze und den inneren Zusammenhang der gesellschaftlichen Prozesse, von denen das Leben der Menschen bestimmt wird, in ihren Kategorien sichtbar werden zu lassen" (Lenk, Kurt 1961/1984. *Ideologie: Ideologiekritik und Wissenssoziologie*. Frankfurt am Main: Campus, S. 38).

[158] Daston, Lorraine. 2009. Science Studies and the History of Science. *Critical Inquiry* 35, S. 798–813, hier: S. 801.

In den traditionell-marxistischen Analysen ist die Ideologie ein negatives Element, in dem die Tatsache ihren Ausdruck findet, dass die Beziehung des Subjekts zur Wahrheit oder einfacher die Erkenntnisbeziehung von den Lebensbedingungen, den sozialen Beziehungen oder den politischen Formen getrübt, verdunkelt und verdeckt wird, die sich dem Erkenntnissubjekt von außen aufzwingen. Die Ideologie ist das Brandmal oder Stigma dieser politischen oder ökonomischen Lebensbedingungen auf einem Erkenntnissubjekt, das eigentlich offen für die Wahrheit sein sollte.[159]

Verblüfft über diese Idee einer delegitimierenden Erklärung, äußert sich Latour wie folgt:

> Für jemanden, der nie in kritischer Soziologie ausgebildet worden war, war es schwierig, sich vorzustellen, daß Menschen die kausale Erklärung ihrer eigenen Disziplin als Beweis dafür verwendeten, daß die Phänomene, die sie erklärten, nicht wirklich existieren [...].[160]

Diese Formulierung lässt uns näher sehen, inwiefern die ideologiekritische Erklärung eines Überzeugungssystems Gründe und Ursachen, bzw. Rechtfertigung und Erklärung verwechselt. Schließlich verstand Rorty zufolge auch die Erkenntnistheorie ihre (quasi-)kausale Erklärung als Beweis dafür, dass die Prozesse, die sie erklärte, wirklich wahre Kognitionen sind. Während die Erkenntnistheorie also ihre para-mechanistische Erklärung zur Fundierung von Erkenntnisansprüchen verwendet, übernimmt die enthüllende Ideologiekritik lediglich delegitimierende Funktionen. In beiden Fällen jedoch findet eine Verwechslung von Rechtfertigung und Erklärung bzw. Beschreibung statt. Denn auch bei der Ideologiekritik stoßen wir auf einen deskriptiv-erklärenden Diskurs einer Fachdisziplin, dem normative Funktionen abgewonnen werden sollen. Statt dabei nach Fundamenten zu suchen, d. h. nach „truths which are certain because of their causes rather than because of the arguments given for them",[161] sucht die ideologiekritische Sozialwissenschaft nach *falsehoods which are false because of their causes rather than because of the arguments given against them.* Wo also z. B. der Empirismus Sinneseindrücke entdeckt, die in einer privilegierten Beziehung zu Beobachtungssätzen stehen und diese normativ fundierten, entdeckt die Ideologiekritik das Soziale, das als Schleier oder Hindernis in einer Beziehung zu Überzeugungssystemen steht und diese normativ delegitimiert. Damit wird die Beziehung zwischen einer Überzeugung und dem Sozialen als eine normative Verbindung im *space of reasons* missverstanden. Denn genausowenig wie ein Sinneseindruck, lässt sich das

---

[159] Foucault. Die Wahrheit und die juristischen Formen, S. 685.
[160] Latour. *Eine neue Soziologie für eine neue Gesellschaft,* S. 159.
[161] Rorty. *Philosophy and the Mirror of Nature,* S. 157.

Soziale als eine propositional verfasste Überzeugung verstehen. Ob als ökonomische Klassenlage oder als Seinsgebundenheit, es handelt sich bei dem Sozialen stets um den Forschungsgegenstand einer Erfahrungswissenschaft.

Auf zumindest einen Unterschied zur erkenntnistheoretischen Tradition soll jedoch hingewiesen werden. Denn während diese die Innenwelt des Bewusstseins analog zur Außenwelt der mechanischen Physik versteht (vgl. Abschn. 2.1), liefert im Falle der Soziologie wohl nicht die wissenschaftliche, sondern eher die industrielle Revolution die entscheidende Metapher. So untersucht die Soziologie die „Produktion der Ideen"[162] oder die *Apparaturen der Erkenntnisfabrikation*".[163] Dies zieht sich bis zu den *Science and Technology Studies*, deren Forschungsgegenstand definiert werden kann als die „Praktiken und Orte der Produktion von Wissen".[164] Zugespitzt formuliert ließe sich sagen, dass innerhalb der erkenntnistheoretischen Tradition das Erkennen auf einen Vorgang in einer quasi-mechanistischen Innenwelt reduziert wird und in der erkenntnistheoretisch-soziologischen Tradition auf die Produktion einer quasi-Fabrik.[165] In der Konsequenz jedoch ein Unterschied, der keinen Unterschied macht.

Aber wie dem auch sei. Wenn Rorty und Sellars jedenfalls Recht haben und nur Überzeugungen in normative Beziehung zu anderen Überzeugungen stehen und es sich bei der Praxis des Gebens und Nehmens von Gründen nicht um die Beschreibung einer Überzeugung handelt, sondern um die Einnahme einer normativen Haltung im Raum der Gründe, dann wiederholt die ideologiekritische Version des soziologischen Kritizismus den Grundfehler der Erkenntnistheorie. Sie verwechselt erstens Rechtfertigung und Erklärung bzw. Beschreibung, indem sie ihrer eigenen Erklärung eines Überzeugungssystems normative Rechtfertigungsleistungen abgewinnen möchte und verwechselt dabei zweitens Gründe und Ursachen, indem sie dem Sozialen eine normative Funktion im Raum der Gründe zuweist. Die ideologiekritische Soziologie des Wissens, wie sie von uns rekonstruiert wurde, ist demnach eine moderate Genealogin, die als solche eine erkenntnistheoretische Genealogin ist. Nicht mehr liefert das erkenntnistheoretische Denken einen „para-mechanical account of mental processes", um

---

[162] Marx und Engels. *Die deutsche Ideologie,* S. 37 ff.

[163] Knorr-Cetina, Karin. 1988. Das naturwissenschaftliche Labor als Ort der „Verdichtung" von Gesellschaft. In *Zeitschrift für Soziologie* 17, S. 85–101, hier: S. 85.

[164] Bauer, Susanne, Heinemann, Torsten, und Lemke, Thomas. 2017. Einleitung. In *Science and Technology Studies. Klassische Positionen und aktuelle Perspektiven,* hrsg. Susanne Bauer, Torsten Heinemann, und Thomas Lemke. Berlin: Suhrkamp, S. 7–40, hier: S. 12.

[165] Vgl. zu diesem Themenkomplex auch Barthes, Roland. 1957/2010. Einsteins Gehirn. In: *Mythen des Alltags.* Frankfurt am Main: Suhrkamp, S. 118–120.

Wissensansprüche zu fundieren.[166] Das erkenntnistheoretische Denken der ideologiekritischen Soziologie des Wissens liefert eine para-mechanische Erklärung
der sozialen Vorgänge, um Wissensansprüche zu delegitimieren. In beiden Fällen jedoch wird der Einsicht in die (quasi-)kausalen Prozesse des Subjekts der
Erkenntnis eine normative Relevanz zugeschrieben.[167]

Repräsentation, Wissenschaft und Ideologie

Nicht nur lässt sich die ideologiekritische Entlarvung falschen Bewusstseins über
die Verwechslung von Gründen und Ursachen in Verbindung mit der erkenntnistheoretischen Tradition bringen, darüber hinaus vertritt Ideologiekritik außerdem
einen Repräsentationalismus und reklamiert für sich die epistemisch privilegierte
Position, die einst die fundamentalistische Erkenntnistheorie beansprucht hat.
Dies soll beispielhaft an Marx gezeigt werden.

Wir beginnen mit Marxens Diktum: „Es ist nicht das Bewusstsein der Menschen, das ihr Sein, sondern umgekehrt ihr gesellschaftliches Sein, das ihr
Bewusstsein bestimmt".[168] Der Begriff des Bewusstseins lässt sich dabei nur
als das „bewußte Sein" denken.[169] Falsches Bewusstsein kann daher nur falsche
Bewusstwerdung des Seins heißen, d. h. eine „verkehrte[.] Widerspiegelung
[des] gesellschaftlichen Lebensprozesses".[170] Damit befindet man sich inmit-
ten des Bildes vom Spiegel der Natur. Denn die Begrifflichkeit der verkehrten
Widerspiegelung oder des verzerrten Bewusstseins „presupposes a medium of
representation which, intruding between us and the object under investigation,

---

[166] Rorty. *Philosophy and the Mirror of Nature*, S. 126.

[167] Ein weiterer wichtiger Hinweis von Brandom ist folgender: Ideologiekritik „depends on
the disjunction 'causes or reasons' being exclusive, its forcing a choice on us" (Brandom.
Reason, Genealogy, and the Hermeneutics of Magnanimity, S. 5). D. h. dieses Denken geht
davon aus, dass Überzeugungssysteme *entweder* sozial bedingt und damit Ausdruck der
gesellschaftlichen Verhältnisse *oder* das Ergebnis guter Gründe sind. Liese sich demnach
ersteres nachweisen, so können Überzeugungen nicht Ergebnis guter Gründe sein. Dieses
ausschließende ‚oder' ist nicht notwendig. Rortys nicht-reduktiver Naturalismus kann in
einen nicht-reduktiven Soziologismus übersetzt werden, der die soziale Bedingtheit aller
Überzeugungen denken kann ohne dabei erstens die Illegitimität aller Überzeugungssysteme
denken zu müssen und ohne zweitens auf die normative Teilnehmerperspektive zu verzichten
(vgl. Abschn. 2.2.3).

[168] Marx, Karl. 1859/1961. Zur Kritik der Politischen Ökonomie. In *Marx-Engels-Werke,
Band 13*. Berlin: Karl Dietz Verlag, S. 3–160, hier: S. 9.

[169] Marx und Engels. *Die deutsche Ideologie*, S. 24.

[170] Schnädelbach. Was Ist Ideologie?, S. 82.

produces an appearance that does not correspond to the reality of the object".[171] Statt eines Schleiers von Ideen verhindert hier ein Schleier von Ideologien die Erkenntnis der wirklichen Wirklichkeit. Wie aber auch der *veil-of-ideas skepticism* eine Disziplin hervorgerufen hat, um diesen zu überwinden, so gibt es auch eine Disziplin, die den Schleier der Ideologien beiseiteschieben und akkurate Repräsentationen bereitstellen soll. Schließlich setzt bereits die Rede einer verkehrten Widerspiegelung des Seins die Möglichkeit einer akkuraten Wiederspiegelung voraus: „Nur wenn man von der Annahme der Möglichkeit einer ‚richtigen Repräsentation' ausgeht, kann man sich ein ‚falsches Bild' von der Welt machen".[172] Diese akkurate Repräsentation des gesellschaftlichen Seins wäre dazu in der Lage zu erklären, warum das gesellschaftliche Sein das Bewußtsein der anderen als ein notwendig falsches Bewusstsein bestimmt.[173] Für diese akkuraten Repräsentationen verwendet Marx den Begriff der Wissenschaft. Die ideologiekritische Wissenschaft beginnt dabei mit Voraussetzungen, die „auf rein empirischem Wege konstatierbar" sind;[174] die Erforschung dieser empirischen Tatsachen ermöglicht einen Einblick in die „Produktion der Ideen, Vorstellungen, des Bewußtseins".[175] Sie erkennt also die empirischen Tatsachen des gesellschaftlichen Seins – die Produktionsbedingungen – und kann davon ausgehend die jeweiligen Bewusstseinsformen als reflexartigen Ausdruck dieser ökonomischen Basis ableiten und damit entlarven. Von einer solchen Entlarvung enthoben ist nur die Bewusstseinsform der ideologiekritischen Wissenschaft selbst. Als solche ist sie kein ideologischer Ausdruck der sozialen Verhältnisse, sondern eine empirische Erforschung dieses Ausdrucksverhältnis bei anderen:

> Mit der Veränderung der ökonomischen Grundlage wälzt sich der ganze ungeheure Überbau langsamer oder rascher um. In der Betrachtung solcher Umwälzungen muß man stets unterscheiden zwischen der materiellen, naturwissenschaftlich treu zu konstatierenden Umwälzung in den ökonomischen Produktionsbedingungen und den juristischen, politischen, religiösen, künstlerischen oder philosophischen, kurz, ideologischen Formen, worin sich die Menschen dieses Konflikts bewußt werden und ihn ausfechten.[176]

---

[171] Rorty, Richard. 1993. Feminism, Ideology, and Deconstruction: A Pragmatist View. In *Hypatia* 8, S. 96–103, hier: S. 98.

[172] Lemke, Thomas. 1997. *Eine Kritik der politischen Vernunft: Foucaults Analyse der modernen Gouvernementalität*. Berlin: Argument Verlag, S. 92 f.

[173] Vgl. Luhmann, Niklas. 1991. Am Ende der Kritischen Soziologie. *Zeitschrift für Soziologie* 20, S. 147–152, hier: S. 149.

[174] Marx und Engels. *Die deutsche Ideologie,* S. 20.

[175] Marx und Engels. *Die deutsche Ideologie,* S. 26.

[176] Marx. *Zur Kritik der Politischen Ökonomie,* S. 9.

Zwischen Wissenschaft und Ideologie zu unterscheiden heißt also, einen kate-
gorialen Unterschied einzuführen zwischen Überzeugungssystemen, die den
ökonomischen oder sozialen Bedingungen unterstehen auf der einen und einem
Überzeugungssystem, „das der Wissenschaftlichkeit und der Wahrheit unter-
steht", auf der anderen Seite.[177] Man reklamiert also einen Ort, der frei von
sozialer Bedingtheit ist und nur deshalb akkurate Repräsentationen bereitstellen
kann. Deshalb unterscheidet man damit auch nicht bloß zwischen falschen und
wahren Überzeugungen. Vielmehr ist die Ideologie eine Ansammlung von Repräsentationen, die notwendig hinter einem Schleier verharren müssen und daher
die Außenwelt niemals erreichen können, während die Wissenschaft eine mit
der Außenwelt übereinstimmende akkurate Repräsentation ist.[178] Es ist dies der
Unterschied zwischen dem souveränen Standpunkt der Erkenntnistheorie auf der
einen und den Bereichen der Kultur, denen die Philosophie keinerlei Fundierung
beschert hat, auf der anderen Seite (vgl. Abschn. 2.1).[179] Wie Terry Eagleton

---

[177] Foucault, Michel. 1977/2005. Gespräch mit Michel Foucault (Nr. 191). In *Schriften in
Vier Bänden. Dits Et Ecrits, Band III. 1976–1979.* Frankfurt am Main: Suhrkamp, S. 186–213,
hier: S. 196. Ähnlich reformuliert wird diese Unterscheidung von Ideologie und Wissenschaft bei Latour: Man müsse ein „unrepentant positivist" für sein eigenes Überzeugungssystem sein und ein „antifetishist" für all die Überzeugungssysteme, die man ideologiekritisch
erklärt (Latour, Bruno. 2004. Why Has Critique Run out of Steam? From Matters of Fact to
Matters of Concern. In *Critical Inquiry* 30, S. 225–248, hier: S. 241).

[178] Vgl. Luhmann, der ebenso darauf verweist, dass die Ideologiekritik diese epistemisch
privilegierte Position benötigt: „Die soziale Klasse, der Therapeut, die freischwebende Intelligenz – immer noch sucht man eine Beobachtungsposition, die das Nichtsehenkönnen der
anderen sich und den anderen erklärt und damit Weltwissen zur Verfügung stellt, über das
man sich schließlich einigen kann" (Luhmann, Niklas. 1990/2005. Ich sehe was, was du
nicht siehst. In *Soziologische Aufklärung 5. Konstruktivistische Perspektiven.* Wiesbaden: VS
Verlag, S. 220–226, hier: S. 222.).

[179] Es ließe sich hinzufügen, dass eine solche Unterscheidung notwendig ist, wenn das
Soziale ohne Selbstwiderspruch als delegitimierende Kraft verstanden werden soll. Denn
ohne Selbstwiderspruch ist ein solcher Begriff des Sozialen nur möglich, wenn man
das eigene Überzeugungssystem nicht nach seinen sozialen Bedingungen der Möglichkeit
befragt bzw. diese Selbstanwendung theoriebautechnisch unterbindet. Die Unterscheidung
von Wissenschaft und Ideologie leistet genau dies. Vgl. dafür auch Bourdieu, der den Man-
gel an Selbstanwendung im Marxismus beklagt: „Ähnlich dürfte erst anhand einer Sozial-
geschichte der Arbeiterbewegung und deren Beziehungen zu ihren internen wie externen
Theoretikern der Sachverhalt sich klären lassen, warum die Anhänger des Marxismus bislang
noch nie das Denken von Marx und nicht zuletzt die Art und Weise, in der es gesellschaftlich
verwendet wird, der Erkenntnissoziologie, deren Initiator Marx selber doch war, unterzogen
haben" (Bourdieu, Pierre. 1982/2016. Leçon sur la leçon. In *Sozialer Raum und »Klassen«.
Zwei Vorlesungen.* Frankfurt am Main: Suhrkamp, S. 47–79, hier: S. 51 f.).

beklagt und Rorty begrüßt, führt daher eine „rejection of the notion of representation" zu einer Verwerfung der „classical conception of ideology".[180] Denn ohne den Begriff der Repräsentation lässt sich weder von *verzerrten,* noch von *akkuraten* Repräsentationen sprechen, d. h. weder von Ideologie, noch von Wissenschaft. Gibt man also wie wir das Bild vom Spiegel der Natur auf, so lässt sich eine Soziologie des Wissens nicht als ideologiekritische Wissenschaft formulieren.

Wir fassen zusammen: Ideologiekritik lässt sich als eine Variante der Historisierung und Soziologisierung der kantischen Aprioris verstehen. Dabei versucht sie jedoch nicht, ein Überzeugungssystem in den transzendentalen Bedingungen akkurater Erkenntnis zu verorten und damit zu fundieren. Vielmehr möchte sie nachweisen, dass sich ein Überzeugungssystem quasi-transzendental in sozialen Pseudoaprioris gründet, die zu einem verzerrten und falschen Bewusstsein führen. Damit delegitimiert die Ideologiekritik die Überzeugungssysteme, die sie sich zum Gegenstand nimmt. Kurz, Ideologiekritik im hier verstandenen Sinne versteht den zum Forschungsprogramm erhobenen Quasi-Transzendentalismus der Soziologie des Wissens als Entlarvung des Wahrheitsanspruchs der kritizistisch zurückgeführten Überzeugungssysteme. Wie die Erkenntnistheorie verwechselt sie damit Gründe und Ursachen, sowie Rechtfertigung und Erklärung bzw. Beschreibung. Des Weiteren tritt Ideologiekritik das Erbe der Erkenntnistheorie insofern an, als sie eine epistemisch souveräne Position beziehen möchte, die als Richterin der restlichen Überzeugungssysteme auftritt. Indem der ideologiekritische Diskurs seinem Gegenstand verzerrte Repräsentationen nachweist, von denen er selbst ausgenommen bleibt, beansprucht er für sich den Status der Wissenschaft, verstanden als akkurate Repräsentation der Außenwelt.

3.2.2 Vom *veil of ideas* zu den *veils of society*

Intendiert die ideologiekritische Tradition ihre kritizistische Rückführung als Entlarvung des Wahrheitsanspruchs, so gibt es immer auch Stimmen, die ihre eigenen wissenssoziologischen Erklärungen nicht als normative Enthüllungen verstehen

---

[180] Eagleton, Terry. 1991/2007. *Ideology. An Introduction.* London, New York: Verso, S. xi; vgl. Rorty. Feminism, Ideology, and Deconstruction: A Pragmatist View, S. 98 f.; Rorty, Richard. 1992. We Anti-Representationalists (Review of Terry Eagleton's Ideology: An Introduction). In *Radical Philosophy* 60, S. 40–42. Dem widersprechend vgl. Kumar, Chandra. 2005. Foucault and Rorty on Truth and Ideology: A Pragmatist View from the Left. *Contemporary Pragmatism* 2, S. 35–93. Kumar unternimmt den Versuch, Rortys Anti-Repräsentationalismus mit einer Neuformulierung des Ideologiebegriffs zu vereinbaren.

wollen, sondern z. B. als neutrale Beschreibungen oder gar als normative Fundierungen. So soll Mannheims Unterscheidung zwischen einem „partikularen" und einem „totalen Ideologie-Begriff" den Unterschied zwischen einer entlarvenden Ideologiekritik und seiner eigenen Wissenssoziologie markieren,[181] nach der „alles Wissen, *ungeachtet seiner Wahrheitsqualität, nur in einem sozialen Seinszusammenhang möglich"* ist.[182] Ebenso ist Durkheims „soziale Konstitutionstheorie" nicht als Delegitimierung der sozial konstituierten Kategorien intendiert.[183] Schließlich betont auch die an Mannheim und Durkheim anknüpfende „neuere" Wissenschaftssoziologie der ausgehenden 1970er Jahre stets, dass sie der ideologiekritischen Idee widerspricht, nach der „soziale Einflüsse wissenschaftliche Verfahren derart ‚kontaminieren', daß sie zu inkorrekten Ergebnissen führen".[184] Nichtsdestotrotz: Die bloße Beteuerung, eine wissenssoziologische Erklärung dürfe nicht delegitimierend verstanden werden, erläutert noch nicht, wie diese Beteuerung theoretisch eingeholt werden kann. Ebensowenig macht sie

---

[181] Mannheim, Karl. 1931/2015. Wissenssoziologie. In *Ideologie und Utopie*. Frankfurt am Main: Vittorio Klostermann, S. 227–267, hier: S. 228.

[182] Luhmann. Gesellschaftsstruktur und semantische Tradition, S. 12; Herv. F.B.

[183] Joas, Hans. 1985/1993. Durkheim und der Pragmatismus. Bewußtseinspsychologie und die soziale Konstitution der Kategorien. In Durkheim, Émile. *Schriften zur Soziologie der Erkenntnis*. Frankfurt am Main: Suhrkamp, S. 257–288, hier: S. 261 f.

[184] Knorr-Cetina. Das naturwissenschaftliche Labor als Ort der „Verdichtung" von Gesellschaft, S. 85; vgl. Bloor, David. 1976/1991. *Knowledge and Social Imagery*. Chicago, London: The University of Chicago Press, S. 141.

verständlich, wieso die Soziologie des Wissens vom „Streit um die Wissenssoziologe"[185] über die *science wars*[186] bis zur *post-truth* Debatte in den *STS*,[187] stets in die Nähe eines „skeptische[n] Relativismus" geraten ist.[188]

Der Hauptgedanke dieses Abschnittes lautet, dass die Beteuerung nicht eingeholt werden kann. Wenn eine Soziologie des Wissens die in (Abschn. 3.1) rekonstruierten cartesisch-kantischen Voraussetzungen akzeptiert, so kann sie sich nicht gegen die skeptizistisch-relativistischen Konsequenzen ihrer eigenen Grundbegriffe wehren.[189] Im Falle einer cartesisch-kantischen Soziologie vermittelt nämlich nicht mehr nur das *tertium* bewusster Ideen zwischen dem Selbst und der Welt. Zwischen Innen und Außen wurden außerdem „die Filter der Gesellschaft geschoben. Das ganze Drum und Dran von Einstellungen, Theorien, Kulturen, Traditionen und Standpunkten wurde zu einem trüben, undurchsichtigen Fenster" und die Welt somit zur „endgültig verlorenen Außenwelt".[190] Dies vervielfachte die Innen/Außen-Unterscheidung, da Gesellschaften, im Gegensatz zum kantischen Subjekt, im Plural vorhanden sind. Eine solche „Verschiebung vom transzendentalen Subjekt zu einer Vielzahl von Kulturen" und Gesellschaften büßte jedoch „die Universalität der *a priori*-Kategorien" ein, denn

nun war nicht länger jeder in dasselbe Gefängnis eingesperrt, sondern es gab viele, unverbundene und inkommensurable Gefängnisse. Nicht nur war der Geist von der

---

[185] Meja, Volker, und Stehr, Nico. Hrsg. *Der Streit um die Wissenssoziologie. Zweiter Band. Rezeption und Kritik der Wissenssoziologie*. Frankfurt am Main: Suhrkamp; Meja, Volker, und Stehr, Nico. Hrsg. *Der Streit um die Wissenssoziologie. Erster Band. Die Entwicklung der deutschen Wissenssoziologie*. Frankfurt am Main: Suhrkamp.

[186] Vgl. Bammé, Arno. 2004. *Science Wars: Von der akademischen zur postakademischen Wissenschaft*. Frankfurt am Main: Campus.

[187] Vgl. Fuller, Steven. 2016. Embrace the Inner Fox: Post-Truth as the STS Symmetry Principle Universalized. In *Social Epistemology Review & Reply Collective*. https://social-epistemology.com/2016/12/25/embrace-the-inner-fox-post-truth-as-the-sts-symmetry-princi ple-universalized-steve-fuller/#comments; Lynch, Michael. 2017. STS, Symmetry and Post-Truth. In *Social Studies of Science* 47, S. 593–599; Sismondo, Sergio. 2017. Post-Truth? In *Social Studies of Science* 47, S. 3–6; Collins, Harry M., Evans, Robert, und Weinel, Martin. 2017. STS as Science or Politics? In *Social Studies of Science*, S. 580–586.

[188] Grünwald, Ernst. 1934/1982. Wissenssoziologie und Erkenntniskritik. In *Der Streit um die Wissenssoziologie. Zweiter Band. Rezeption und Kritik der Wissenssoziologie*, hrsg. Volker Meja und Nico Stehr. Frankfurt am Main: Suhrkamp, S. 748–755, hier: S. 753.

[189] Eine konkrete Gegenstimme soll anhand von Bourdieu im vierten Kapitel diskutiert werden. Daher werden die Zurückweisungen des Relativismusvorwurfs von Mannheim und anderen an dieser Stelle nicht eigens diskutiert.

[190] Latour. »Glaubst du an die Wirklichkeit?«, S. 14.

Welt abgeschnitten, sondern jeder kollektive Geist, jede Kultur auch von allen übrigen Kulturen.[191]

Auch wenn man glaubte, durch eine solche soziologische „Interpretation des transzendentalen Apriori endlich über Kant hinausgekommen zu sein",[192] können wir mit Latour feststellen, dass wir damit „seit Descartes keinen Millimeter weitergekommen" sind.[193] Der *veil of ideas* wurde lediglich durch die *veils of society* ersetzt, der *veil-of-ideas skepticism* vervielfacht zum *veils-of-society skepticism.*

Beispielhaft vorgeführt werden kann dies anhand von Durkheims bereits erwähnter „Soziologie der Erkenntnis".[194] Wir beginnen mit seiner methodologischen Forderung, die „soziologischen Tatbestände [*fait social*] wie Dinge zu betrachten".[195] Dieses Diktum beruht auf der Unterscheidung von Dingen und Ideen, die erkenntnistheoretisch einem Außen, respektive einem Innen zugeordnet werden: „Das Ding verhält sich zur Idee wie etwas, das man von außen kennt, zu etwas, das man von innen kennt".[196] Die inneren Ideen werden durch

---

[191] Latour. »Glaubst du an die Wirklichkeit?«, S. 14.

[192] Schnädelbach. Das Gesicht im Sand, S. 248 Fn. 42.

[193] Latour. »Glaubst du an die Wirklichkeit?«, S. 16. In diesem Aufsatz resümiert Latour die Science Wars der 90er Jahre. Ausgangspunkt des Aufsatzes ist die Frage eines befreundeten Naturwissenschaftlers gewesen, ob er, Latour, denn an die Wirklichkeit glaube. Latour, verblüfft von dieser Frage, unternimmt den Versuch historisch zu rekonstruieren, unter welchen Voraussetzungen diese Frage überhaupt Sinn ergibt: „Es gibt keine natürliche Situation auf der Welt, wo einem diese allermerkwürdigste Frage gestellt werden kann: »Glaubst du an die Wirklichkeit?« Um dergleichen überhaupt zu fragen, muß man sich schon dermaßen von der Wirklichkeit *entfernt* haben, daß die Angst, sie völlig zu *verlieren,* vorstellbar wird – und diese Angst hat selbst eine Geistesgeschichte, die zumindest kurz nachgezeichnet werden soll." (Latour. »Glaubst du an die Wirklichkeit?«, S. 10). Nicht nur die Methodik stimmt dabei mit der Rortys überein, auch die rekonstruierte Geistesgeschichte ist nahezu identisch mit der im zweiten Kapitel rekonstruierten Traditionslinie der Erkenntnistheorie, deren Ausgangspunkt die „seltsame Erfindung einer »Außen«-Welt" ist (Latour. »Glaubst du an die Wirklichkeit?«, S. 10).

[194] Durkheim, Émile, und Mauss, Marcel. 1901-2/1993. Über einige primitive Formen von Klassifikation. Ein Beitrag zur Erforschung der kollektiven Vorstellungen. In *Schriften zur Soziologie der Erkenntnis.* Frankfurt am Main: Suhrkamp, S. 169–256; Durkheim, Émile. 1913-4/1993. Pragmatismus und Soziologie. In *Schriften zur Soziologie der Erkenntnis.* Frankfurt am Main: Suhrkamp, S. 5–168; Durkheim, Émile. 1912/1981. *Die elementaren Formen des religiösen Lebens.* Frankfurt am Main: Suhrkamp.

[195] Durkheim, Émile. 1895/1984. *Die Regeln der soziologischen Methode.* Frankfurt am Main: Suhrkamp, S. 115.

[196] Durkheim. *Die Regeln der soziologischen Methode,* S. 89.

„Introspektion", die äußeren Dinge durch empirische „Beobachtung" erkannt.[197] Dem Cartesianismus vollends verbunden, unterscheiden sich die beiden Zugangsarten nach Durkheim im Grad ihrer Gewissheit. Denn während die inneren Ideen „von Natur aus zugänglich sind", zeichnen sich die äußeren Dingen dadurch aus, dass man erstmal „absolut nicht weiß, was sie sind".[198] Die *Règles de la méthode sociologique* sind also nicht nur dem Namen nach der cartesischen Methode nachempfunden. Klassisch cartesisch besitzt auch bei Durkheim das Innen einen privilegierten und dadurch Gewissheit garantierenden Zugang zu sich selbst, während die Erkenntnis von äußeren Dingen durch Zweifel charaktersiert ist.

Hierauf aufbauend verstehen wir Durkheims Soziologie der Erkenntnis, in der das Erkennen zu einem soziologischen Tatbestand empirischer Forschung wird. Dabei versteht Durkheim das Erkennen zunächst in Übereinstimmung mit der philosophischen Tradition als begriffliches Urteilen.[199] Nun können Begriffe „zufällig und schwankend" oder notwendig und universal sein.[200] Nur letztere begrenzen das mögliche Denken und bilden somit das „Gerüst der Intelligenz".[201] Ebenso mit der Philosophie übereinstimmend, bezeichnet Durkheim diese fundamentalen Begriffe als Kategorien. Darunter subsumiert er „Zeit, Ort, Substanz, Quatität [sic!], Qualität, Relation, Tätigkeit, Leiden, Verhalten, Befinden", „Kausalität", sowie den „Begriff des Widerspruchs".[202]

Durkheim geht es nun darum, ein neues Verständnis der Kategorien in Aussicht zu stellen. Damit soll seine Erkenntnissoziologie eine Position vertreten, die die Vorteile des Empirismus und des Apriorismus in sich vereint, „ohne deren Nachteile zu haben".[203] Dem Empirismus wirft Durkheim vor, dass er die Notwendigkeit und Universalität der Kategorien nicht erklären kann, wogegen der Apriorismus an der kulturellen Variabilität der Kategorien scheitert.[204] Während

---

[197] Durkheim. *Die Regeln der soziologischen Methode*, S. 90.

[198] Durkheim. *Die Regeln der soziologischen Methode*, S. 89.

[199] Vgl. Durkheim. *Die elementaren Formen des religiösen Lebens*, S. 27.

[200] Durkheim. *Die elementaren Formen des religiösen Lebens*, S. 28; 33.

[201] Durkheim. *Die elementaren Formen des religiösen Lebens*, S. 28.

[202] Durkheim. *Die elementaren Formen des religiösen Lebens*, S. 27, 31. Hier weicht Durkheim von Kant ab. Dieser versteht Raum und Zeit nicht als Kategorien des Verstandes, sondern als reine Anschauungsformen der Sinnlichkeit. Außerdem führt er z. B. das ‚Befinden' nicht als Kategorie. Vgl. für die Unterschiede zwischen Kant und Durkheim insb. Schmaus. *Rethinking Durkheim and His Tradition*.

[203] Durkheim. *Die elementaren Formen des religiösen Lebens*, S. 41.

[204] Vgl. Durkheim. *Die elementaren Formen des religiösen Lebens*, S. 33.

der Empirismus also die Kategorien aus der Erfahrung von Individuen ablei-
tet, wodurch sie ihre Notwendigkeit und Universalität verlieren, sieht Durkheim
zufolge der Apriorismus richtig, dass „die Erfahrung nur unter dieser Bedingung
[der Kategorien] möglich ist".[205] Durkheim verwirft also nicht die kantische Idee,
Erfahrungserkenntnis werde dadurch möglich, dass der sinnliche Inhalt vorab
durch Kategorien geformt wird. Vielmehr wendet er ein, der Apriorismus könne
nicht erklären, „woher wir dieses überraschende Vorrecht haben", der Erfahrung
Bedingungen a priori aufzuzwingen.[206] Außerdem wird der klassische Apriorismus der Variabilität der Kategorien nicht gerecht, die der Empirismus anerkennt.
So verortete Kant die gegenstandskonstituierenden Aprioris „in der Vernunft
selbst, im »Bewußtsein überhaupt« oder in der unveränderlichen Vernunftnatur
des Menschen".[207] Nur vermittels dieser „durch die Natur selbst in unveränder-
liche Grenzen"[208] eingeschlossenen Subjektivität, ließ sich die Objektivität der
Gegenstandserkenntnis notwendig und universal für alle vernunftbegabten Wesen
begründen. Durkheim jedoch wendet ein, dass „die menschlichen Denkkategorien
niemals in einer bestimmten Form festgelegt [sind]. Sie entstehen, vergehen und
entstehen ständig neu".[209] Dies zugestanden, muss Durkheims „Soziologischer
Kantianismus" nun jedoch eine andere Quelle für die Notwendigkeit und Universalität der Kategorien ausfindig machen.[210] Die widerspüchlichen Anforderungen
der Erkenntnissoziologie bestehen also darin, sowohl der Variabilität, als auch der
Notwendigkeit und Universalität der Kategorien gerecht zu werden.[211]

Eine solche dritte Position neben Empirismus und Apriorismus soll durch
die Annahme eines „sozialen Ursprung[s] der Kategorien" ermöglicht werden.[212]
Den sozialen Ursprung der Kategorien anzuerkennen heißt, die Kategorien nicht
als individuelle Repräsentationen zu verstehen, die zwischen dem Selbst und
der Welt vermitteln. Diese Vermittlungsfunktion übernehmen stattdessen „Kollektivvorstellungen", die sich aus den „Kollektivzustände[n]" einer bestimmten
Gesellschaft ergeben.[213] Damit wird die Variabilität der Kategorien durch die
historische Variabilität der Gesellschaften erklärt. Gleichzeitig erlaubt Durkheim

---

[205] Durkheim. *Die elementaren Formen des religiösen Lebens*, S. 35.

[206] Durkheim. *Die elementaren Formen des religiösen Lebens*, S. 35.

[207] Schnädelbach. *Was ist eigentlich ein relatives Apriori?*, S. 189.

[208] Kant. *Kritik der reinen Vernunft*, B294.

[209] Durkheim. *Die elementaren Formen des religiösen Lebens*, S. 35.

[210] Schluchter. *Grundlegungen der Soziologie*, S. 107.

[211] Schmaus. *Rethinking Durkheim and His Tradition*, S. 15.

[212] Durkheim. *Die elementaren Formen des religiösen Lebens*, S. 35.

[213] Durkheim. *Die elementaren Formen des religiösen Lebens*, S. 36.

zufolge der „soziale Charakter [...] zu verstehen, woher die Notwendigkeit der Kategorien kommt".[214] Unter Notwendigkeit versteht Durkheim nämlich „einen inneren Zwang", der sich „dem Geist aufdrängt".[215] Gesteht man den Kategorien nun einen sozialen Ursprung zu, so wird man dieser Eigenschaft der zwanghaften Notwendigkeit gerade deshalb gerecht, da sich Durkheims soziale Tatbestände durch eben diesen Charakter „zwingender Gewalt" auszeichnen.[216] Für die Zugehörigen einer Gesellschaft sind die Kategorien also deshalb notwendig, weil sie sich als soziale Tatbestände den Einzelnen aufzwingen. Darüber hinaus sind sie für die Zugehörigen einer Gesellschaft auch universal, eben weil es sich um Kollektivvorstellungen und nicht um individuelle Repräsentationen handelt.

Hierbei lässt sich natürlich einwenden, Durkheim erkläre gerade nicht die Universalität und Notwendigkeit der Kategorien, sondern lediglich, „that a set of categories is universal only within a given culture, within which they are perceived to be necessary".[217] Damit aber wiederholt Durkheim das, was er am Empirismus kritisiert.[218] Schließlich unterwirft Durkheim die Notwendigkeit und Universalität genauso der empirischen Zufälligkeit wie es der Empirismus tut; zwar nicht auf der Ebene der individuellen, jedoch auf der Ebene der kollektiven Erfahrung. Ein Kulturrelativismus ist unausweichlich, aber dazu gleich mehr.

Wir können zunächst festhalten, dass eine solche Soziologie des Wissens bereits aufgrund ihrer methodischen Voraussetzungen einen Unterschied zur philosophischen Tradition markiert. Versteht man das Erkennen und die gegenstandskonstituierenden Aprioris als soziologische Tatbestände, so lokalisiert man die Aprioris nicht in einer „Innerlichkeit", sondern in einer „Exteriorität".[219] Das Subjekt der Erkenntnis wird dadurch zum Objekt der Soziologie, womit „dem »Inneren« ein materialistischer Sinn gegeben" wird.[220] Ein solcher Quasi-Transzendentalismus verzichtet dabei auf die durch die Selbstpräsenz des Bewusstseins sichergestellte a priorische Notwendigkeit der Erkenntnistheorie. Das erkenntnistheoretische Projekt beruhte jedoch darauf, dass die Erkenntnis des Erkenntnissubjekts nicht in Zweifel stand und unabhängig von Empirie durchgeführt werden konnte. Konnte man zwar von Aussagen über Planetenbahnen nicht die von der Philosophie eingeforderte Gewissheit verlangen, so war dies

---

[214] Durkheim. *Die elementaren Formen des religiösen Lebens*, S. 37.

[215] Durkheim. *Die elementaren Formen des religiösen Lebens*, S. 38.

[216] Durkheim. *Die Regeln der soziologischen Methode*, S. 107.

[217] Schmaus. *Rethinking Durkheim and His Tradition*, S. 15.

[218] Schmaus. *Rethinking Durkheim and His Tradition*, S. 15.

[219] Foucault. *Die Ordnung der Dinge*, S. 424.

[220] Dreyfus und Taylor. *Die Wiedergewinnung des Realismus*, S. 15.

immerhin möglich in Bezug auf Aussagen über unsere Repräsentation von Planetenbahnen. Indem Durkheim nun das subjektive Erkennen zu einem Objekt soziologischer Erkenntnis macht, kann sich die Soziologie als naturalisierte oder kulturalisierte Erkenntnistheorie nicht mehr auf einen Gewissheit verbürgenden privilegierten Zugang zum Erkennen stützen. Erkenntnis wird deshalb doppelt ungewiss.

Zum ersten die Ungewissheit der soziologischen Erkenntnis selbst. Eine empirisierte Erkenntnistheorie kann für sich selbst nicht mehr den Status der Notwendigkeit einfordern, wie dies noch die klassische Erkenntnistheorie konnte. Schließlich ist das Erkennen der Repräsentationen nun nicht weniger problematisch als das Erkennen der Dinge, da Repräsentationen als Dinge verstanden werden.

Zum zweiten die Ungewissheit aller Erkenntnis. Aufgrund der empirischen Variabilität der gegenstandskonstituierenden sozialen Aprioris mündet Durkheims Erkenntnissoziologie in einem „unacceptable incommensurabilism and cognitive relativism".[221] Relativistisch ist diese Position allerdings nicht, weil sie davon ausgeht, dass verschiedene Gesellschaften notwendig verschiedene (Kollektiv-)Vorstellungen von Dingen hervorbringen. Genausowenig ist sie dies, wie Schmaus meint, weil sie von variierenden Fundamentalbegriffen ausgeht und damit von inkommensurablen Kriterien der Richtigkeit einer Repräsentation.[222] Der Relativismus, der sich aus der Vervielfachung der gegenstandskonstiuierenden Aprioris ergibt, ist anderer Natur.

Zur Erläuterung können wir uns wieder an Rorty wenden. Unter Rückgriff auf Davidson, führt er die uns hier interessierende Variante des Relativismus auf zwei Unterscheidungen Kants zurück.[223] Erstens Kants Unterscheidung zwischen Verstand und Sinnlichkeit, d. h. einem aktiven Vermögen des Gemüts, das Begriffe verwendet, um die passiv erhaltenen empirischen Inhalte zu formen. Auch Durkheim übernimmt diese Voraussetzung des Apriorismus, nach dem „die Erkenntnis aus zwei Arten von Elementen gebildet ist".[224] Durkheim reformuliert die kantische Unterscheidung als die Unterscheidung zwischen den sozialen Kategorien als quasi-transzendentale Vorbedingung von Erfahrung auf der einen, und den individuell-psychischen Erfahrungen auf der anderen Seite.[225] Zweitens

---

[221] Schmaus. *Rethinking Durkheim and His Tradition*, S. 138.

[222] Schmaus. *Rethinking Durkheim and His Tradition*, S. 138.

[223] Rorty. The World Well Lost; Davidson. On the Very Idea of a Conceptual Scheme.

[224] Durkheim. *Die elementaren Formen des religiösen Lebens*, S. 35.

[225] Vgl. Durkheim. *Die elementaren Formen des religiösen Lebens*, S. 36.

unterscheidet Kant wie später auch Durkheim zwischen notwendigen Fundamentalbegriffen, „which the mind could hardly get along without" und kontingenten
Begriffen, „which it can take or leave alone".[226] Nun geht Kant davon aus, dass
die Fundamentalbegriffe ahistorischer Notwendigkeit unterliegen. Sein gedank-
liches Grundgerüst ermöglicht jedoch eine spezifische Form des historischen
Relativismus:

> But as soon as we have this picture of the mind in focus, it occurs to us, as it did
> to Hegel, that those all-important a priori concepts, those which determine what our
> experience or our morals will be, might have been different. We cannot, of course,
> imagine what an experience or a practice that different would be like, but we can
> abstractly suggest that the men of the Golden Age, or the inhabitants of the Fortunate
> Isles, or the mad, might shape the intuitions that are our common property in different
> molds, and might thus be conscious of a different 'world.'[227]

Kants Lösung des cartesischen Skeptizismus – eine erscheinende oder phänomenale Welt ist allen vernunftbegabten Wesen gemeinsam zugänglich, weil diese
Welt durch die Kategorien und Anschauungsformen des Subjekts konstituiert
wurde – hält nur, solange man erstens in der Idee der Unerreichbarkeit eines
Ding an Sichs keine weitere Form des Skeptizismus sieht und zweitens den konstituierenden Erkenntnisapparat als fixe Größe versteht. Behält man nun dieses
Grundgerüst bei, gibt aber die Idee unveränderlicher Apri016s auf, so „könnten wir
uns vorstellen, wie der unbefleckte Strom der Erfahrung von verschiedenen Geis-
tern oder Kulturen verschieden umgestaltet wird".[228] Es ist wie Latour schreibt,
mit dieser „Verschiebung vom transzendentalen Subjekt zu einer Vielzahl von
Kulturen" zerstört man „das einzig Gute an Kant, nämlich die Universalität der
a priori-Kategorien".[229]

Noch einmal. Kants Idee besteht darin, Objektivität in Subjektivität zu gründen, indem er argumentiert, dass alle möglichen Gegenstände der Erfahrung von
den subjektiven Bedingungen des Verstandes und der Sinnlichkeit konstituiert
werden müssen, um als Gegenstände der Erfahrung gelten zu können. Ähnlich
wie Kant die Notwendigkeit und Universalität der gegenstandskonstituierenden Apri023s auf das allen vernunftbegabten Wesen gemeinsame transzendentale

---

[226] Rorty. The World Well Lost, S. 3.

[227] Rorty. The World Well Lost, S. 3.

[228] Davidson, Donald. 1988/2013. Der Mythos des Subjektiven. In *Subjektiv, Intersubjektiv,
Objektiv*. Frankfurt am Main: Suhrkamp, S. 79–101, hier: S. 82. Im Original heißt es: „[…]
we could imagine the unsullied stream of experience being variously reworked by various
minds or cultures" (Davidson. The Myth of the Subjective, S. 41).

[229] Latour. »Glaubst du an die Wirklichkeit?«, S. 15.

Ego relativiert, relativiert auch Durkheim die Notwendigkeit und Universalität auf eine quasi-transzendentale Gesellschaft. Da Durkheim damit jedoch von sozial-historisch variierenden transzendentalen Rahmen ausgeht, relativiert er die Geltung der Kategorien auf sich kontingent verändernde soziale Bedingungen der Möglichkeit objektiver Erkenntnis. Er nimmt damit verschiedene Kollektivsubjektivitäten an, die aus dem selben sinnlichen Material verschiedene mögliche Gegenstände der Erfahrung konstituieren. Damit liegen in den verschiedenen Subjektivitäten jeweils verschiedene Objektivitäten begründet. Wir stehen also vor der Situation, dass verschiedene Gesellschaften vor ein und derselben Außenwelt stehen und aus dem von dieser Außenwelt erhaltenen Material ihre je eigene phänomenale Welt konstituieren. Dabei könnten wir uns vorstellen, dass alle Philosophinnen dieser radikal verschiedenen Gesellschaften dazu in der Lage wären, eine kulturspezifische transzendentale Deduktion durchzuführen, welche die ‚Notwendigkeit' und ‚Universalität' ihrer jeweiligen Kategorien ‚beweisen' würde.[230]

Warren Schmaus, in seinem Versuch etwas von der Durkheimschen Tradition zu retten, macht an dieser Stelle folgenden Vorschlag: „each culture has its own

---

[230] Vgl. z. B. Elias, der dies implizit nahe legt, wenn er schreibt: „When Descartes or, for that matter, Kant tried to examine fundamentals of human knowledge by introspectively examining their own knowledge, they made the same assumption. They assumed, as a matter of course, that concepts at a very high level of generality, which they found in their own possession – concepts such as ‚reason', ‚natural law', ‚mechanical causation' or ‚substance' – must be universal properties of human beings everywhere. They assumed, in short, that these concepts formed part of the nature of men. This assumption, however, was fictitious. […] Had they lived a couple of hundred years earlier, they could not have used, and not reflected upon, the same concepts because they were not available in their society" (Elias, Norbert. 1982. Scientific Establishments. In *Scientific Establishments and Hierarchies,* hrsg. Norbert Elias, Herminio Martins, and Richard Whitley. Dordrecht, Boston, London: D. Reidel Publishing Company, S. 3–69, hier: S. 7). Stattdessen hätten Descartes und Kant wohl andere Fundamentalbegriffe gefunden und diese als Teil der unveränderlichen menschlichen Natur verstanden. Für ein weiteres konkretes Beispiel einer Soziologisierung der kopernikanischen Wende vgl. außerdem die folgende Mannheim-Interpretation von Horkheimer: „Nach Kant, in dessen Bewusstseinsphilosophie dieser neue Begriff [der totalen Ideologie] theoretisch begründet sei, wird das Ganze unserer Erfahrung durch die tätige Anwendung der Faktoren unseres Verstandes geformt und ist nicht der Spiegel einer seienden Welt. In diesem Sinne wird auch im totalen Ideologiebegriff eine Abhängigkeit der Struktur des Weltbildes vom Subjekt behauptet. Aber das Subjekt erkennt jetzt nicht mehr wie bei Kant unbedingt und allgemein, sondern hängt mit seinem ganzen Erkenntnisapparat, mit allen Kategorien und Anschauungsformen von historischen und soziologischen Bedingungen ab" (Horkheimer. Ein neuer Ideologiebegriff?, S. 475).

particular conceptions of the same universal set of concepts",[231] d. i. „each culture has the same set of categories, including space, time, and causality, but has developed different systems of representations for thinking and communicating about them".[232] Statt also die Kategorien als Kollektivvorstellungen zu denken, unterscheidet Schmaus zwischen den notwendigen und universellen Kategorien auf der einen, und den variablen Kollektivvorstellungen eben dieser Kategorien auf der anderen Seite. Kulturell variabel sind nach Schmaus' Konzeption lediglich die Repräsentationen der Kategorien, nicht jedoch die Kategorien selbst. Um dem sozialen Empirismus Durkheims zu entkommen, schlägt sich Schmaus also auf die andere Seite der falschen Alternative, nämlich auf die eines ahistorischen Apriorismus. Das von Rorty diagnostizierte Pendel des Bildes vom Spiegel der Natur oszilliert weiter zwischen Skeptizismus und Fundamentalismus. Schmaus liegt dabei ganz richtig, dass Durkheims Grundproblem in der Übernahme repräsentationalistischer Begriffe liegt,[233] er geht aber darin fehl, nur die Annahme unveränderlicher Kategorien des Denkens könne dem kognitiven Relativismus entkommen.

Der Soziologie des Wissens ist dieses Problem natürlich nicht entgangen. Dort wird es diskutiert als „Problem des Relativismus"[234] oder als „Objektivitätsproblem":

> es ergibt sich aus der alten Frage nach der Wahrheit angesichts der Grenzen, die der Erkenntnis durch den sozialen Standort des Erkenntnissubjekts gesetzt sind: Wie ist verbindliche Wahrheit möglich, wenn Erkenntnis an sozial unterschiedliche Interessen gebunden und immer perspektivisch verzerrt ist?[235]

Ebenso wie bei Locke und Kant setzt man auch hier voraus, dass kausale oder (quasi-)kausale Erklärungen einer Einzeldisziplin normative Konsequenzen im *space of reasons* haben sollen. Die Forschungsergebnisse der Soziologie des Wissens können jedoch nur dann als relativierende Delegitimierungen verstanden werden, wenn man die soziale Bedingtheit von Wissen in cartesisch-kantischen Begriffen versteht. Nur wenn man von sozial-apriorischen Bedingungen der Möglichkeit und damit von einer soziologisierten Version der kopernikanischen

---

[231] Schmaus. *Rethinking Durkheim and His Tradition,* S. 15.

[232] Schmaus. *Rethinking Durkheim and His Tradition,* S. 120.

[233] Schmaus. *Rethinking Durkheim and His Tradition,* S. 139.

[234] Stehr und Meja. Sozialwissenschaftlicher und erkenntnistheoretischer Diskurs: Das Problem des Relativismus.

[235] Luckmann, Thomas, und Giesen, Bernd. 1982. Niklas Luhmann, Gesellschaftsstruktur und Semantik. In *Soziologische Revue* 5, S. 1–10, hier: S. 6.

Wende ausgeht, stellt sich das Problem inkommensurabler Gesellschaften mit ihren je eigenen phänomenalen Welten. Stimmt es, dass das Bild vom Spiegel der Natur zu einer Oszillation zwischen *veil-of-ideas skepticism* und *foundationalism* zwingt, dann kann diese erkenntnistheoretische Soziologie des Wissens auf Seiten des Skeptizismus verortet werden. Das Relativismus- bzw. Objektivitätsproblem lässt sich vor diesem Hintergrund als *veil-of-ideas skepticism* in seiner vervielfachten Form verstehen, als *veils-of-society skepticism*.

Ausgehend von der Soziologisierung der Aprioris führt jedoch auch ein Weg an dem *veils-of-society skepticism* vorbei und hin zu Rortys *epistemological behaviorism* bzw. nicht-reduktiven Naturalismus. Sobald man nämlich eine Vielfalt möglicher Erkenntnis zugesteht, weil es eine an die Vielfalt der Gesellschaften gebundene Vielfalt der Bedingungsmöglichkeiten von Erkenntnis gibt, steht man kurz davor, das cartesisch-kantische Vokabular ganz aufzugeben: „For a plurality of forms of experience or forms of consciousness looks much like a plurality of actualities, each of which may be presumed to have causal, naturalistically explicable conditions".[236] Mit anderen Worten: Soziologisierte Möglichkeitsbedingungen müssen schlicht als natürliche Wirklichkeits- oder Existenzbedingungen verstanden werden, die den selben Seinsstatus besitzen, wie das von ihnen Bedingte.[237] Wenn wir also unter dem soziologischen Quasi-Transzendentalismus lediglich die Übernahme einer auf Existenzbedingungen abzielenden deskriptiv-erklärenden Beobachtungsperspektive verstehen, lässt sich diese Position ohne Probleme einnehmen. So verstanden besteht diese Einnahme nämlich

---

[236] Rorty. Wittgenstein, Heidegger, and the Reification of Language, S. 53 Fn.5.

[237] Foucault z. B. macht genau diesen Schritt, wenn er zwei Bedeutungen des Begriffs ‚Bedingungen der Möglichkeit' unterscheidet. Die eine Bedeutung verweist auf die normativen „Bedingungen der Wissenschaft als Wissenschaft" und ihrer „Wissenschaftlichkeit", die andere auf die „Möglichkeit einer Wissenschaft im Sinne ihrer historischen Existenz" (Foucault, Michel. 1968/2001. Über die Archäologie der Wissenschaften. Antwort auf den cercle d'épistemologie (Nr. 59). In *Schriften in vier Bänden. Dits Et Ecrits, Band I. 1954–1969*. Frankfurt am Main: Suhrkamp, S. 887–931, hier: S. 922 f.). Foucaults eigene Erforschung der Bedingungen von Wissen entscheidet sich für letzteres, für die Erforschung von „Existenzbedingungen" (Foucault, Michel. 1969/1981. *Archäologie des Wissens*. Frankfurt am Main: Suhrkamp, S. 179; vgl. Gutting, Gary. 1989/2012. *Michel Foucault's Archaeology of Scientific Reason*. Cambridge: Cambridge University Press, S. 242. Vgl. jedoch auch Han, die Foucault in die Tradition des Quasi-Transzendentalismus einschreibt: Han, Béatrice. 1998/2002. *Foucault's Critical Project. Between the Transcendental and the Historical*. Stanford: Stanford University Press).

purely and simply in shifting focus from 'philosophical realism's' view of a certain inquiry to the sort of view which the historian, the sociologist, the Marxist or the Freudian, takes of that view. Such a shift of focus, for Sellars, would be a shift from, roughly, theoretical to practical reason, from taking society's practices of justification at face-value to looking behind them for their causes and the possibilities they exclude. But this shift of focus is *not,* for Sellars, a shift from content to structure, from the contingent to the necessary, from science to philosophy.[238]

Wie wir aus (Abschn. 2.2) wissen, besteht dieser *shift* lediglich in dem Übergang von einer teilnehmenden zu einer soziologisch-historischen Beobachtungsperspektive, von „justifying oneself" zu „describing oneself", von „treating oneself [...] as a person" zu „treating oneself as a thing".[239] Dies ist nicht die Übernahme eines Quasi-Transzendentalismus, der die sozialen Apriori verschiedener Wissensformen aufdeckt. Es handelt sich vielmehr um eine Position, die den Bedingungen von Wissen nicht mehr „die Funktion der Begründung zumutet", wie es die Rede von sozialen Bedingungsmöglichkeiten nahelegt.[240] Wenn also Rortys Unterscheidung zwischen einer deskriptiv-erklärenden Beobachtungs- und einer normativ-rechtfertigenden Teilnehmerperspektive gelingt, dann stellt sich auch das Relativismus- oder Objektivitätsproblem der Wissenssoziologie nicht mehr (vgl. Abschn. 2.2.3). Die Feststellung, dass auch wissenschaftliches Wissen Bedingungen hat, die der soziologischen, neurologischen oder biologischen Analyse zugänglich sind, ist nun nicht mehr die Prämisse eines skeptizistischen Arguments. Es ist lediglich ein Hinweis auf die „Wirklichkeit der Erkenntnis",[241] auf die Tatsache, dass die Erkenntnis und das erkennende Subjekt selbst deskriptiv-erklärend als Teil der Wirklichkeit analysiert werden können, die sie angeben zu erforschen.[242]

Das dritte Kapitel zusammenfassend lässt sich Folgendes festhalten. Ziel dieses Teils war es, die wissenssoziologische Tradition als erkenntnistheoretische

---

[238] Rorty. Epistemological Behaviorism and the De-Transcendentalization of Analytic Philosophy, S. 114.

[239] Rorty. Epistemological Behaviorism and the De-Transcendentalization of Analytic Philosophy, S. 112.

[240] Luhmann, Niklas. 1998/2017. Die Kontrolle von Intransparenz. In *Die Kontrolle von Intransparenz*. Berlin: Suhrkamp, S. 96–120, hier: S. 99.

[241] Schnädelbach. *Erkenntnistheorie zur Einführung*, S. 188.

[242] Natürlich bedarf die Ausformulierung dieses *subject naturalisms* (Price) begrifflicher Anstrengung. Rortys Vorschlag wurde bereits als nicht-reduktiver Naturalismus erläutert. Vgl. darüber hinaus auch Price. *Expressivism, Pragmatism and Representationalism*. Rouse, Joseph. 2015. *Articulating the World: Conceptual Understanding and the Scientific Image*. Chicago, London: The University of Chicago Press.

Soziologie des Wissens zu rekonstruieren. Dafür bedurfte es des Nachweises, dass das Bild vom Spiegel der Natur auch der Soziologie des Wissens zugrunde liegt. Nach Rorty umfasst dieses Bild zwei zentrale Eigenschaften: den Innen/Außen-Repräsentationalismus, der zu einer Oszillation zwischen *veil-of-ideas skepticism* und Fundamentalismus führt, sowie die Verwechslung von *reasons* und *causes,* von Rechtfertigung und Erklärung bzw. Beschreibung. In (Abschn. 3.1) wurde gezeigt, inwiefern die Soziologie des Wissens an die Innen/Außen-Unterscheidung in ihrer kantischen Version anschließt. Dafür wurde zunächst die kopernikanische Wende Kants rekonstruiert (Abschn. 3.1.1). Mit dieser Wende formuliert Kant eine Konstitutionstheorie der Erkenntnis, nach der die äußeren Gegenstände nur dann als Forschungsgegenstände auftreten können, wenn sie sich nach den formalen Bedingungen des erkennenden Innens richten. Dies geschieht, indem die von außen erhaltenen Sinneseindrücke durch die reinen Anschauungsformen und die Kategorien des Verstandes geordnet werden. Erst durch diesen Vorgang innerhalb des transzendentalen Subjekts bildet sich die erscheinende Wirklichkeit. Damit gibt Kant eine Antwort auf die grundlegende Frage der Erkenntnistheorie: Wie können innere Vorstellungen äußere Dinge akkurat repräsentieren? Sie können es Kant zufolge deshalb, weil die äußeren Dinge überhaupt erst durch die inneren Vorstellungen konstituiert werden, es sich also um Erscheinungen und nicht um Dinge an sich handelt.

Die Soziologie des Wissens übernimmt das Grundgerüst der kopernikanischen Wende, ersetzt jedoch das transzendentale Subjekt durch die Gesellschaft bzw. das Soziale (Abschn. 3.1.2). Die von Kant in einem transzendentalen Ich verorteten Aprioris werden so zu sozialen Aprioris, die transzendentale zu einer quasi-transzendentalen Sphäre. Daraus ergibt sich ein zirkulärer Status der gegenstandskonstituierenden Einheit des Sozialen, die mit Foucault als Wiederholung des Empirischen im Transzendentalen rekonstruiert wurde: Die sozialen Aprioris sind ebenso empirisch erkennbare Forschungsgegenstände der Soziologie des Wissens, wie Bedingung der Möglichkeit aller empirischen Erkenntnis. Dieser Quasi-Transzendentalismus wird jedoch nicht schlicht vorausgesetzt, sondern zum Forschungsprogramm erhoben: Soziologie des Wissens heißt, Überzeugungssysteme kritizistisch auf ihre sozialen Aprioris zurückzuführen. Nun kann ein solcher soziologischer Kritizismus ideologiekritisch intendiert sein, d. h. als Delegitimierung der auf soziale Aprioris zurückgeführten Überzeugungen, weshalb man auch von einer Rückführung auf Pseudoaprioris sprechen kann (Abschn. 3.2.1). Hierbei versteht man die soziologische Erklärung von Überzeugungen als normative Delegitimierung dieser Überzeugungen und den empirischen Forschungsgegenstand des Sozialen als delegitimierendes Element im normativen *space of reasons.* Kurz: Man verwechselt Rechtfertigung und

Erklärung bzw. Gründe und Ursachen. Ideologische Überzeugungssysteme werden dabei als Repräsentationen verstanden, die notwendig hinter dem Schleier verzerrender Ideologien verharren müssen. Dem entgegengesetzt versteht sich die diesen Nachweis erbringende ideologiekritische Wissenschaft als Garant akkurater Repräsentationen. Mit dieser die Selbstanwendung unterbindenden Unterscheidung von Wissenschaft und Ideologie reklamiert die ideologiekritische Wissenschaft für sich den selben souveränen Status einer neutralen Richterin, den schon die fundamentalistische Erkenntnistheorie einnehmen wollte.

Neben dieser ideologiekritischen Intention des soziologischen Quasi-Transzendentalismus gibt es immer auch Ansätze, die ihre kritizistischen Rückführungen nicht als Delegitimierung der zurückgeführten Überzeugungen verstehen. Dass auch diese Ansätze in einer normativen Delegitimierung münden müssen, wurde in (Abschn. 3.2.2) anhand von Durkheim argumentiert. Sobald nämlich die in (Abschn. 3.1) rekonstruierten Voraussetzungen des Bildes vom Spiegel der Natur übernommen werden, kann eine vollständige Soziologisierung des Wissens den skeptizistisch-relativistischen Tendenzen ihrer eigenen Grundbegriffe nicht entkommen. Bereits die Ersetzung des transzendentalen Bewusstseins durch eine quasi-transzendentale Gesellschaft empirisiert nicht nur das Innen/Außen-Verhältnis, sie vervielfacht es auch. Das Ergebnis ist eine Vielzahl inkommensurabler Gesellschaften mit ihren je eigenen quasi-transzendentalen Sphären, die aus je eigenen sozialen Aprioris zusammengesetzt sind und damit je eigene erscheinende Wirklichkeiten konstituieren, die dann gesellschaftsrelativ akkurat repräsentiert werden können. Diese Version des Relativismus lässt sich als vervielfachte Version des *veil-of-ideas skepticism* verstehen, d. h. als *veils-of-society skepticism*. Nicht in der Soziologisierung von Wissen liegt also das Problem des Relativismus begründet, sondern darin, dass die Soziologisierung unter dem Vorzeichen des cartesisch-kantischen Bildes vom Spiegel der Natur getätigt wird.

Sowohl die ideologiekritische, als auch die nicht-ideologiekritische Soziologie des Wissens können daher als erkenntnistheoretische Soziologie des Wissens bezeichnet werden, da sie erstens die repräsentationalistische Innen/Außen-Unterscheidung in einer empirisierten Version übernehmen und zweitens Rechtfertigung und Erklärung verwechseln, indem sie den Ergebnissen einer Fachdisziplin normativ delegitimierende Konsequenzen zumuten – ob intendiert oder nicht.

Der Fall Bourdieu: erkenntnistheoretische Soziologie ohne Skeptizismus?

Bislang wurde die wissenssoziologische Tradition unter Rückgriff auf bereits bestehende Analysen als erkenntnistheoretische Soziologie des Wissens rekonstruiert. In diesem Kapitel wird es darum gehen, dem Eindruck unzureichender Verallgemeinerung zu entgehen und einen konkreten Theorievorschlag zu diskutieren. Dafür widmen wir uns der Wissens- und Wissenschaftssoziologie Pierre Bourdieus. Diese Wahl erfolgt nicht zufällig. Im Gegensatz zu anderen Theorievorschlägen schließt Bourdieu explizit an die kantische Tradition des Transzendentalismus an. Gleichzeitig behandelt seine Soziologie ein Problem, das auch diese Arbeit durchzieht: Wie kann an einer Soziologisierung von Wissen festgehalten werden, ohne dabei einem Skeptizismus oder Relativismus zu verfallen?[1] Das Argument der bisherigen Kapitel war stets, dass der Skeptizismus und Relativismus der Wissenssoziologie nur vor dem Hintergrund der cartesisch-kantischen Voraussetzungen der Erkenntnistheorie eine Gefahr darstellt. Deswegen können skeptizistisch-relativistische Konsequenzen nur dann verhindert werden, wenn das Bild vom Spiegel der Natur aufgegeben wird. Da Bourdieu den Versuch unternimmt, eine erkenntnistheoretische Soziologie des Wissens zu formulieren, die dem Relativismus nicht anheim fällt, widerspricht er implizit dieser These. Aus diesem Grund soll er nun als Gegenstimme zu Wort kommen.

Wir beginnen diesen Teil mit einer Rekonstruktion von Bourdieus Theorie der Praxis als einer erkenntnistheoretischen Soziologie des Wissens. Insbesondere interessiert uns dabei Bourdieus Quasi-Transzendentalismus, sowie sein damit einhergehender Kritizismus (Abschn. 4.1). Vor diesem Hintergrund soll in (Abschn. 4.2) Bourdieus Wissenschaftssoziologie thematisiert werden. Im Fokus

---

[1] Bourdieu, Pierre. 2001/2004. *Science of Science and Reflexivity*. Chicago: The University of Chicago Press, S. 1 ff.

F. Beer, *Soziologisch denken mit Richard Rorty*, Philosophische Grundlagen der Soziologie, https://doi.org/10.1007/978-3-658-37738-0_4

der Argumentation steht Bourdieus Versuch, an einer radikalen Soziologisierung von Wissen festzuhalten, ohne dabei in skeptizistisch-relativistisches Fahrwasser zu geraten. Es soll argumentiert werden, dass Bourdieu diesem Anspruch deshalb nicht gerecht wird, da gerade sein Quasi-Transzendentalismus die Möglichkeit einer nicht-skeptizistischen Position desavouiert (vgl. Abschn. 3.2.2).

4.1   Bourdieus erkenntnistheoretische Soziologie des Wissens

4.1.1   Die Theorie der Praxis als soziologischer Quasi-Transzendentalismus

Zunächst ist die Theorie der Praxis als Lösung eines sozialtheoretischen Problems zu verstehen. Dabei stellt sich Bourdieu gegen die Gegenüberstellung zweier Erklärungsmodelle sozialen Handelns: „Von allen Gegensätzen, die die Sozialwissenschaften künstlich spalten, ist der grundlegendste und verderblichste der zwischen Subjektivismus und Objektivismus".[2] Verkürzt dargestellt lässt sich sagen, dass eine subjektivistische Theorie soziales Handeln, dessen Regelmäßigkeit und Transformationen, ausschließlich unter Rückgriff auf die Subjektivität einzelner Akteure erklärt, d. h. deren Motivlagen, Erfahrungen, Freiheiten, Vorstellungen etc. Dem entgegengesetzt erklärt eine objektivistische Theorie soziales Handeln, indem sie „vom individuellen Willen und Bewußtsein unabhängige objektive Gesetzmäßigkeiten (Strukturen, Gesetze, Systeme von Relationen usw.)" ermittelt.[3] Erstere hält also dafür, dass „der Agierende frei, bewußt und, wie manche Utilitaristen sagen, *with full understanding* handelt".[4] Letzere hingegen erkennt eine soziale Wirklichkeit, die als äußere Ursache unabhängig von den einzelnen Akteuren das Handeln der Einzelnen als „mechanische Folge" hervorbringt.[5] Die konkrete Handlung wird in dieser Perspektive deterministisch als die „Ausführung" eines vor-empirisch bestehenden „Modells" verstanden, als die

---

[2] Bourdieu, Pierre. 1980/1993. *Sozialer Sinn. Kritik der theoretischen Vernunft.* Frankfurt am Main: Suhrkamp, S. 49.

[3] Bourdieu. *Sozialer Sinn,* S. 51.

[4] Bourdieu. *Meditationen,* S. 177.

[5] Bourdieu. *Meditationen,* S. 177.

bloße Besonderung einer allgemeinen Struktur und nicht als Entschluss einer individuellen Freiheit.[6] Akteure werden so zu „Epiphänomenen der Struktur".[7]

Bourdieu möchte für keinen der beiden Erklärungsansätze optieren, sondern darauf verweisen, dass diese „Opposition von akteurs- und strukturtheoretischen Ansätzen"[8] als ein falscher Gegensatz verstanden werden muss, da beide Perspektiven „für eine Wissenschaft der Sozialwelt […] gleichermaßen unentbehrlich sind".[9] Dabei macht er darauf aufmerksam, dass Subjektivismus und Objektivismus nicht einfach zwei konkurrierende Erklärungsansätze sind, sondern zwei unterschiedliche und letztlich verkürzte „Erkenntnisweisen"[10] des Sozialen, „die sich aus der vorgelagerten Entscheidung ergeben, Wissenschaft aus der Teilnehmer- oder der Beobachtungsperspektive zu betreiben".[11] So verstanden rekonstruiert der Subjektivismus die Perspektive der Teilnehmenden in ihrem Selbstverständnis, während der Objektivismus mit der natürlichen Einstellung der Akteure bricht und ihm daher „die Sozialwelt wie ein Schauspiel für einen Beobachter" erscheint.[12] Beide Erkenntnisweisen sind möglich, weil die Sozialwelt selbst eine *„in sich doppelte Realität"* besitzt.[13] Das eigentliche Objekt der Soziologie ist demnach zusammengesetzt aus Objekten, genauso wie aus subjektiven Vorstellungen von Objekten. Gerade weil die Sozialwelt eine solche doppelte Realität besitzt, können weder Subjektivismus, noch Objektivismus allein eine zufriedenstellende Erkenntnisweise des Sozialen darstellen. Stattdessen bedürfte es einer soziologischen Theorie, die beide Perspektiven in einem Ansatz miteinander vermittelt. Bourdieus Vorschlag einer solchen Theorie ist seine Theorie der Praxis.

Bourdieu besitzt also den Anspruch, „den Antagonismus zwischen diesen Erkenntnisweisen zu überwinden und dabei dennoch die Errungenschaften beider zu bewahren".[14] Das bedeutet erstens, im Gegensatz zum Subjektivismus die

---

[6] Bourdieu. *Sozialer Sinn*, S. 62.

[7] Bourdieu, Pierre. 1992.»Fieldwork in Philosophy«. In *Rede und Antwort*. Frankfurt am Main: Suhrkamp, S. 15–49, hier: S. 28.

[8] Strecker, David. 2012. *Logik der Macht. Zum Ort der Kritik zwischen Theorie und Praxis.* Weilerswist: Velbrück Wissenschaft, S. 84.

[9] Bourdieu. *Sozialer Sinn*, S. 49.

[10] Bourdieu. *Sozialer Sinn*, S. 49.

[11] Strecker. *Logik der Macht*, S. 85.

[12] Bourdieu. *Sozialer Sinn*, S. 97.

[13] Bourdieu. *Sozialer Sinn*, S. 247.

[14] Bourdieu. *Sozialer Sinn*, S. 49.

unbewussten Strukturen anzuerkennen, die den Akteur in seinem Handeln bestimmen und zweitens, entgegen dem Objektivismus, die teilnehmende Perspektive der Akteure nicht als bloßen Schein zu verwerfen, sondern sie als Teil der sozialen Wirklichkeit zu verstehen.[15] Gegenstand einer Bourdieuschen Soziologie ist daher weder die Summe subjektiver Motive, noch eine objektive Wirklichkeit, sondern die „Praxis" als „Ort der Dialektik […] von Strukturen und Habitusformen".[16] Soziale Strukturen oder später Felder begreift Bourdieu als die objektiven Momente der in sich doppelten sozialen Realität, während der Habitus das subjektive Moment darstellt. Erforscht werden soll ihr wechselseitiges Verhältnis zueinander, das Bourdieu im obigen Zitat als Dialektik bezeichnet. Näher an einem genuin Bourdieuschen Begriffsinstrumentarium ist jedoch die Definition des Habitus als strukturierte und strukturierende Struktur.[17] Was ist darunter zu verstehen?

Der Habitus ist die Gesamtheit dauerhafter körperlicher Dispositionen oder Gewohnheiten von Akteuren, die Bourdieu als „Wahrnehmungs-, Denk- und Handlungsschemata" expliziert.[18] Der erste theoretische Kniff besteht dabei darin, den Akteursbegriff strukturtheoretisch zu denken: Als strukturierte und strukturierende Struktur ist der Habitus der Akteure in erster Linie Struktur.[19] Um eine *strukturierte* Struktur handelt es sich dabei insofern, als die Gesamtheit der Schemata Ergebnis gesellschaftlicher Prägung sind. Die Schemata „resultieren wesentlich aus der Inkorporierung der objektiven Strukturen des sozialen Raums",[20] ja sie *sind* die „inkorporierte Version" der sozialen Strukturen.[21] Die Individualität einzelner Akteure wird damit nicht der Gesellschaft entgegengesetzt, sondern als immer schon Gesellschaftliches gedacht, d. h. als „sozialisierte Subjektivität"[22] und „Ausgeburt des Feldes" bzw. der sozialen Strukturen, unter denen sich die Schemata gebildet haben.[23]

---

[15] Bourdieu. *Meditationen*, S. 242.

[16] Bourdieu. *Sozialer Sinn*, S. 98.

[17] Bourdieu. *Sozialer Sinn*, S. 98.

[18] Bourdieu. *Sozialer Sinn*, S. 101.

[19] Vgl. Strecker. *Logik der Macht*, S. 91.

[20] Bourdieu, Pierre. 1984/2016. Sozialer Raum und »Klassen«. In *Sozialer Raum und »Klassen«. Zwei Vorlesungen*. Frankfurt am Main: Suhrkamp, S. 7–46, hier: S. 17.

[21] Bourdieu und Wacquant. Die Ziele der reflexiven Soziologie, S. 32.

[22] Bourdieu und Wacquant. Die Ziele der reflexiven Soziologie, S. 159.

[23] Bourdieu und Wacquant. Die Ziele der reflexiven Soziologie, S. 138. Mit der Einführung des Feldbegriffs führt Bourdieu expliziter aus, was er unter dem Begriff der Struktur verstehen möchte, nämlich spezifische Feldlogiken und Kapitalverhältnisse vgl. Strecker. *Logik der Macht*, S. 94 f.

Ebenso fungiert der Habitus als eine *strukturierende* Struktur und zwar insofern, als seine Schemata als generative- bzw. als „Erzeugungsschemata" wirken.[24] Konfrontiert mit einer spezifischen Situation oder einem „Ereignis"[25], können mit dem Habitus „alle Gedanken, Wahrnehmungen und Handlungen, und nur diese, frei hervorgebracht werden, die innerhalb der Grenzen der besonderen Bedingungen seiner eigenen Hervorbringung liegen".[26] Dabei wird nicht eine konkrete Option deterministisch aktualisiert, vielmehr schafft der Habitus einen begrenzten Möglichkeitsraum für Denken, Handeln und Wahrnehmen. Diese Begrenzung ist nicht so zu verstehen, dass der Habitus einen bereits vorhandenen Möglichkeitsraum des Handelns und Denkens beschneidet. Vielmehr erzeugt er überhaupt erst einen Raum möglicher Handlungen, Gedanken und Wahrnehmungen. Begrenzt sind diese Möglichkeitsräume nun deshalb, weil der Habitus abhängig ist von den sozialen Strukturen, die ihn haben entstehen lassen. Verschiedene Habitus konstituieren daher verschiedene Möglichkeitsräume. Statt einer „mechanischen Reproduktion" oder einer „unvorhergesehenen Neuschöpfung" *ex nihilo,* stellt der Habitus damit eine „konditionierte und begrenzte Freiheit" des Handelns und Denkens bereit.[27]

Eine bourdieusche Soziologie erklärt demnach Handeln bzw. Praxis als Ergebnis zweier aufeinandertreffender Momente. Auf der einen Seite die inkorporierten Strukturen des Habitus, auf der anderen die objektiven Strukturen, unter denen sie angewandt werden. Mit anderen Worten: Praktiken lassen sich „nur erklären, wenn man die gesellschaftlichen Bedingungen, unter denen der Habitus, der sie erzeugt hat, geschaffen wurde, und die gesellschaftlichen Bedingungen, unter denen er angewandt wird, zueinander ins Verhältnis setzt".[28] Die Soziologie beobachtet also objektive Strukturen, die Habitusformen entstehen lassen, deren Schemata unter vergleichbaren oder anderen sozialstrukturellen Bedingungen angewandt werden und sich so wiederum auf objektive Strukturen auswirken. Wie sie sich dabei auswirken, ist eine empirisch offene Frage, denn Bourdieus Theorie der Praxis möchte sowohl soziale Ordnung, als auch sozialen Wandel erklären können:

---

[24] Bourdieu. *Sozialer Sinn,* S. 102.
[25] Bourdieu. *Sozialer Sinn,* S. 103.
[26] Bourdieu. *Sozialer Sinn,* S. 102.
[27] Bourdieu. *Sozialer Sinn,* S. 103.
[28] Bourdieu. *Sozialer Sinn,* S. 105.

> Das System der Dispositionen als Vergangenheit, die im Gegenwärtigen überdauert und sich in die Zukunft fortzupflanzen trachtet [d.i. der Habitus] [...] liegt der Kontinuität und Regelmäßigkeit zugrunde [...] und ist außerdem Grundlage der geregelten Transformationen [...].[29]

Bourdieus Begriffe eignen sich also deshalb zur Erklärung von Ordnung und Wandel, da soziale Strukturen als Bedingungen der Habitusformen Dispositionen erzeugen, die nur vereinbar sind mit denjenigen Bedingungen, aus denen heraus sie entstanden sind.[30] Entsprechen also die Erzeugungsbedingungen der Schemata den Bedingungen, unter denen sie angewandt werden, so kontinuiert sich die soziale Struktur und der Habitus. Weichen Erzeugungs- von Anwendungsbedingungen ab, sind Habitus und Struktur in einer Situation also „objektiv unangepaßt", so kann dies zu „Nichtanpassung" oder „Anpassung", zu „Auflehnung" oder „Resignation" führen.[31] D. h. zur Anpassung des Habitus an die Struktur oder auch zur Auflehnung gegenüber der Struktur, d. h. zur Reproduktion der sozialen Ordnung oder zu ihrem potentiellen Wandel. Mit der Dialektik von Habitus und Struktur bzw. Feld beschreibt Bourdieu also einen Rückkopplungsmechanismus von sich gegenseitig bedingenden objektiven und subjektiven bzw. inkorporierten Strukturen.

Für die Zwecke dieser Arbeit sind nun weniger die sozialtheoretischen Errungenschaften Bourdieus relevant. Entscheidend ist vielmehr die erkenntnistheoretische Dimension seiner Theorie, die sie als eine erkenntnistheoretische Soziologie des Wissens erkennbar macht. Ebenso wie zuvor erhebt Bourdieu auch hier den Anspruch, einen „unheilvollen" Gegensatz zu überwinden:

> Dem Empirismus setzt die Theorie der Praxis als Praxis die Hypothese entgegen, daß die Erkenntnisobjekte konstruiert und nicht passiv registriert werden; dem intellektualistischen Idealismus gegenüber erinnert sie daran, daß das Prinzip dieser Konstruktion nicht das System der Formen a priori und der universalen Kategorien ist, die kennzeichnend für das transzendentale Subjekt sind, sondern etwas Historisch-Transzendentales, nämlich der Habitus als ein sozial konstituiertes System von strukturierten und strukturierenden Dispositionen, das durch Praxis erworben wird und konstant auf praktische Funktionen ausgerichtet ist.[32]

---

[29] Bourdieu. *Sozialer Sinn,* S. 101 f.

[30] Vgl. Bourdieu. *Sozialer Sinn,* S. 100.

[31] Bourdieu. *Sozialer Sinn,* S. 117.

[32] Bourdieu und Wacquant. Die Ziele der reflexiven Soziologie, S. 154.

Gegen den Empirismus und seinem sensualistischen *myth of the given* (Sellars) wendet Bourdieu also die Subjektabhängigkeit aller Erfahrung und Gegenständlichkeit ein. Allerdings vertritt Bourdieu keine intellektualistische, sondern eine „materialistische Erkenntnistheorie".[33] D. h. er versteht das konstituierende Subjekt der Erkenntnis nicht als ahistorisches transzendentales Bewusstsein, sondern als quasi-transzendentalen Habitus. Dabei handelt es sich deshalb um einen *Quasi*-Transzendentalismus, weil der Habitus ein der Soziologie empirisch zugänglicher Forschungsgegenstand ist, dessen Schemata den sozialen Strukturen entspringen. Gleichzeitig aber sollen die inkorporierten Denk- und Wahrnehmungsschemata als a priorische Bedingungen der Möglichkeit jeder Erkenntnis fungieren. Erst durch die Anwendung der Wahrnehmungs- und Denkschemata konstituiert sich die soziale und die natürliche Welt für die Erkennenden. Wie bereits zu lesen war, spricht Bourdieu selbst von einem „historical transcendental" und fasst diesen Gedanken wie folgt zusammen:

[The habitus] can be said to be a priori inasmuch as it is a structuring structure which organizes the perception and appreciation of all experience, and a posteriori inasmuch as it is a structured structure produced by a whole series of common or individual learning processes.[34]

Die Dialektik von Habitus und Struktur wiederholt sich also auch am Beispiel der Erkenntnis. Als *strukturierende* Struktur fungieren die Denk- und Wahrnehmungsschemata des Habitus als a priorische Bedingungen der Möglichkeit von Erkenntnis. Sie organisieren die Erfahrung und konstituieren dadurch eine phänomenale Welt für die Erkennenden (auch für Soziologinnen!). Der Habitus ist also keine Verzerrung, die den Weg eines vorsozialen Erkenntnissubjekts zum Objekt versperrt. Der Habitus *ist* vielmehr das Erkenntnissubjekt, sowie Bedingung der Möglichkeit eines jeden Erkenntnisobjekts. Natürlich unterscheidet sich Bourdieu damit von der philosophischen Tradition, da er die Materialität und Körperlichkeit des Erkennens in den Vordergrund rückt.[35] Der körperliche Habitus übernimmt dabei jedoch dieselbe Funktion der Organisation von Erfahrung und der Gegenstandskonstitution, die Kant dem transzendentalen Ich zustand. Die Grundstruktur der kantischen Version der Innen/Außen-Unterscheidung bleibt also auch bei Bourdieu erhalten.

Als *strukturierte* Struktur ist der Habitus jedoch a posteriorisch, d. h. der Erfahrung zugänglich. So verdanken sich auch die Schemata einer Geistes- oder

---

[33] Bourdieu und Wacquant. Die Ziele der reflexiven Soziologie, S. 154.

[34] Bourdieu. *Science of Science and Reflexivity,* S. 78.

[35] Vgl. Bourdieu. *Meditationen,* S. 165 ff.

Naturwissenschaftlerin den sozialen Strukturen des Feldes. An dieser Stelle setzt Bourdieus Soziologie des Wissens ein, womit auch Bourdieu seinen Quasi-Transzendentalismus nicht schlicht voraussetzt, sondern ihn zum Forschungsprogramm erhebt. Denn Bourdieus Soziologie des Wissens soll die Bedingungen erkennen, unter denen sich ein spezifisches Denk- und Wahrnehmungsschemata herausgebildet hat. Daher führt sie die habituellen Bedingungen der Möglichkeit von Erkenntnis reflexiv auf ihre sozialen Produktionsbedingungen zurück. D. h. sie erkennt die Schemata der Akteure als a priorische Bedingungen der Möglichkeit von Erkenntnis und führt sie auf noch tiefer liegende Bedingungen zurück, nämlich auf soziale Strukturen. Diese Soziologie des Wissens ist daher immer auch „Kritik (im Kantschen Sinne)".[36] Unter dem Begriff der Reflexivität fasst Bourdieu seinen soziologischen Kritizismus zusammen.

4.1.2 Reflexivität: Soziologie als Kritizismus

Zunächst betont Bourdieu, dass er unter dem Begriff des Kritizismus keine introspektive Reflexionen des Bewusstseins auf sich selbst verstehen möchte. Denn es „genügt nicht, wie es die klassische Erkenntnisphilosophie lehrt, im Subjekt selbst die Bedingungen der Möglichkeit wie auch die Grenzen der von ihm gesetzten objektiven Erkenntnis zu suchen".[37] Dies genügt deshalb nicht, weil die im Subjekt anzutreffenden Bedingungen, d. h. die Schemata des Habitus, selbst wiederum sozialen Bedingungen unterliegen. Deshalb bedarf es einer erfahrungswissenschaftlichen Soziologie, „die das Subjekt der Objektivierung selbst objektiviert", d. h. das erkennende Subjekt mithilfe von Statistik, teilnehmender Beobachtung, historischer Forschung usw. selbst zum empirischen Forschungsgegenstand macht.[38] Eine solche bourdieusche Soziologie reflektiert auf die „objektiven und subjektiven Strukturen", die das Denken begrenzen und erkennt damit selbst noch die Bedingungen des erkennenden Subjekts.[39] Sie führt

---

[36] Bourdieu. *Meditationen,* S. 7. So stellen *Die feinen Unterschiede* eine „Kritik der gesellschaftlichen Urteilskraft" dar, die *Meditationen* enthalten eine „Kritik der scholastischen Vernunft" und das sozialtheoretische Hauptwerk *Sozialer Sinn* ist eine „Kritik der theoretischen Vernunft" (Bourdieu, Pierre. 1979/2014. *Die feinen Unterschiede. Kritik der gesellschaftlichen Urteilskraft.* Frankfurt am Main: Suhrkamp; Bourdieu. *Meditationen,* S. 18 ff.; Bourdieu. *Sozialer Sinn*).

[37] Bourdieu und Wacquant. Die Ziele der reflexiven Soziologie, S. 248; vgl. Bourdieu. *Meditationen,* S. 154.

[38] Bourdieu. *Meditationen,* S. 18.

[39] Bourdieu. *Meditationen,* S. 18.

also eine Metakritik durch, die nach den in Strukturen bzw. Feldern verankerten Bedingungen der Erzeugungsschemata des Habitus forscht.[40] Wie Kant geht es also auch Bourdieu darum, „gewisse Grenzen des Denkens [...] aufzudecken".[41] Diese kritizistische „Enthüllung"[42] soll dabei keine bloß akademische Übung bleiben, „kein müßiges Unternehmen reiner Spekulation".[43] Die Frage nach den Grenzen des Denkens verfolgt nämlich einen praktischen Zweck.[44] Entgegen der ideologiekritischen Tradition liegt dieser jedoch nicht in der „Denunziation".[45] Und entgegen Kant dient die Identifizierung der Grenzen des Denkens nicht dem Zweck der normativen Fundierung der innerhalb dieser Grenzen befindlichen Überzeugungen. Letzteres ergibt sich aus Bourdieus Quasi-Transzendentalismus. Nach diesem sind die Grenzen des Wissens, die eine soziologische Kritik entdeckt, nicht ahistorisch gezogen, sondern verdanken sich spezifischen Habitus/Struktur-Konstellationen. Deshalb ist es nicht nur möglich, Grenzen zu identifizieren, sondern auch „gegen sie anzugehen".[46] Als Produkte von Geschichte sind Habitus und Struktur „ (wie schwer auch immer) historisch veränderbar".[47] Genau hier setzt der praktische Zweck von Bourdieus Kritizismus ein. So soll die Kritik als emanzipatorische „Wühlarbeit [...] durch Bewußtmachung die Denkkategorien verändern".[48] Das Aufdecken der unbewußt agierenden Determinanten und Grenzen des Denkens soll Bourdieu zufolge also zu einer Überwindung oder Beherrschung dieser sozial gesetzten Grenzen führen: Es ist „die einzig mögliche Grundlage einer möglichen Freiheit von diesen Determinierungen".[49] Da Bourdieu sein eigenes Denken von alledem nicht ausnimmt, gilt all dies auch für die Soziologie selbst.[50] D. h. auch die soziologische Reflexion auf die sozialen Bedingungen der Möglichkeit von Erkenntnis unterliegt

---

[40] Vgl. Bourdieu. Leçon sur la leçon; Bourdieu, Pierre. 1993. Narzißtische Reflexivität und wissenschaftliche Reflexivität. In *Kultur, Soziale Praxis, Text*, hrsg. Eberhard Berg und Martin Fuchs. Frankfurt am Main: Suhrkamp, S. 365–374; Bourdieu. *Science of Science and Reflexivity*, S. 85 ff.; Bourdieu. *Sozialer Sinn*, S. 246 ff.

[41] Bourdieu. *Meditationen*, S. 10 f.

[42] Bourdieu. *Meditationen*, S. 10.

[43] Bourdieu. *Meditationen*, S. 64.

[44] Bourdieu. *Meditationen*, S. 64.

[45] Bourdieu. *Meditationen*, S. 64.

[46] Bourdieu. *Meditationen*, S. 11.

[47] Bourdieu. Sozialer Raum und »Klassen«, S. 37.

[48] Bourdieu. *Sozialer Sinn*, S. 257.

[49] Bourdieu und Wacquant. Die Ziele der reflexiven Soziologie, S. 249; vgl. Bourdieu. *Science of Science and Reflexivity*, S. viiif.

[50] Vgl. Bourdieu. Leçon sur la leçon, S. 59 f.

sozialen Aprioris. Daher muss auch sie ihre eigene soziale Bedingtheit kritizistisch hinterfragen, denn erst so kann sie ihre „Erkenntnis durch Befreiung von den Verzerrungen, die ihr von den epistemologischen und sozialen Bedingungen ihrer Hervorbringung aufgezwungen werden, vollständig […] begründen".[51]

In diesem letzten Zitat zeigt sich bereits, warum Bourdieu eine Überwindung der Grenzen des Denkens überhaupt für notwendig erachtet: Sie führen zu Verzerrungen. Dies wiederum bringt Bourdieu nun doch in eine eigentümliche Nähe der Ideologiekritik und des fundierenden Kantianismus. Denn in Übereinstimmung mit Kant geht Bourdieu davon aus, seine Kritik könne (sozialwissenschaftliches) Wissen „vollständig […] begründen".[52] Und in Übereinstimmung mit der Ideologiekritik scheint Bourdieu nun doch davon auszugehen, dass sich das Soziale in Form von Habitus/Struktur-Konstellationen delegitimierend auf das Denken auswirkt.[53] Zumindest was letzteres betrifft, trügt der Schein: „Im Bereich des Denkens gibt es, wie Nietzsche bemerkte, keine unbefleckte Empfängnis; es gibt hier aber auch keine Erbsünde".[54] Die Erkenntnis kennt deshalb keine unbefleckte Empfängnis, da Erkennen immer gebunden ist an eine historisch spezifische Habitus/Feld-Konstellation. Diese Einsicht in die soziale Bedingtheit allen Denkens versteht Bourdieu jedoch nicht als Erbsünde, d. h. nicht als einen zweifelnden Einwand gegen das Erkenntnisvermögen von Akteuren. Dass es sich

---

[51] Bourdieu. *Sozialer Sinn*, S. 53.

[52] Bourdieu. *Sozialer Sinn*, S. 53.

[53] Dies tritt besonders dann zum Vorschein, wenn Bourdieu Formulierungen wie die folgende wählt. An einer Stelle spricht er davon, dass das Ziel seines Kritizismus darin besteht, sich von den „unerwünschten Auswirkungen" zu lösen, die Habitus und Struktur „auf das Denken ausüben" können (Bourdieu. *Meditationen*, S. 135). Hier scheint es, dass Habitus und Struktur dem Denken als ein verzerrender Faktor gegenübergestellt werden wie die Basis dem Überbau (vgl. 3.1.2). Statt jedoch zu sagen, dass sich Habitus und Struktur auf das Denken auswirken, müsste man Bourdieus Theorie folgend sagen, dass Habitus und Struktur das Denken sind. Vgl. bzgl. der Nähe zur Ideologiekritik auch Habermas, der die Ideologiekritik an einer Stelle in nahezu den selben Worten definiert wie Bourdieu seinen soziologischen Kritizismus: „ [Eine kritische Sozialwissenschaft] bemüht sich […] zu prüfen, wann die theoretischen Aussagen invariante Gesetzmäßigkeiten des sozialen Handelns überhaupt und wann sie ideologisch festgefrorene, im Prinzip aber veränderliche Abhängigkeitsverhältnisse erfassen. Soweit das der Fall ist, rechnet die *Ideologiekritik,* ebenso übrigens wie die *Psychoanalyse,* damit, daß die Information über Gesetzeszusammenhänge im Bewußtsein des Betroffenen selber einen Vorgang der Reflexion auslöst; dadurch kann die Stufe unreflektierten Bewußtseins, die zu den Ausgangsbedingungen solcher Gesetze gehört, verändert werden" (Habermas. Erkenntnis und Interesse, S. 158 f.). Auch hier soll also die Kritik allein „durch Bewußtmachung die Denkkategorien verändern" (Bourdieu. *Sozialer Sinn*, S. 257).

[54] Bourdieu. *Meditationen*, S. 10.

bei den Denkweisen einer bestimmten Habitus/Struktur-Konstellation um Irrtümer handelt, begründet Bourdieu also nicht durch die soziale Bedingtheit dieser
Denkweisen, sondern meist unter Rückgriff auf eigene Forschung.

Nehmen wir dafür das Beispiel seiner Kritik der scholastischen Vernunft.
Bourdieu geht es dort um die Identifierung der Grenzen und Bedingungen des
scholastischen Denkens. Dieses Denken ergibt sich aus der von ökonomischen
Zwängen weitesgehend befreiten Situierung im sozialen Raum, die der akade-
mischen Schicht zu eigen ist.[55] Es zeichnet sich durch „die vorübergehende
Aufhebung jeglicher Existenzthese und jeglicher praktischen Intention", sowie
durch ein ernsthaftes Spielen („spoudaiôs paizein") aus, das „sich ernsthaft mit
Problemen beschäftigt, die die ernsthaften und wirklich beschäftigten Leute igno-
rieren".[56] Dies ist gerade deshalb möglich, weil die Scholastikerinnen diejenigen
Probleme ignorieren können, mit denen die ernsthaft und wirklich beschäftigten
Leute zu tun haben. Bezüglich dieses Denkens heißt es bei Bourdieu, der „scho-
lastische »Automatismus«" sei „ein systematischer Erzeuger von Irrtümern".[57]
Weil die scholastischen Schemata also zu Irrtümern führen, bedarf es einer
Reflexion auf die sozialen Bedingungen des scholastischen Denkens und einer
Überwindung dieser Grenzen. Bourdieu nennt genau drei Irrtümer, die jeweils im
Bereich der Erkenntnis, der Ethik und der Ästhetik anzutreffen sind.[58] Der Form
nach wiederholen alle drei den selben Fehler auf unterschiedlichen Gebieten:

> Die drei Formen des Irrtums beruhen auf demselben Prinzip, nämlich der Verallge-
> meinerung eines Sonderfalles, das heißt auf die Weltsicht, die durch eine besondere
> soziale Bedingung begünstigt und autorisiert wird, und auf dem Vergessen oder Ver-
> drängen der sozialen Bedingungen ihrer Möglichkeit.[59]

Dass es sich dabei um Irrtümer handelt, begründet Bourdieu jedoch nicht durch
die soziale Bedingtheit. Immerhin bringt das scholastische Denken nicht nur
systematisch Irrtümer hervor, sondern führte auch „zu den kostbarsten Errungenschaften der Menschheit".[60] Die Irrtumhaftigkeit ergibt sich vielmehr daraus,
dass das scholastische Denken Theorien formuliert, die Bourdieu zufolge aus

---

[55] Vgl. Bourdieu, Pierre. 1989/1998. Die scholastische Sicht. In *Praktische Vernunft. Zur
Theorie des Handelns*. Frankfurt am Main: Suhrkamp, S. 203–218.
[56] Bourdieu. Die scholastische Sicht, S. 204.
[57] Bourdieu. *Meditationen*, S. 64.
[58] Vgl. Bourdieu. *Meditationen*, S. 64 ff.
[59] Bourdieu. *Meditationen*, S. 65.
[60] Bourdieu. *Meditationen*, S. 64.

angebbaren Gründen falsch sind, d. h. den Daten widersprechen, keine befriedigende Sozialtheorie formulieren etc. So wäre z. B. die Verallgemeinerung einer scholastischen Disposition, die unterstellt, dass auch die erforschten Akteure nur an „Problemen um des Vergnügens ihrer Lösung willen" interessiert sind, nicht deshalb falsch, weil es sich um eine sozial bedingte Überzeugung handelt, sondern weil die Akteure in Wirklichkeit mit Problemen zu tun haben, die „von den Notwendigkeiten des Lebens gestellt werden".[61]

Aber wie dem auch sei. Für den Fortgang unseres Arguments ist die Rekonstruktion einer konkreten von Bourdieu durchgeführten Kritik nicht sonderlich entscheidend, denn der im folgenden Teil vorgestellte Versuch Bourdieus, den relativistischen Tendenzen der Wissenssoziologie zu entkommen, ist anders gebaut ist als sein soeben rekonstruierter Kritizismus. Wirklich entscheidend für den weiteren Verlauf ist vor allem, dass Bourdieus Theorie der Praxis in ihrer wissenssoziologischen Fassung einen Quasi-Transzendentalsimus formuliert.

4.2   Eine historische Fundierung wissenschaftlichen Wissens

4.2.1 Bourdieus Fundierungsversuch

Nachdem die Theorie der Praxis als Quasi-Transzendentalismus rekonstruiert wurde, soll im Folgenden Bourdieus Fundierungsversuch des wissenschaftlichen Wissens diskutiert werden. Damit versucht Bourdieu gegen die relativistischen Konsequenzen zu argumentieren, die mit einer Soziologisierung des Wissens scheinbar notgedrungen einhergehen. Das Argument dieses Teils wird sein, dass Bourdieus Fundierungsversuch aufgrund seines Quasi-Transzendentalismus scheitert.

Gegen Ende seines Werkes unternimmt Bourdieu den Versuch, Wissen in der Funktionsweise des wissenschaftlichen Feldes normativ zu fundieren. So beginnt Bourdieus letzte Vorlesungsreihe mit folgender Frage:

> The question I want to pose is somewhat paradoxical: can social science not help to resolve a problem that it has itself brought up [...] – the problem posed by the historical genesis of supposedly trans-historical truths? How is it possible for a historical activity, such as scientific activity, to produce trans-historical truths, independent of

---

[61] Bourdieu. Die scholastische Sicht, S. 205, vgl. 207.

history, detached from all bonds with both place and time and therefore eternally and universally valid?[62]

Die Frage lautet dabei nicht, ob wissenschaftliche Praxis trans-historische Wahrheiten produzieren kann, sondern wie dies möglich ist. Es geht Bourdieu also nicht um die Wirklichkeit der Produktion trans-historischer Wahrheiten, diese wird vorausgesetzt, sondern klassisch kantianisch um ihre Möglichkeit.[63] Antworten auf diese Frage nahmen Bourdieu zu Folge stets „theological or crypto-theological solutions" an.[64] Zunächst stellte nämlich Gott die universelle Geltung trans-historischer Wahrheiten sicher.[65] Nachdem dies jedoch zunehmend unplausibel erschien, suchte man nach anderen Trägern, die Gottes Funktion übernehmen sollten: z. B. das transzendentale Ego Kants oder die universellen Strukturen der Sprache bei Habermas.[66] Bourdieu fragt sich nun: Wenn man diese krypto-theologische Suche nach einem Fundament von Erkenntnis aufgibt, lässt sich dann immer noch an Wahrheit festhalten? Oder anders formuliert: „Does the radical historicism which is a radical form of the death of God and all his avatars not lead one to destroy the very idea of truth, and so entail its own self-destruction?"[67] Soziologinnen, so beklagt Bourdieu, tendieren dazu, die erste Frage zu verneinen und die zweite zu bejahen. Damit affimieren sie „relativistic, even nihilistic, theories".[68] Aber, so wendet Bourdieu ein:

> There is nothing inevitable about this conclusion, and one can, in my view, combine a realistic vision of the scientific world [i.e. a sociology of science] with a realist theory of knowledge. This is on condition that one performs a twofold break with both terms of the *epistemological couple* formed by logicist dogmatism and relativism which seems inscribed in the historicist critique.[69]

---

[62] Bourdieu. *Science of Science and Reflexivity*, S. 1. An anderer Stelle heißt es analog: „Eine realistische Sicht der Geschichte verbietet es, die unüberwindlichen Grenzen der Geschichte fiktiv zu überschreiten, und veranlaßt zu der Prüfung, wie und unter welchen historischen Bedingungen überhistorische, nicht auf Geschichte reduzierbare Wahrheiten entstehen können" (Bourdieu. *Meditationen*, S. 138).

[63] Vgl. Schatzki, Theodore. 2006. Book Review: Science of Science and Reflexivity. In *Philosophy of the Social Sciences* 36, S. 496–507, hier: S. 499.

[64] Bourdieu. *Science of Science and Reflexivity*, S. 2.

[65] Vgl. Descartes. *Meditationen über die erste Philosophie*.

[66] Bourdieu. *Science of Science and Reflexivity*, S. 2.

[67] Bourdieu. *Science of Science and Reflexivity*, S. 2.

[68] Bourdieu. *Science of Science and Reflexivity*, S. 3.

[69] Bourdieu. *Science of Science and Reflexivity*, S. 3.

Bourdieu möchte also sowohl an radikaler Historisierung und Soziologisierung festhalten, als auch an trans-historischer Wahrheit. Dies soll gewährleistet werden durch eine Überwindung der „gemeinhin akzeptierten Alternative: des »logizistischen« Absolutismus, der beansprucht, der wissenschaftlichen Methode »logische Grundlagen« a priori zu geben, und des »historizistischen« oder »psychologistischen« Relativismus".[70] Nach dieser falschen Alternative beruhe Erkenntnis entweder auf a priorischen Grundlagen, womit die Geltung wissenschaftlichen Wissens ahistorisch fundiert wäre, oder die Geltung von Erkenntnis variiert stetig nach historischen, psychologischen oder sozialen Bedingungen. Den Anspruch auf (universelle) Geltung zu erheben, wäre vor diesem Hintergrund ein illusionäres Unterfangen. Einen Ausweg aus diesem Dilemma sieht Bourdieu paradoxerweise in der Historisierung selbst, was ihn zur Formulierung seines *rationalistischen Historizismus* führt:

> Es ist Sache dieser [mit der Geschichte befassten] Wissenschaften, die Notwendigkeit oder die streng historische Berechtigung separater (und privilegierter) Mikrokosmen, in denen Aussagen über die Welt erarbeitet werden, die auf Allgemeingültigkeit Anspruch erheben, nicht in der Vernunft, sondern, wenn man so sagen darf, historisch zu fundieren: *in historischer Vernunft.*[71]

Bourdieus Ausweg besteht also darin, Aspekte der beiden, für sich genommen jeweils abzulehnenden Positionen, in einem Ansatz zu vereinen: Die Erkenntnis derjenigen „Mikrokosmen", d.i. Felder, in denen ein Anspruch auf Allgemeingültigkeit erhoben wird, muss *fundiert* werden. Dies allerdings nicht unter Rückgriff auf a priorische Grundlagen, sondern unter Rückgriff auf die *Geschichte,* welche somit gerade nicht der Relativierung von Wissensansprüchen dient. Vom logizistischen Absolutismus übernimmt er demnach die Idee, Erkenntnis bedürfe einer Fundierung, um dem Skeptizismus zu entgehen. Mit dem historizistischen Relativismus stimmt er dahingehend überein, dass es keine a priorischen Grundlagen der Erkenntnis geben kann, die der Geschichte enthoben wären. Das Ergebnis besteht in dem paradox anmutenden Versuch einer *historischen Fundierung* des wissenschaftlichen Feldes in historischer Vernunft.

Bourdieu möchte also eine Position formulieren, die folgende Aussagen widerspruchsfrei affimieren kann:

(a) „die wissenschaftliche Vernunft [ist] ein Produkt der Geschichte".[72]

---

[70] Bourdieu. *Meditationen,* S. 136.

[71] Bourdieu. *Meditationen,* S. 135.

[72] Bourdieu. *Meditationen,* S. 135.

(b) unter den spezifischen historischen Bedingungen des autonomen wissenschaftlichen Feldes konnten „überhistorische, nicht auf Geschichte reduzierbare Wahrheiten entstehen".[73]

Der logizistische Absolutismus widerspricht (a), indem er a priori Grundlagen der Wissenschaft postuliert und der historistische Relativismus lehnt (b) ab, indem er auf (a) verweist. Bourdieu versucht nun eine dritte Position zu formulieren, indem er auf das „Doppelgesicht der wissenschaftlichen Vernunft" aufmerksam macht.[74] Einerseits ist das wissenschaftliche Feld ein Feld wie jedes andere.[75] Andererseits weist es eine Spezifität auf, die es von den anderen Feldern grundlegend unterscheidet:

> Die Felder der Wissenschaft […], die in mancher Hinsicht – Konzentrationen von Macht und Kapital, Monopole, Machtbeziehungen, egoistische Interessen, Konflikte usw. – soziale Welten sind wie die anderen auch, bilden *in anderer Hinsicht* exzeptionelle, ein wenig wundersame Universen, in denen die Notwendigkeit der Vernunft in der Wirklichkeit der Strukturen und Dispositionen Gestalt gewonnen hat […].[76]

Damit widerspricht Bourdieu einer weiteren falschen Alternative, die einen vor die Wahl stellt, entweder zu akzeptieren, dass die Wissenschaft der geregelte Austausch guter Gründe ist oder zuzugestehen, dass es bei ihr um die bloße Durchsetzung von Machtinteressen geht. Bourdieu vertritt nämlich weder die Auffassung, Wissenschaft wäre ein „einzig der »Kraft des besseren Arguments« gehorchende[r] intellektuelle[r] Austausch[.]", noch möchte er einer „darwinistischen oder nietzscheanischen Vorstellung" das Wort reden, nach der „alle Beziehungen der Vernunft (und Wissenschaft) brutal auf solche der Macht und der Durchsetzung von Interessen reduziert" werden.[77] Dieser zweiten falschen Alternative möchte Bourdieu entgehen, indem er die Gleichzeitigkeit von Macht und guten Gründen denkt. Dies gelingt Bourdieu, indem er zwischen einer generellen und einer spezifischen Dimension des wissenschaftlichen Feldes unterscheidet. So ist das wissenschaftliche Feld nur „in seiner generellen Dimension" ein Feld

---

[73] Bourdieu. *Meditationen*, S. 138.

[74] Bourdieu. *Meditationen*, S. 138.

[75] Vgl. Bourdieu und Wacquant. Die Ziele der reflexiven Soziologie, S. 124 ff.; Bourdieu, Pierre. 1983/2005. Ökonomisches Kapital – Kulturelles Kapital – Soziales Kapital. In *Die verborgenen Mechanismen der Macht. Schriften zu Politik & Kultur 1*. Hamburg: VSA-Verlag, S. 49–79.

[76] Bourdieu. *Meditationen*, S. 139.

[77] Bourdieu. *Meditationen*, S. 139. Vgl. auch Brandoms Begriff der radikalen Genealogie in (Abschn. 3.2.1).

wie jedes andere, in dem es um Macht- und Kapitalanhäufung geht.[78] „In seiner spezifischen Dimension jedoch unterscheidet es sich von allen anderen Feldern" und zwar insofern, als sich die Machtkämpfe und Kapitalanhäufungen den rationalen Zwängen der logischen Begründung, des Experiments und der Erfahrung unterwerfen müssen.[79] Die wissenschaftlichen Akteure müssen also „ihre *libido dominandi* zu einer *libido sciendi* [...] sublimieren".[80]

Wie bereits erwähnt geht Bourdieu davon aus, dass diese Einsicht in die der Wissenschaft „eigenen Duplizität" nicht nur die falsche Alternative zwischen einer habermaschen und einer darwinistischen Sicht hinter sich lässt.[81] Auch soll diese Einsicht die Möglichkeit trans-historischer Wahrheiten soziologisch erklären und damit die falsche Alternative von historistischen Relativismus und logizistischen Absolutismus überwinden:

> It is because the scientific field is, in some respects, a field like others, but one which obeys a specific logic, that it is possible to understand, without appealing to any form of transcendence, how it can be the historical site where trans-historical truths are produced. The first and probably most fundamental of the distinctive properties of the scientific field is, as we have seen, its (more or less total) closure, which means that each researcher tends to have no other audience than the researchers most capable of listening to him but also criticizing and even refuting and disproving him. The second [...] is the fact that the scientific struggle [...] is aimed at the monopoly of the scientifically legitimate representation of the 'real' and that researchers, in their confrontation, tacitly accept the *arbitration of the 'real'* [...].[82]

Bourdieus Grundidee besteht also darin, dass „the objective truth of the product – even in the case of that very particular product, scientific truth – [...]"

---

[78] Bourdieu. *Meditationen*, S. 140. Dabei geht es im wissenschaftlichen Feld um die Erwirtschaftung wissenschaftlichen Kapitals, d. h. um Anerkennung in Form von Zitationen, Preisen, Prestige, aber auch um administratives Kapital, d. h. um Positionen, Verfügung über Fördergelder etc. (vgl. Bourdieu. *Science of Science and Reflexivity,* S. 55; Schatzki. Book Review: Science of Science and Reflexivity, S. 496 f.).

[79] Bourdieu. *Meditationen*, S. 140.

[80] Bourdieu. *Meditationen*, S. 142; vgl. Lundberg, Henrik. 2012. ‚Science of Science', Reason, and Truth: Bourdieu's Failed Case against Cognitive Relativism. In *Distinktion: Scandinavian Journal of Social Theory* 13, S. 169–186, hier: S. 175; Kim, Kyung-Man. 2009. What Would a Bourdieuan Sociology of Scientific Truth Look Like? In *Social Science Information* 48, S. 57–79, hier: S. 67.

[81] Bourdieu. *Meditationen*, S. 140.

[82] Bourdieu. *Science of Science and Reflexivity,* S. 69.

in a particular type of social condition of production" begründet liegt.[83] Die Produktionsbedingungen, die zur Produktion trans-historischer Wahrheiten führen sollen, sind die Bedingungen der spezifischen Dimension des wissenschaftlichen Feldes; insbesondere die zwei fundamentalen Merkmale, auf die Bourdieu im obigen Zitat hinweist: *closure* und *arbitration of the real*.[84] Weil also das wissenschaftliche Feld eine innere Duplizität aufweist und ihre spezifische Dimension trans-historische Wahrheiten ermöglicht, soll sich Bourdieus Position der falschen Alternative des historistischen Relativismus und des logizistischen Absolutismus entziehen. Aber was genau versteht Bourdieu unter *closure* und *arbitration of the real* und wie soll aufgrund dieser Spezifitäten trans-historische Wahrheit garantiert werden?

Wenn Bourdieu von der „closure (or competition among peers)" des wissenschaftlichen Feldes spricht, dann bezieht er sich auf eine notwendige Voraussetzung der Autonomie der modernen Wissenschaft.[85] Erst mit einem ansteigenden „*price of entry*" zum Feld konnte die Wissenschaft (relative) Autonomie erlangen.[86] Als wissenschaftliche Akteure werden demnach nur diejenigen akzeptiert, die erstens bestimmte Kompetenzen aufweisen können, die sich in einem zum Habitus gewordenen Spielsinn für das wissenschaftliche Feld ausdrücken (experimentelle, mathematische, begriffliche etc. Kompetenzen), sowie zweitens einen Glauben an den Wert des Spiels *(illusio)* besitzen.[87] Dieser Glaube zeichnet sich vor allem durch ein Interesse an „disinterestedness" aus; durch ein Interesse an distanzierter Beobachtung, das davon ausgeht, dass nicht der Wille des Einzelnen, sondern die Wirklichkeit über die Richtigkeit einer Theorie oder These bestimmt.[88] Beide Aspekte zusammengenommen führen dazu, dass die wissenschaftlichen Feldakteure „kein externes Publikum, sondern [...] nur noch die

---

[83] Bourdieu, Pierre. 1975. The Specificity of the Scientific Field and the Social Conditions of the Progress of Reason. In *Social Science Information* 14, S. 19–47, hier: S. 19.

[84] Kale-Lostuvali, Elif. 2015. Two Sociologies of Science in Search of Truth: Bourdieu Versus Latour. *Social Epistemology*. https://doi.org/10.1080/02691728.2015.1015062, S. 1–24, hier: S. 8 f. rekonstruiert die folgenden drei: „closure, specific aim and collective equipment". Wir beschränken uns auf die von Bourdieu selbst hervorgehobenen Eigenschaften (vgl. Lundberg. ‚Science of Science', Reason, and Truth, S. 174).

[85] Bourdieu. *Science of Science and Reflexivity*, S. 70.

[86] Bourdieu. *Science of Science and Reflexivity*, S. 50. Vgl. Bourdieu. *Meditationen*, S. 143.

[87] Bourdieu. *Science of Science and Reflexivity*, S. 51 f.

[88] Bourdieu. *Science of Science and Reflexivity*, S. 53. Vgl. Bourdieu. *Meditationen*, S. 143 f.

eigenen Konkurrenten als Klienten und Adressaten haben".[89] Diese Adressaten sind also kein gehorsames Publikum, sondern „the most rigorous and vigorous competitors, the most competent and the most critical, those therefore most *inclined* and most *able* to give their critique full force".[90] Aufgrund der Eintrittsgebühr in das Feld handelt es sich bei den Adressaten um die begabtesten Kritikerinnen; aufgrund des gemeinsamen Glaubens an das Spiel, sowie der kompetitiven Grundstruktur des wissenschaftlichen Feldes, nach der um Anerkennung und wissenschaftliches Kapital gewirtschaftet wird, handelt es sich bei den Adressaten um *peers,* die „am wenigsten zu Gefälligkeitsurteilen neigen".[91] Jeder einzelne Feldakteur ist also darauf disponiert, eigene Wahrheitsansprüche aufzustellen und die der anderen zu kritisieren, um der Wirklichkeit gerecht zu werden und Anerkennung in Form von wissenschaftlichen Kapital anhäufen zu können. Deshalb soll *closure* als historisch inkorporierte und institutionalisierte Logik des wissenschaftliches Feldes und seiner Akteure, „zu einer Kritik [führen], die durch Widerlegungen, Korrekturen, Zusätze die Vernunft weiterbringt" und dadurch ahistorische Wahrheiten ermöglicht.[92]

Auf die zweite wahrheitsverbürgende Spezifität des wissenschaftlichen Feldes, die *arbitration of the real,* sind wir bereits kurz eingegangen. Kurz gesagt: Der wissenschaftliche Kampf um die legitime Überzeugung stimmt darin überein, dass „als eine Art letzten Schiedsrichter das Urteil der Erfahrung, also der »Wirklichkeit«" anerkannt wird.[93] Letztlich entscheidet also nicht dieser oder jener Akteur über die Legitimität einer Aussage, sondern die Wirklichkeit. Dies steht natürlich in der Tradition des erkenntnistheoretischen Bildes, nach dem die Legitimität einer Aussage in ihrer repräsentationalen Übereinstimmungsbeziehung mit der Wirklichkeit begründet liegt. Die Idee, Wirklichkeit könne legitimierend auf Überzeugungen wirken, ist der Kern repräsentationalistischen Denkens (vgl. Abschn. 2.2.2). Hierzu gleich mehr.

Zusammenfassend geht Bourdieu davon aus, dass er die Möglichkeit transhistorischer Wahrheiten, „independent of history, detached from all bonds with both place and time and therefore eternally and universally valid", durch die Produktionsbedingungen der spezifischen Dimension des wissenschaftlichen Feldes

---

[89] Wehling, Peter. 2014. Reflexive Autonomie der Wissenschaft. Eine feldtheoretische Perspektive mit und gegen Bourdieu. *Zeitschrift für Theoretische Soziologie. Autonomie revisited. Beiträge zu einem umstrittenen Grundbegriff in Wissenschaft, Kunst und Politik,* S. 62–87, hier: S. 77.

[90] Bourdieu. *Science of Science and Reflexivity,* S. 54.

[91] Bourdieu. *Meditationen,* S. 143.

[92] Bourdieu. *Meditationen,* S. 143.

[93] Bourdieu. *Meditationen,* S. 143 f. Vgl. Bourdieu. *Science of Science and Reflexivity,* S. 69.

garantiert hat.[94] Trans-historische Wahrheiten sind möglich aufgrund der strengen Kontrollmechanismen des wissenschaftlichen Feldes. Die Überzeugungen, die diese Mechanismen durchlaufen und überstehen, gelten als trans-historische Wahrheiten.

An Einwänden gegen den soeben skizzierten Fundierungsversuch mangelt es nicht.[95] Eine Zurückweisung, die den Fehler Bourdieus in den Voraussetzungen lokalisiert, die er von dem Bild des Spiegel der Natur übernommen hat, wurde bislang allerdings noch nicht formuliert. So ließe sich zunächst einwenden, dass Bourdieus Versuch, die Legitimität wissenschaftlichen Wissens in den Produktionsbedingungen des empirisch erkennbaren wissenschaftlichen Feldes zu fundieren, die erkenntnistheoretische Verwechslung von Rechtfertigung und Erklärung voraussetzt. Denn auch Bourdieu gedenkt normative Fragen nach der Geltung einer Überzeugung durch eine deskriptiv-erklärende Beobachtung zu beantworten. Entgegen der ideologiekritischen Tradition möchte er jedoch keine delegitimierende Erklärung formulieren und auch entgegen seines eigenen Kritizismus (vgl. Abschn. 4.1.2), geht es nicht um die Überwindung der identifizierten *„socio-transcendental conditions of knowledge".*[96] In Übereinstimmung mit Kant geht es Bourdieu stattdessen um die normative Fundierung derjenigen Überzeugungssysteme, die innerhalb der sozio-transzendentalen Bedignungen von Wissen liegen. Statt jedoch die Geltung in den Produktionsbedingungen des transzendentalen Ichs zu fundieren, sollen bei Bourdieu die wissenschaftlich erklärbaren Mechanismen des wissenschaftlichen Feldes diese Leistung übernehmen. Trotz aller Differenzen bleibt damit auch Bourdieu dem Grundmodell einer Verwechslung von *justification* und *explanation* verhaftet (vgl. Abschn. 2.2). Nur diese Vorannahme macht es plausibel, von einer wissenschaftlichen Einzeldisziplin eine Fundierung von Wissen zu erwarten. Aber obgleich diese Verwechslung neben der Innen/Außen-Unterscheidung die zweite zentrale Eigenschaft des Bildes vom Spiegel der Natur ist (vgl. Abschn. 2.1), soll sie uns an dieser Stelle nicht weiter interessieren.[97] Entscheidender scheint eine immanente Kritik an Bourdieu zu

---

[94] Bourdieu. *Science of Science and Reflexivity,* S. 1.

[95] Vgl. Sismondo, Sergio. 2011. Bourdieu's Rationalist Science of Science: Some Promises and Limitations. In *Cultural Sociology* 5, S. 83–97; Wehling. Reflexive Autonomie der Wissenschaft; Kale-Lostuvali. Two Sociologies of Science in Search of Truth; Lundberg. ‚Science of Science', Reason, and Truth. Schatzki. Book Review: Science of Science and Reflexivity.

[96] Bourdieu. *Science of Science and Reflexivity,* S. 79.

[97] Sie bedürfte gerade in Bezug auf Bourdieu einer eingehenden Diskussion, da dieser davon ausgeht, das wissenschaftliche Feld ließe sich nur verstehen, wenn man die Unterscheidung von *reasons* und *causes* aufgibt: „We can understand the specific logic of the scientific field

sein. Diese läuft darauf hinaus, dass das Argument gegen den Relativismus aufgrund von Bourdieus Quasi-Transzendentalismus scheitert. Statt einer Fundierung wissenschaftlichen Wissens, mündet Bourdieus Versuch in einer Reformulierung des *veils-of-society skepticism* als *veils-of-habitus/field skepticism*. Auch hier setzt sich also die repräsentationalistische Oszillation zwischen Fundamentalismus und Skeptizismus fort (vgl. Abschn. 2.2).

Dafür orientieren wir uns zunächst an der Kritik von Wehling.[98] Dieser richtet sich direkt gegen Bourdieus Argument, *closure* und *arbitration of the real* würden trans-historische Wahrheiten ermöglichen. Das *closure*-Argument kritisiert er dahingehend, dass Bourdieu in seinen Schriften zur Wissenschaft implizit annehmen muss, die zum Eintrittspreis erhobenen Kompetenzkriterien seien allgemeine Kriterien der Vernunft.[99] Explizit betont Bourdieu jedoch stets, dass Felder nur die „Durchsetzung und Anerkennung eines *bestimmten* Kompetenz- oder Zugehörigkeitskriteriums" voraussetzen.[100] Wenn jedoch *bestimmte* und das heißt kontingente Kriterien die Zulassung zum Feld und dessen argumentative Kämpfe beschränken, dann sieht Wehling nicht, wie *closure* allein ein Prüfstein für die Produktion trans-historischer Wahrheiten sein soll.[101] Plausibel wäre dies Wehling zufolge nur, wenn Bourdieu eine „realistische Epistemologie" vertritt – wir würden sagen: repräsentationalistisch –, nach der „die Überprüfung und Korrektur von Aussagen an der ‚Realität'" die Möglichkeit trans-historischer Wahrheiten sicherstellen soll.[102] Mit der zweiten Spezifität des wissenschaftlichen Feldes, der *arbitration of the real,* vertritt Bourdieu genau solch eine Vorstellung: Letztlich entscheidet die Übereinstimmung mit der Wirklichkeit über die Legitimität einer im wissenschaftlichen Feld umkämpften Theorie.

An dieser Stelle begegnen wir Bourdieus Quasi-Transzendentalismus. Zunächst gilt es festzuhalten, dass auch Bourdieus Kantianismus nicht naiv von

---

only by transcending the scholastic alternative between causes and reasons that tends to view any realistic consideration of the social determinations of cultural production as a historicist plot" (Bourdieu, Pierre. 1991. The Peculiar History of Scientific Reason. In *Sociological Forum* 6, S. 3–26, hier: S. 21). Was man jedoch aufgeben muss ist nicht die Unterscheidung von Gründen und Ursachen, sondern lediglich die Idee eines ausschließenden Entweder-Oders.

[98] Wehling. Reflexive Autonomie der Wissenschaft.

[99] Wehling. Reflexive Autonomie der Wissenschaft, S. 77.

[100] Bourdieu und Wacquant. Die Ziele der reflexiven Soziologie, S. 130; Herv. F.B.

[101] Vgl. Wehling. Reflexive Autonomie der Wissenschaft, S. 78.

[102] Wehling. Reflexive Autonomie der Wissenschaft, S. 78.

einer objektiven Wirklichkeit sprechen kann, die als epistemischer „Schiedsrichter" fungiert.[103] Schließlich zeichnet sich die kopernikanische Wende gerade dadurch aus, Objektivität in Subjektivität zu gründen. Diese Idee rekonstruierend formuliert Bourdieu: Nach Kant ist Objektivität „based on the agreement of transcendental consciousnesses which, having the same cognitive structures, are universally attuned to the same universal. Objectivity, truth, knowledge do not refer to a relationship between the human mind and a reality independent of the mind".[104] Auch wenn es auf den ersten Blick so scheint, impliziert der letzte Satz noch keine Aufgabe des Bildes vom Spiegel der Natur. Kant gibt nämlich nicht die Idee einer Wahrheitsrelation zwischen Bewusstsein und Wirklichkeit auf, sondern die Idee, dass es sich bei dieser Wirklichkeit um „a reality *independent of the mind*" handelt.[105] Diejenige Wirklichkeit, die in einer repräsentationalen Übereinstimmungsbeziehung mit menschlichen Vorstellungen stehen kann, muss Kant zufolge nämlich erst aus den sinnlichen Inputs und durch die Anschauungsformen und Kategorien des transzendentalen Subjekts konstituiert werden. Dies übernimmt auch Bourdieu, wenn er im Anschluss an Durkheim die kopernikanische Wende soziologisiert. So konstituieren nach Bourdieu nicht die Kategorien und Anschauungsformen, sondern der Habitus und die Struktur bzw. das Feld die zu erkennende Wirklichkeit.[106] Die Wirklichkeit also, die als Schiedsrichter über den argumentativen Sieg im wissenschaftlichen Feld entscheidet, ist eine von einer bestimmten Habitus/Feld-Konstellation konstituierte Wirklichkeit:

> Diese »objektive Wirklichkeit«, auf die alle sich ausdrücklich oder stillschweigend beziehen, ist letztlich nichts anderes als das, was die in dem jeweiligen Feld tätigen Forscher zu einem gegebenen Zeitpunkt als solche zu erachten übereinkommen, und sie tritt in diesem Feld nur durch die *Vorstellungen* in Erscheinung, die diejenigen von ihr geben, die sich auf ihren Schiedsspruch berufen.[107]

Dem fügt Bourdieu hinzu, dass

---

[103] Bourdieu: *Meditationen*, S. 143.

[104] Bourdieu. *Science of Science and Reflexivity*, S. 78. Bourdieu selbst spricht davon, Kant hätte Objektivität in Intersubjektivität gegründet. Die Rede von *transcendental consciousnesses* verdeutlicht dies nochmal. Freilich tritt das transzendentale Subjekt bei Kant nicht im Plural auf, stattdessen verfügt jedes vernunftbegabte Wesen über das selbe transzendentale Bewusstsein. U.E. ist dies jedoch ein Unterschied, der in Bezug auf unser Argument keinen Unterschied macht.

[105] Bourdieu. *Science of Science and Reflexivity*, S. 78; Herv. F.B.

[106] Bourdieu. *Science of Science and Reflexivity*, S. 78 f.

[107] Bourdieu. *Meditationen*, S. 144.

die Konkurrenten sich auf die Prinzipien verständigen, nach denen die Übereinstimmung mit der »Wirklichkeit« überprüft wird, auf die gemeinsamen Methoden der Validierung von Thesen und Hypothesen, kurz auf die implizite, politische und zugleich kognitive Vereinbarung, die Grundlage und Regel für *die Arbeit an der Objektivierung* darstellt.[108]

In einer Habitus/Feld-Konstellation konstituiert sich also nicht nur eine erscheinde Wirklichkeit, auch teilen die Akteure die Mittel zur Überprüfung, ob zwischen Aussage und Wirklichkeit eine Übereinstimmung vorhanden ist oder nicht. Kurz: die Kriterien der *accuracy* einer Repräsentation, sowie die Methoden zur Überprüfung dieser *accuracy*.

Ohne auf den Kantianismus Bourdieus einzugehen, argumentiert Wehling an dieser Stelle, dass es für den wissenschaftlichen Habitus nur notwendig ist, anzuerkennen, *dass* die Übereinstimmung mit der Wirklichkeit methodisch kontrolliert überprüft werden muss, nicht jedoch „*wie* dies zu geschehen hat".[109] Dem entgegengesetzt können wir Bourdieu gleichermaßen die konsensuelle Einigkeit über die konstituierte Wirklichkeit, sowie die konsensuelle Einigkeit über die Mittel der Überprüfung zugestehen und trotzdem den folgenden Einwand formulieren. Dafür fassen wir das bisher Rekonstruierte in vier Prämissen zusammen:

a) Habitus/Feld-Konstellationen fungieren als historisch variable Bedingungen der Möglichkeit von Erkenntnis.

b) Die Wirklichkeit ist die von einer bestimmten Habitus/Feld-Konstellation konstituierte Wirklichkeit.

c) Die Krtierien der Richtigkeit einer Repräsentation und die Mittel zur Überprüfung, ob eine Aussage mit der Wirklichkeit übereinstimmt, sind Teil einer bestimmten Habitus/Feld-Konstellation.

d) Wahrheit besteht in der Übereinstimmung von Vorstellung und Wirklichkeit.

Gegeben (a)–(d), wieso sichert die in der spezifischen Dimension des wissenschaftlichen Feldes getroffene Einigkeit darüber, dass die Wirklichkeit als Schiedsrichter des wissenschaftlichen Wettkampfs auftritt, trans-historische Wahrheit? Es scheint, als könne Wirklichkeit nur dann als neutraler Schiedrichter auftreten und trans-historische Wahrheit sichern, wenn es sich nicht um eine sozial-konstituierte Wirklichkeit, sondern um eine Wirklichkeit an sich handeln würde.[110] Wir können die Frage noch mehr zuspitzen, indem wir

---

[108] Bourdieu. *Meditationen,* S. 144.

[109] Wehling. Reflexive Autonomie der Wissenschaft, S. 79.

[110] Vgl. Wehling. Reflexive Autonomie der Wissenschaft, S. 82.

darlegen, was genau Bourdieu unter Geschichte versteht. Systematisch operiert Bourdieu nämlich mit der „einverleibten" Geschichte des Habitus, sowie der „objektivierten Geschichte" der Strukturen oder des Feldes.[111] Die Frage nach der Möglichkeit „überhistorische[r], nicht auf Geschichte reduzierbarer Wahrheiten", lässt sich also reformulieren als die Frage nach der Möglichkeit Habitus/Feld-transzendierender Wahrheiten.[112] Wenn jedoch der Habitus als wirklichkeitskonstituierendes Apriori fungiert, fällt es schwer eine Antwort darauf zu finden, wie der Begriff der Habitus/Feld-transzendierenden Wahrheit in Bourdieus Theorie überhaupt unterzubringen ist. Denn sowohl die Kriterien der Übereinstimmung zwischen Vorstellung und Wirklichkeit, als auch Vorstellungen von der Wirklichkeit, sowie die erscheinende Wirklichkeit selbst, verdanken sich den Denk- und Wahrnehmungsschemata des quasi-transzendentalen Habitus, d. h. der Geschichte. Wahrheit, verstanden als Übereinstimmung zwischen Vorstellungen und Wirklichkeit, kann daher nur die Übereinstimmung zwischen einer Habitus/Feld-relativen Vorstellung und einer Habitus/Feld-relativen Wirklichkeit bezeichnen. Eine solche Wahrheit ist gerade nicht trans-historisch, „independent of history, detached from all bonds with both place and time and therefore eternally and universally valid".[113] Eine solche Wahrheit ist geschichtlich durch und durch. Bourdieus Versuch, mit der Unterscheidung zwischen der spezifischen und der generellen Dimension des wissenschaftlichen Feldes, die Möglichkeit trans-historischer Wahrheiten zu sichern, scheitert also deshalb, weil Geschichtlichkeit das wissenschaftliche Feld sowohl in seiner generellen, als auch in seiner spezifischen Dimension durchzieht: als quasi-transzendentaler Habitus und als Struktur.[114]

---

[111] Bourdieu. *Meditationen*, S. 193; vgl. Bourdieu. *Leçon sur la leçon*, S. 69.

[112] Bourdieu. *Meditationen*, S. 138.

[113] Bourdieu. *Science of Science and Reflexivity*, S. 1.

[114] Ähnlich weist Lundberg darauf hin, dass Bourdieu nicht zufriedenstellend auf sein Ausgangsproblem eingeht (vgl. Lundberg. ‚Science of Science', reason, and truth, S. 179 ff.). Das explizit formulierte Problem besteht wie erwähnt darin, die Möglichkeit trans-historischer Wahrheiten soziologisch zu sichern, um dem logizistischen Absolutismus und dem historistischen Relativismus zu entgehen. Dafür macht Bourdieu auf die innere Duplizität des wissenschaftlichen Feldes aufmerksam und argumentiert dafür, dass die spezifische Dimension die Möglichkeit trans-historischer Wahrheiten garantiert. Die Unterscheidung zwischen der spezifischen und der generellen Dimension des wissenschaftlichen Feldes verweist darauf, dass sich im wissenschaftlichen Feld das bessere Argument nicht auf Macht und Kapital reduzieren lässt. Aber, wie Lundberg einwendet, berührt die Nicht-Reduzierbarkeit auf Machtverhältnisse nicht die Möglichkeit einer relativistischen Konzeption von Wissen. In unseren Worten: auch ein quasi-transzendentaler Habitus, der sich nicht auf Machtverhältnisse reduzieren lässt, bleibt ein quasi-transzendentaler Habitus.

Daran ist nun nicht so sehr relevant, dass Bourdieus Versuch scheitert, transhistorische Wahrheiten zu retten. An diesen liegt uns nicht viel. Entscheidender ist, dass Bourdieu die selben Probleme besitzt wie Durkheim und damit in den historistischen Relativismus zurückfällt, den er überwinden möchte. Denn soziologisiert man Erkenntnis und setzt dabei das cartesisch-kantische Grundgerüst voraus, so handelt man sich nicht nur eine Vielzahl verschiedener Kriterien der Richtigkeit, sondern auch eine Vielzahl phänomenaler Welten und Wahrheiten ein (vgl. Abschn. 3.2.2). Statt mit einem *veil-of-ideas skepticism* ist man nun mit einem *veils-of-societies skepticism* konfrontiert, bzw. im Falle Bourdieus mit einem *veils-of-habitus/field skepticism*. Bourdieus Versuch eines soziologisch-kantianischen Arguments gegen die relativistischen Tendenzen der Soziologie des Wissens ist u. E. also deshalb gescheitert, da es überhaupt erst die cartesisch-kantischen Vorausetzungen sind, die für die relativistischen Tendenzen der wissenssoziologischen Tradition verantwortlich sind.

4.2.2 Bourdieu und die Wahrheit

Nun sind sich einige der Interpretationen uneinig über das erklärte Ziel Bourdieus, sowie über den Begriff der trans-historischen Wahrheit. Wie gezeigt werden soll, führen diese Uneinigkeiten jedoch nicht zu einem Einwand gegen unsere These, dass Bourdieu keine erfolgreiche Alternative des historistischen Relativismus formuliert, sondern sich in ihm verfängt. So hält eine alternative Lesart dafür, Bourdieu ginge es gerade nicht darum, trans-historische Wahrheiten zu sichern. Stattdessen wolle er lediglich eine Erklärung dafür anbieten, wieso wissenschaftlich anerkannte Theorien „den *Eindruck* erweck[en], als handle es sich [...] um objektiv wahre Fakten".[115] Die Wahrheit selbst wäre nach dieser Lesart gerade nicht überzeitlich, sie wird von den Teilnehmerinnen der wissenschaftlichen Praxis nur als eine solche erfahren. Mit dieser Lesart blendet man jedoch das Ausgangsproblem Bourdieus aus.[116] Eine Erklärung davon, wieso Akteure die von ihnen für wahr gehaltenen Theorien als trans-historische Wahrheiten erfahren, lässt sich nämlich nicht als Einwand gegen den historistischen Relativismus verstehen und auch der *veil-of-habitus/field skepticism* bleibt davon unberührt.[117]

---

[115] Lenger, Alexander, und Rhein, Philipp. 2018. *Die Wissenschaftssoziologie Pierre Bourdieus*. Wiesbaden: Springer VS, S. 171; Herv. F.B.

[116] Vgl. Lundberg. ‚Science of Science', reason, and truth, S. 176.

[117] Vgl. Lundberg. ‚Science of Science', reason, and truth, S. 177. Diese Lesart ist freilich nicht bar jeder Grundlage. Gerade Formulierungen wie diese legen eine solche nahe: „If truth *presents* itself as transcendent with respect to the consciousnesses which apprehend

Ein zentrales Problem der Interpretation besteht sicher darin, dass Bourdieu selbst keinerlei Beispiele trans-historischer Wahrheiten nennt, geschweige denn den Versuch unternimmt, diesen Begriff systematisch in seine Theorie einzuarbeiten.[118] Diesbezüglich formuliert Kim den folgenden Vorschlag:

> [...] Bourdieu argues that scientific knowledge can transcend the historical conditions, i.e., socially constituted conditions and *a prioris*, of which it is a product. The historical conditions under which scientific truth is produced work, on the one hand, as the backdrop against which a specific claim to knowledge can be tested, but they are on the other hand continuously transcended and transformed through the attempts to criticize and revise the very basis upon which such criticism is initially based. This is precisely what Bourdieu means by the 'transhistorical' truth produced within the field.[119]

Wissenschaftliches Wissen transzendiert also deshalb Habitus und Struktur, weil sich Habitus/Struktur-Konstellationen als Ergebnis von Argumentation verändern können. So ließe sich vorstellen, dass unter Habitus/Struktur-Konstellation A die Behauptung X aufgestellt wird, woraufhin Einwände Y eingebracht werden und dies eventuell – im Sinne einer kuhnschen wissenschaftlichen Revolution[120] – zur Überwindung der Habitus/Struktur-Konstellation A hin zur Habitus/Struktur-Konstellation B führt. Wahrheiten transzendieren daher Habitus/Feld-Konstellationen, weil sie *bestimmte* Habitus/Feld-Konstellationen transzendieren und dabei neue quasi-transzendentale Rahmen zutage fördern. Nicht jedoch transzendieren sie Habitus/Feld-Konstellationen überhaupt. Dieser

---

it and accept it as such [...], this is because it is the product of a collective validation performed in the quite singular conditions of the scientific field [...]" (Bourdieu. *Science of Science and Reflexivity*, S. 84, vgl. 75; Herv. F.B.). Es ist aber durchaus bezeichnend, dass Lenger und Rhein in ihrer Monographie zur *Wissenschaftssoziologie Pierre Bourdieus* an keiner Stelle das Ausgangsproblem behandeln, das Bourdieus Überlegungen anleitet: durch die Erklärung der Möglichkeit trans-historischer Wahrheiten, die falsche Alternative zwischen historistischen Relativismus und logizistischen Absolutismus zu überwinden.

[118] So beklagt Kale-Lostuvali. Two Sociologies of Science in Search of Truth: Bourdieu Versus Latour, S. 17, dass Bourdieu an keiner Stelle eine nicht-tautologische Bestimmung seines Begriffs trans-historischer Wahrheiten formuliert: „ [...] Bourdieu never provides a definition of ‚trans-historical' independent of his embrace of rationalism. What is a ‚trans-historical truth?' It is a statement produced under the specific conditions that manifest in relatively autonomous scientific fields. How are ‚trans-historical truths' produced? They are produced under the conditions that manifest in relatively autonomous scientific fields".

[119] Kim, Kyung-Man. 2015. Why Is Epistemology Still Relevant to the Sociology of Science? Comments on Kale-Lostuvali's „Two Sociologies of Science in Search of Truth". In *Social Epistemology Review and Reply Collective* 4, S. 29–33, hier: S. 32.

[120] Vgl. Bourdieu. *Science of Science and Reflexivity*, S. 14 ff., 80.

Lesart gelingt es zwar, den Begriff trans-historischer Wahrheiten in Bourdieus Theoriegerüst unterzubringen, reformuliert dabei allerdings nur die Dialektik von Habitus und Struktur am Beispiel des wissenschaftlichen Feldes (vgl. Abschn. 4.1). Diese Dialektik ist jedoch in quasi-transzendentalen Begrifflichkeiten formuliert und nähert sich keinem idealen Endpunkt an, mündet also folglich in der bourdieuschen Version des *veils-of-society skepticism.* Folglich bleibt unklar, inwiefern Bourdieus Analyse des wissenschaftlichen Feldes gegen den historistischen Relativismus einstehen kann, wenn man trans-historische Wahrheiten reformuliert als transitorische Wahrheiten.

Auch Lundberg macht auf diese Unklarheiten aufmerksam und diagnostiziert, dass Bourdieu mit zwei Wahrheitsbegriffen operiert.[121] Lundberg zufolge formuliert Bourdieu seine Frage mit dem Begriff der trans-historischen Wahrheit, im Verlaufe seiner Antwort verwendet er allerdings immer wieder einen Wahrheitsbegriff, der gerade nicht als trans-historisch verstanden werden kann. So z. B. in dem folgenden Zitat:

> Scientific knowledge is what has survived objections and can withstand future objections. Validated opinion is the opinion that is recognized, negatively at least, because it no longer arouses pertinent objections or because there is no better explanation. In these struggles which accept as their arbiter the verdict of expierence, that is to say, what researchers agree to consider real, truth is the set of representations regarded as trute because they are produced according to the rules defining the production of truth; it is what is agreed on by competitors who agree on the principles of verification, on common methods for the validation of hypotheses.[122]

Wahrheit, so könnte man zusammenfassen, ist hier „the same thing as the best conceptions that the scientific community can produce for the time being" oder *warranted assertibility* unter den idealen Bedingungen des wissenschaftlichen Feldes.[123] Bourdieus Nachweis der Möglichkeit trans-historischer Wahrheiten wird so zum Nachweis der Möglichkeit von Konsens innerhalb einer *scientific community.* Ein solcher Nachweis verfehlt natürlich wiedermals den Anspruch, eine Position jenseits des historistischen Relativismus anzubieten. Schließlich ist ein konsensueller Wahrheitsbegriff – wie wir es anhand von Bourdieus *veils-of-habitus/field skepticism* gezeigt haben – „entirely consistent with a relativistic understanding of science".[124]

---

[121] Vgl. Lundberg. ‚Science of Science', reason, and truth.

[122] Bourdieu. *Science of Science and Reflexivity,* S. 72.

[123] Lundberg. ‚Science of Science', reason, and truth, S. 176.

[124] Lundberg. ‚Science of Science', reason, and truth, S. 176.

Interessant ist jedoch, dass dieser konsensuelle Wahrheitsbegriff Bourdieus natürlich einige Ähnlichkeiten mit Rortys *epistemological behaviorism* aufweist. Denn auch für Bourdieus konsensuellen Wahrheitsbegriff besitzen Überzeugungen nicht deshalb epistemische Autorität, weil sie in Verbindung mit einer nicht-propositionalen Entität wie Sinnesdaten stehen, sondern weil niemand einen für die *scientific community* plausiblen Einwand vorbringen kann: „Scientific knowledge is what has survived objections and can withstand future objections".[125] Diese Nähe zum Pragmatismus zeigt sich auch in der Betonung, Erkenntnis vollziehe sich stets als körperliche Praxis. Bourdieu spricht diese Nähe an einer Stelle sogar explizit an und distanziert sich dabei von eben jener „post-cartesianischen" Tadition, in die wir ihn hier einschreiben:

> Zum Inhaltlichen würde ich sagen, ohne hier auf alle Gemeinsamkeiten bzw. Differenzen eingehen zu können, daß die Theorie des Habitus und des Praxis-Sinns viele Ähnlichkeiten mit Theorien aufweist, bei denen wie bei Dewey der Begriff *habit*, verstanden als ein aktives, schöpferischens Verhältnis zur Welt und nicht als eine mechanisch-repetitive Gewohnheit, an zentraler Stelle steht, und die all jene Begriffsdualismen ablehnen, auf denen so gut wie alle post-cartesianischen Philosophien aufbauen: Subjekt und Objekt, Innen und Außen, materiell und geistig, individuell und gesellschaftlich usw.[126]

Dass Bourdieus eigene Theorie von Erkenntnis nun in genau den cartesisch-kantischen Begrifflichkeiten formuliert ist, die hier zurückgewiesen werden, geht bei seinem Fokus auf die zweifelsohne erkennbaren Ähnlichkeiten zum Pragmatismus verloren.

Während nun Lundberg in Bourdieus doppelten Wahrheitsbegriff eine „confusion between consensus and absolute truth" sieht,[127] möchten wir darin – zweifelsohne spekulativ – zwei widerstreitende Momente seines Denkens sehen. Auf der einen Seite steht Bourdieus Pragmatismus, auf der anderen sein Kantianismus. Einerseits spricht Bourdieu von Erkenntnis als einer sich vollziehenden

---

[125] Bourdieu. *Science of Science and Reflexivity*, S. 72. Der einzige Unterschied besteht darin, dass Rorty nicht von Wahrheit, sondern von Rechtfertigung spricht, Bourdieu an dieser Stelle jedoch eine epistemische Wahrheitstheorie vertritt, da er Wahrheit gleichsetzt mit *warranted assertability* im wissenschaftlichen Feld: „truth is the set of representations regarded as true [...]" (Bourdieu. *Science of Science and Reflexivity*, S. 72). Dies ließe sich allerdings durch einen schlichten Austausch der Begrifflichkeiten beheben oder durch den Hinweis, dass Bourdieu hier nur dem „endorsing use" des Prädikats ‚wahr' gerecht wird (Rorty. Pragmatism, Davidson and Truth, S. 128).

[126] Bourdieu and Wacquant. Die Ziele der reflexiven Soziologie, S. 155.

[127] Lundberg. ‚Science of Science', reason, and truth, S. 169.

Praxis, andererseits formuliert er diese Praxis in Begriffen des Transzendenta-lismus. Einerseits teilt Bourdieu die Einsicht, dass wir es in der Wissenschaft nicht mit unveränderlichen Weisheiten, sondern mit ‚gerechtfertigter Äußerbarkeit im wissenschaftlichen Feld' zu tun haben, andererseits möchte er das cartesisch-kantische Erbe der Fundierung von Wissen nicht aufgeben und versucht daher aus dieser ‚gerechtfertigten Äußerbarkeit im wissenschaftlichen Feld' die Möglichkeit ‚trans-historischer Wahrheiten' abzuleiten.

Dies eint ihn mit Durkheim, der dem Pragmatismus einerseits zugute hält, dass ihm wie der Soziologie „ein Sinn für das *Leben* und für das *Handeln* eigen ist", ihm jedoch andererseits vorwirft, eine „totale Negation des [cartesischen] Rationalismus" zu verteten.[128] Beide Positionen vermittelnd schlägt Durkheim deshalb vor, die cartesisch-kantische Tradition soziologisch fortzuführen (vgl. Abschn. 3.2.2). Wir hingegen wollen den Übergang zum (rortyschen) Pragmatis-mus vollständig vollziehen und die cartesisch-kantischen Überreste aufgeben, da es gerade diese Überreste sind, die zu der falschen Alternative zwischen Skepti-zismus und Fundamentalismus zwingen. Bourdieu erkennt also das Problem sehr gut, wenn er die Gegenüberstellung von historistischen Relativismus und logi-zistischen Absolutismus als falsche Alternative bezeichnet. Er geht jedoch in der Annahme fehl, diese Alternative ließe sich mit einem soziologischen Kantianis-mus überwinden, da es gerade das Bild vom Spiegel der Natur ist, das diese Alternative entstehen lässt.

Wir fassen zusammen: Im Wissen, dass unsere Darstellung der Soziologie des Wissens als erkenntnistheoretische Soziologie zur Verallgemeinerung neigt, diskutierten wir im vierten Kapitel anhand von Bourdieus Praxeologie einen kon-kreten Theorievorschlag. Bourdieu bot sich deshalb an, weil er einerseits explizit an Kant und damit am Bild vom Spiegel der Natur anschließt, er aber ande-rerseits auf dieser Basis ein anti-skeptizistisches Argument formuliert. Damit widerspricht er unserer zentralen These, dass die Soziologisierung des Wissens gerade dann skeptizistisch-relativistische Konsequenzen zeitigt, wenn dies auf Basis des Bildes vom Spiegel der Natur geschieht (vgl. Abschn. 3.2.2). Wir begannen unser Gegenargument mit einer Rekonstruktion von Bourdieus Theorie der Praxis als einem soziologischen Quasi-Transzendentalismus (Abschn. 4.1). So fungieren nach Bourdieu die aus sozialen Strukturen inkorporierten Denk- und Wahrnehmungsschemata des Habitus als quasi-transzendentale Bedingungen

---

[128] Durkheim. Pragmatismus und Soziologie, S. 11. Insofern wir also Rorty gegen Bourdieu in Stellung bringen, wiederholen wir die von Durkheim initiierte Debatte zwischen Soziolo-gie und Pragmatismus, optieren jedoch, anders als Durkheim, für den (Neo-)Pragmatismus und nicht für die cartesisch-kantische Soziologie. Auf diesen Aspekt des Buches aufmerksam gemacht zu haben, verdanken wir einigen hilfreichen Hinweisen von Martin Strauss.

der Möglichkeit von Erkenntnis. Daran anschließend rekonstruierten und kritisierten wir Bourdieus historische Fundierung des wissenschaftlichen Wissens in der spezifischen Dimension des wissenschaftlichen Feldes (Abschn. 4.2.1). Das Ausgangsproblem dieses Fundierungsversuchs besteht darin, die Möglichkeit trans-historischer Wahrheiten sicherzustellen, ohne dabei auf krypto-theologische Lösungen zurückgreifen zu müssen. Diesen Anspruch möchte Bourdieu einlösen, indem er die falsche Alternative zwischen logizistischen Absolutismus und historizistischen Relativismus zu überwinden versucht. Aus diesem Versuch ergibt sich die Idee einer historischen Fundierung trans-historischer Wahrheiten. Bourdieu etabliert diese dritte Position, indem er auf das Doppelgesicht der Wissenschaft verweist. In seiner generellen Dimension ist das wissenschaftliche Feld durch Macht und Kapital gekennzeichnet, in seiner spezifischen Dimension jedoch durch eine Orientierung an der Vernunft und der Kraft des besseren Arguments. Damit widerspricht Bourdieu einer weiteren falschen Alternative: einerseits der darwinistischen Sicht, die die Durchsetzung wissenschaftlicher Überzeugungen auf die Durchsetzung von Machtinteressen reduziert und andererseits der habermaschen Sicht, die die Machtverhältnisse im wissenschaftlichen Feld ausblendet. Ebenso soll mit diesem Hinweis allerdings auch die Alternative zwischen Relativismus und Absolutismus überwunden werden, indem die Möglichkeit trans-historischer Wahrheiten soziologisch sichergestellt wird. Bourdieu nennt zwei Eigenschaften der spezifischen Dimension des wissenschaftlichen Feldes, *closure* und *arbitration of the real,* die diese Möglichkeit trans-historischer Wahrheiten gewährleisten sollen. Wir haben argumentiert, dass keines der beiden Eigenschaften trans-historische Wahrheiten garantiert, da Bourdieus Soziologisierung der kopernikanischen Wende die erscheinende Wirklichkeit, die Vorstellungen von dieser Wirklichkeit, sowie die Kriterien der Übereinstimmung zwischen Vorstellung und Wirklichkeit als Produkt einer spezifischen Habitus/Feld-Konstellation versteht, d. h. der Geschichte. Damit reformuliert Bourdieu die relativistischen Konsequenzen des *veils-of-society skepticism* als *veils-of-habitus/field skepticism.* Kurz: Bourdieus Quasi-Transzendentalismus, d. h. sein Anschluss an das Bild vom Spiegel der Natur, unterläuft sein anti-relativistisches Argument. Schließlich (Abschn. 4.2.2) wurden divergierende Interpretationen des bourdieuschen Fundierungsversuchs dargelegt, sowie gezeigt, dass die damit zusammenhängenden Uneinigkeiten in der Interpretation keine Einschränkung unserer These darstellen, der zufolge Bourdieu dem historistischen Relativismus nicht entkommt, sondern sich in ihm verfängt.

Exkurs: *reasons, causes* und der Sinnbegriff der Soziologie

5

Im Folgenden soll ein möglicher Kritikpunkt diskutiert werden, der gegen die soeben formulierte Darstellung der erkenntnistheoretischen Soziologie des Wissens eingewandt werden könnte. Dieser Einwand richtet sich gegen den von uns erhobenen Vorwurf, die erkenntnistheoretische Soziologie des Wissens verwechsle *reasons* und *causes* bzw. Rechtfertigung und Erklärung, wenn sie aus den Erklärungen der Soziologie normative Schlussfolgerungen für die soziologisch erklärten Überzeugungen zieht und das Soziale als normativ-delegitimierendes Element im *space of reasons* versteht. Einerlei, ob dies in Form der Ideologiekritik oder in Form des *veils-of-society skepticism* geschieht. Diesem Argument zufolge reiht sich die Soziologie des Wissens ohne weiteres in die positivistisch-erkenntnistheoretischen Ausflüge der Psychologie, der Biologie oder der Neurologie ein, die das Bild vom Spiegel der Natur übernehmen und dabei ein bereits konstituiertes Objekt der Erfahrung – die Psyche, die Zelle, das Gehirn, das Soziale – zum konstituierenden Subjekt erklären. Immer werden einer deskriptiv-erklärenden Beobachtungsperspektive zugemutet, normativ-rechtfertigende Fragen einer Teilnehmerperspektive zu beantworten. Dabei sollen natürliche *causes* als normative *reasons* fungieren.

An dieser Stelle könnte allerdings folgende Frage gestellt werden: Hat es die Soziologie überhaupt mit einem Gegenstand zu tun hat, der sich in derselben Dimension befindet, wie räumlich und zeitlich verfasste, sowie kausal erklärbare physikalische Körper, die sich ein Galileo zum Gegenstand nahm?[1] Kurz: Hat es die Soziologie mit *natural causes* zu tun? Diese Nachfrage ist legitim, denn zumindest in ihrer Selbstbeschreibung erschöpfte sich die Soziologie nur selten in sozialer Physik. Max Webers Beharren auf der doppelten

---

[1] Vgl. Husserl. *Die Krisis der europäischen Wissenschaften und die transzendentale Phänomenologie*, § 9.

© Der/die Autor(en), exklusiv lizenziert an Springer Fachmedien Wiesbaden GmbH, ein Teil von Springer Nature 2022
F. Beer, *Soziologisch denken mit Richard Rorty*, Philosophische Grundlagen der Soziologie, https://doi.org/10.1007/978-3-658-37738-0_5

Aufgabenstellung der Soziologie, deutend zu verstehen und dadurch kausal zu erklären, ist Zeuge davon.[2] Ebenso wehrt sich der eben diskutierte Bourdieu gegen eine solche Reduktion der Soziologie auf soziale Physik.[3] Denn nicht nur zeichnen sich soziale Gruppen und Akteure durch ein „Sein" aus – die sozialphysikalischen sozialen Tatbestände *(fait social)* Durkheims –, sondern darüber hinaus durch ein *„wahrgenommenes Sein"*.[4] Versteht man also wie Bourdieu die Sozialwelt als eine *„in sich doppelte Realität"*, so bedeutet dies, die Alternative zwischen Objektivismus und Subjektivismus, zwischen Beobachtungs- und Teilnehmerperspektive, und letztlich zwischen „Sozialphysik und Sozialphänomenologie zu überwinden".[5] Schließlich ist es in Bezug auf die Soziologie des Wissens allen voran Karl Mannheim gewesen, der sich früh gegen die Gleichsetzung von Denkpsychologie und Wissenssoziologie gestellt hat.[6] Letztere geht es Mannheim zufolge nicht um die Faktizitäts-Genesis einer Überzeugung, sondern um deren Sinngenesis. Deshalb verwechsle zwar die Denkpsychologie Genesis und Geltung, nicht jedoch die Wissenssoziologie, denn obgleich eine Faktizitäts-Genesis geltungsirrelevant ist, gilt das selbe nicht für eine Sinngenesis (siehe unten).

Weber, Bourdieu und Mannheim gelten an dieser Stelle als Repräsentanten einer Soziologie, die sich nicht auf die Erklärung kausal erfassbarer, in Raum und Zeit verortbarer Dinge reduzieren ließ.[7] Die Chiffre für diese Nichtreduzierbarkeit ist zumindest bei Weber und Mannheim der für die Soziologie konstitutive

---

[2] Vgl. Weber, Max. 1919–20/2014. Soziologische Grundbegriffe. In *Wirtschaft und Gesellschaft. Soziologie. Unvollendet 1919–1920.* Max Weber-Studienausgabe, Band I/23. Tübingen: Mohr Siebeck, S. 1–30, hier: § 1.

[3] Vgl. Bourdieu und Wacquant. Die Ziele der reflexiven Soziologie, S. 24 ff.; Bourdieu. *Sozialer Sinn,* S. 246 ff.

[4] Bourdieu. *Sozialer Sinn,* S. 246.

[5] Bourdieu. *Sozialer Sinn,* S. 247.

[6] Mannheim. Wissenssoziologie, S. 252.

[7] Vgl. überdies Luhmann, Niklas. 1993. „Was ist der Fall?" und „Was steckt dahinter?": Die zwei Soziologien und die Gesellschaftstheorie. *Zeitschrift für Soziologie* 22, S. 245–260. Luhmann charakterisiert hier die Soziologie durch eine doppelte Fragestellung: die von den Naturwissenschaften übernommene Frage 'Was ist der Fall?', sowie die dem kritischen Erbe entsprungene Frage 'Was steckt dahinter?'. In ähnlicher Weise wehrt sich Habermas gegen die Gleichsetzung der Naturwissenschaften mit den Wissenschaften vom Menschen (vgl. Habermas. *Erkenntnis und Interesse,* S. 59 ff.; Habermas. Erkenntnis und Interesse, S. 155 ff.).

Sinnbegriff.[8] Man müsste tatsächlich fragen, ob dieser Sinn nicht der an Normativität orientierten Dimension des *space of reasons* angehört, die in dieser Arbeit eine so zentrale Stellung eingenommen hat. Beschäftigt sich die Soziologie nicht eher mit der Welt der Normen und des verstehbaren Sinns, als mit der Faktizität kausaler Gesetze? Diese mit Rorty und Sellars explizierte Dimension fungiert als dasjenige, das sich nicht nur den Erfahrungswissenschaften, sondern jedem deskriptiv-erklärenden Diskurs notwendig entzieht und in dem Überzeugungen mit epistemischer Autorität ausgestattet werden. Wenn also der soziologische Grundbegriff des Sinns auf eben diese Dimension abzielt, so wäre unsere Darstellung der Soziologie des Wissens als naturalisierte Erkenntnistheorie eine bloß halbierte Darstellung.

Am Beispiel von Mannheim soll dieser Einwand zurückgewiesen werden. Wie bereits erwähnt, wandte sich Mannheim gegen die theoretische Gleichsetzung von Wissenssoziologie und Denkpsychologie, indem er auf die unterschiedlichen Gegenstandstypen dieser beiden Fachdisziplinen verwies. Als Neukantianer des frühen 20. Jahrhunderts waren ihm die vorgebrachten Argumente des Psychologismusstreits natürlich wohlbekannt.[9] Er musste sich also darauf einstellen, dass seiner Wissenssoziologie derselbe Vorwurf gemacht wird, dem man auch Teilen der Denkpsychologie gemacht hat: sie verwechsle Genesis und Geltung.[10]

Dieser Vorwurf beruht auf der Idee, die Erkenntnistheorie, sowie die Logik beschäftigen sich mit der normativen Geltung von Urteilen und Schlussregeln, während Erfahrungswissenschaften sich ausschließlich mit der Genesis oder dem kausalen Ursprung von Urteilen beschäftigen (können). Eine Denkpsychologie, die Schlussregeln wie den *modus ponens* auf empirische Regelmäßigkeiten der menschlichen Psyche reduzieren will und daraus skeptizistische Schlussfolgerungen zieht, verwechsle Fragen der Genesis mit Fragen der Geltung von Überzeugungen. Erstere lassen sich empirisch beantworten, letztere nur durch die Untersuchung eines der Philosophie eigenen und a priori zugänglichen Bereichs:

---

[8] Vgl. Müller, Julian. 2015. *Bestimmbare Unbestimmtheiten. Skizze einer indeterministischen Soziologie.* Paderborn: Wilhelm Fink, S. 11 ff.

[9] Vgl. Kusch, Martin. 1995/2005. *Psychologism. A Case Study in the Sociology of Philosophical Knowledge.* London, New York: Routledge; Anderson, R. Lanier. 2007. Neo-Kantianism and the Roots of Anti-Psychologism. In *British Journal for the History of Philosophy* 13, S. 287–323.

[10] Vgl. Mannheim. Erster Ansatz des Problems, S. 23.

sei es das Reich der Gedanken oder die konstituierende Tätigkeit des transzendentalen Subjekts.[11] Demnach habe die „Genesis einer Idee nichts über ihre Gültigkeit und ihren Sinn zu besagen".[12]

Mannheim stimmt diesem Vorwurf in Bezug auf den Psychologismus zu, lehnt ihn jedoch in Bezug auf seine Wissenssoziologie ab. Gleichzeitig möchte er die strikte Unterscheidung von Genesis und Geltung aufweichen, sodass auch Fragen der Genesis geltungsrelevant sein können. Er versucht beide Ansprüche zu vereinen, indem er eine strikte Unterscheidung zweier Arten von Genesis einführt. So ist Mannheim zufolge eine wissenssoziologische Erklärung keine „bloße Beschreibung des tatsächlichen Entstehens (Faktizitäts-Genesis) einer Aussage".[13] Vielmehr wurden „in der wissenssoziologischen Forschung Tatsachen entdeckt [...], die die bloße Faktizitätsrelevanz transzendieren".[14] Im Falle der Wissenssoziologie vermag daher „*eine Genesis Sinngenesis zu sein*", weshalb „die weitere Konstruktion der Geltungssphäre als von jeder Genesis abslösbare Autonomie zumindest sehr erschwert" wird.[15] Hingegen besteht für die „psychische[.] Genesis [...] in der Tat jene Kluft, von der die Lehre von der Irrelevanz der Genesis für den Urteilssinn redet", da die Psychologie „ein völlig sinnfreies ‚Sein'" zum Gegenstand habe und man deshalb von einer „sinnfremden Genesis" reden müsse.[16] Um also die Unterscheidung von Genesis und Geltung aufzuweichen, unterscheidet Mannheim zwischen einer geltungsrelevanten Genesis namens Sinngenesis und einer geltungsirrelevanten Genesis namens Faktizitäts-Genesis. So kann Mannheim, ohne einen Selbstwiderspruch zu begehen, dem Vorwurf einer Verwechslung von Genesis und Geltung in Bezug auf den Psychologismus zustimmen, ihn jedoch in Bezug auf die Wissenssoziologie ablehnen.

Akzeptiert man dies, so können Tatsachenfeststellungen der Wissenssoziologie Relevanz für „erkenntnistheoretische Überlegungen haben", da sich beide Disziplinen mit der Sphäre des Sinns beschäftigen und damit geltungsrelevant sind.[17] Es ist ersichtlich, dass bei alledem das erkenntnistheoretische Denken

---

[11] Vgl. respektive Frege, Gottlob. 1918/1966. Der Gedanke. Eine logische Untersuchung. In *Logische Untersuchungen*. Göttingen: Vandenhoeck & Ruprecht, S. 30–53; Husserl. *Die Krisis der europäischen Wissenschaften und die transzendentale Phänomenologie*.

[12] Mannheim. Erster Ansatz des Problems, S. 23.

[13] Mannheim. Wissenssoziologie, S. 243.

[14] Mannheim. Wissenssoziologie, S. 245; vgl. Merz-Benz. Soziologie als Erkenntniskritik, S. 330.

[15] Mannheim. Wissenssoziologie, S. 246.

[16] Mannheim. Wissenssoziologie, S. 252.

[17] Mannheim. Wissenssoziologie, S. 246.

in keiner Weise infrage gestellt wird: „Diese Einsicht besagt nichts gegen die Erkenntnistheorie und Philosophie selbst. Ihre fundierenden Überlegungen sind unentbehrlich".[18] Vielmehr weitet Mannheim den Gegenstandsbereich erkenntnistheoretischen Denkens aus, da sie nun auch die Ergebnisse der Wissenssoziologie in ihre Überlegungen aufnehmen muss und überdies wissenssoziologisches Denken als erkenntniskritisches Denken verstanden wird.[19]

Wenn wir mit Rorty der erkenntnistheoretischen Soziologie des Wissens die Verwechslung von *reaons* und *causes* vorgeworfen haben, so haben wir damit nicht bloß den soeben rekonstruierten neu-kantianischen Vorwurf der Verwechslung von Genesis und Geltung wiederholt. Zunächst einmal muss festgehalten werden, dass der Genesisbegriff in erster Linie auf Zeitlichkeit verweist und damit in griechischer Tradition den Schein des Werdens dem wahrheitsverbürgenden Sein gegenüberstellt.[20] Dies erlaubt es Mannheim, strikt zwischen einer kausalen Genesis und einer Sinngenesis zu unterscheiden, einem geltungsirrelevanten und einem geltungsrelevanten Werden. Nur durch diese harte Unterscheidung von Faktizität und Sinn gelingt es ihm, die Unterscheidung von Genesis und Geltung aufzuweichen. Ähnlich wie Rortys Unterscheidung von *causes* und *reasons,* dient also auch bei Mannheim die Unterscheidung von Faktizität und Sinn dazu, normative Geltung von bloßer Tatsächlichkeit abzugrenzen. So kann die empirische Psychologie deshalb keine geltungsrelevanten Ergebnisse zutage fördern, weil sie es mit der Faktizitäts-Genesis einer Überzeugung zu tun hat. Darin stimmen Mannheim und Rorty überein.[21] Im Gegensatz zu Rorty hält Mannheim jedoch daran fest, dass geltungsrelevante Ergebnisse von einer deskriptiv-erklärenden Beobachtungsperspektive hervorgebracht werden können. Denn sowohl die Erkenntnistheorie, als auch die Wissenssoziologie sind Mannheim zufolge dazu geeignet, sinnhafte Geltung zu erforschen. Der entscheidende Punkt Rortys besteht aber gerade darin, dass keine einzige deskriptiv-erklärende Beobachtungsperspektive normative Relevanz besitzt: Überzeugungen erhalten epistemische Autorität nur durch die Teilhabe an der Praxis des Gebens und Forderns von Gründen, nicht qua Beobachtung (vgl. Abschn. 2.2). Man könnte sagen, er wendet eine Version des erkenntnistheoretischen Vorwurfs am Psychologismus auf die Erkenntnistheorie selbst an; auch sie verwechselt *reasons* und *causes,* Sinn und Faktizität. Mannheim setzt also den erkenntnistheoretischen Diskurs voraus, um dann zu argumentieren, dass auch die Soziologie einen solchen

---

[18] Mannheim. Wissenssoziologie, S. 248.

[19] Vgl. Merz-Benz. Soziologie als Erkenntniskritik.

[20] Vgl. zu Sein und Werden Habermas. Erkenntnis und Interesse, S. 146 f.

[21] Vgl. Rorty. *Philosophy and the Mirror of Nature,* S. 213 ff.

Diskurs führen kann. Rorty hingegen versucht, die Prämissen des erkenntnis-theoreitschen Diskurses aufzugeben, um das erkenntnistheoretische Denken per se aufzugeben. Auch die Erforschung von Sinn bleibt eine deskriptiv-erklärende Beobachtung, keine normativ-rechtfertigende Teilnahme.

Schluss

6

Die mittlerweile selbst traditionsreich gewordene Kritik am traditionellen Bild vom Spiegel der Natur ging meist davon aus, dass die Soziologie des Wissens von dieser Kritik ausgenommen ist. Dem entgegengesetzt ging es diesem Buch darum, zu zeigen, dass großen Teilen der Soziologie des Wissens das selbe kritikwürdige Bild vom Spiegel der Natur zugrunde liegt wie der Erkenntnistheorie. Die Ausgangsfrage lautete: Kann die Soziologie des Wissens als eine erkenntnistheoretische Soziologie des Wissens rekonstruiert und damit vor dem Hintergrund Rortys kritisiert werden?

Zur Beantwortung rekonstruierten wir zunächst das Bild vom Spiegel der Natur, sowie die darauf aufbauende Disziplin der Erkenntnistheorie. Rorty zufolge zeichnet sich dieses Bild vor allem durch zwei Eigenschaften aus. Die erste Eigenschaft ist der Innen/Außen-Repräsentationalismus, der sowohl den *veil-of-ideas skepticism* hervorgerufen hat, als auch die Versuche der Erkenntnistheorie diesen Skeptizismus mit einem Fundamentalismus zu überwinden (Abschn. 2.1.1). Zweitens die Verwechslung von *reasons* und *causes,* von *justification* und *explanation* bzw. *description* (Abschn. 2.1.2; vgl. Abschn. 2.2). Dem setzt Rorty seinen *epistemological behaviorism* entgegen, der sich durch einen Anti-Fundamentalismus (Abschn. 2.2.1) und einen Anti-Repräsentationalismus auszeichnet (Abschn. 2.2.2). Ersterer argumentiert gegen die Möglichkeit eines Fundaments von Erkenntnis, zweiterer gegen den Innen/Außen-Repräsentationalismus im Allgemeinen und damit gegen die Voraussetzungen des *veil-of-ideas skepticism*. Beide werfen ihren jeweiligen Zielen – Fundamentalismus respektive Repräsentationalismus – eine Verwechslung von Gründen und Ursachen vor. Schließlich legten wir in (Abschn. 2.2.3) dar, wie eine an Rorty anschließende spiegellose Soziologie des Wissens aussehen könnte. Im Anschluss an Rortys nicht-reduktiven Physikalismus skizzierten wir dabei einen nicht-reduktiven Soziologismus.

F. Beer, *Soziologisch denken mit Richard Rorty*, Philosophische Grundlagen der Soziologie, https://doi.org/10.1007/978-3-658-37738-0_6

Der dritte Teil zeigte, dass die Soziologie des Wissens diesen Ansprüchen nicht genügt, Rorty die Soziologie also überschätzt (Kap. 3). Ziel war es, die wissenssoziologische Tradition als erkenntnistheoretische Soziologie des Wissens zu rekonstruieren. Dafür bedurfte es den Nachweis, dass das Bild vom Spiegel der Natur auch der Soziologie des Wissens zugrunde liegt. So wurde in (Abschn. 3.1) gezeigt, dass die wissenssoziologische Tradition den Innen/Außen-Dualismus des Bildes übernommen hat, indem sie die kantische Version dieses Dualismus empirisierte. Aus dem transzendentalen Subjekt wurde so eine quasi-transzendentale Gesellschaft. Dieser soziologische Quasi-Transzendentalismus geht einher mit einem soziologischen Kritizismus: Soziologie des Wissens zu betreiben heißt, Überzeugungssysteme auf ihre sozialen Bedingungen der Möglichkeit, ihre sozialen Aprioris zurückzuführen. Eine solche Erklärung kann ideologiekritisch intendiert sein, d. h. als Delegitimierung der auf soziale Aprioris zurückgeführten Überzeugungen, weshalb man auch von einer Rückführung auf Pseudoaprioris sprechen kann (Abschn. 3.2.1). Damit verwechselt die Ideologiekritik *reasons* und *causes,* Rechtfertigung und Erklärung. Ähnlich wie der *veil-of-ideas skepticism* eine fundierende Erkenntnistheorie hervorgerufen hat, versteht sich auch die ideologiekritische Wissenschaft als Disziplin, die den Schleier der Ideologien beiseiteschiebt und damit einen klaren Blick auf die Außenwelt erhält. Bei der ideologiekritischen Wissenschaft handelt es sich also deshalb um eine erkenntnistheoretische Soziologie des Wissens, da sie die Innen/Außen-Unterscheidung übernimmt, sich selbst als fundierenden Garant akkurater Repräsentation versteht, sowie *reasons* und *causes* verwechselt. In (Abschn. 3.2.2) wurde schließlich anhand von Durkheim gezeigt, dass auch wenn die Rückführung von Wissen auf soziale Aprioris nicht als normative Entlarvung intendiert ist, sich normative Delegitimierungen trotzdem zwangsläufig aus den cartesisch-kantischen Voraussetzungen eines soziologischen Quasi-Transzendentalismus ergeben. Denn wird die Funktion der Gegenstandskonstitution empirisch variablen Gesellschaften zugemutet, so handelt man sich eine Vielfalt inkommensurabler Gesellschaften mit ihren je eigenen Repräsentationen, erscheinenden Wirklichkeiten, sowie Kriterien der Übereinstimmung von Repräsentation und Wirklichkeit ein.

Schließlich wurde anhand von Bourdieus Theorie der Praxis eine konkrete erkenntnistheoretische Soziologie des Wissens diskutiert (Kap. 4). Dabei muss Bourdieus Praxeologie vor allem deshalb als eine erkenntnistheoretische Soziologie des Wissens verstanden werden, weil sie eine soziologische Version der kopernikanischen Wende vertritt und die Denk- und Wahrnehmungsschemata einer historisch-spezifischen Habitus/Feld-Konstellation als gegenstandskonstituierende Bedingungen der Möglichkeit von Erkenntnis führt (Abschn. 4.1).

Bourdieu ist aber nicht nur bloßes Exemplar dessen, was im dritten Kapitel rekonstruiert wurde. Bourdieus Eigenheit besteht vor allem darin, dass er den Versuch einer soziologischen Fundierung wissenschaftlichen Wissens vornimmt und dies als anti-skeptizistisches Argument formuliert. Daher ging es uns im vierten Teil vor allem um den Nachweis, dass dieses anti-skeptizistische Argument scheitert, weil Bourdieus Quasi-Transzendentalismus ebenso wie bei Durkheim in einem *veils-of-society skepticism* mündet, der sich bei ihm als *veils-of-habitus/field skepticism* ausdrückt (Abschn. 4.2).

Nun wurde diese Arbeit in dem Glauben geschrieben, dass ihr ein spezifischer wissenschaftlicher Nutzen zugrundeliegt. Erstens räumt sie mit einem Selbstmissverständnis der wissenssoziologischen Tradition auf, nach dem sich diese Tradition durch einen radikalen Bruch mit der philosophischen Erkenntnistheorie auszeichnet. Statt eines Bruchs, rekonstruierten wir die Übernahme des Bildes vom Spiegel der Natur. Zweitens sollte gezeigt werden, dass sich die skeptizistisch-relativistischen Tendenzen der Soziologie des Wissens aus eben dieser Übernahme des Bildes vom Spiegel der Natur erklären lassen. Demnach ruft nicht die Soziologisierung von Wissen das Relativismusproblem auf den Plan, sondern der Umstand, dass die Soziologisierung unter cartesisch-kantischen Vorzeichen durchgeführt wird. Eine anti-skeptizistische Soziologie des Wissens muss demnach immer auch eine spiegellose Soziologie des Wissens sein.

Diesem Buch ging es also vor allem um den negativen Punkt, die wissenssoziologische Tradition solle sich ihrem cartesisch-kantischen Erbe entledigen. Die positive Skizze einer spiegellosen Soziologie des Wissens musste dabei freilich ausbleiben. Mit Richard Rorty liegt es nahe, dass der Pragmatismus bei der Formulierung einer solchen Alternative hilfreich sein dürfte. Um dem nachzugehen, müsste man sich allerdings eingehender mit den aktuellen Entwicklungen des Pragmatismus auseinandersetzen, insbesondere mit Robert Brandom, Cheryl Misak und Huw Price.[1] Ebenso bedürfte die Formulierung einer spiegellosen Soziologie des Wissens einer eingehenderen Auseinandersetzung mit den unterschiedlichen Kritiken am Bild vom Spiegel der Natur. Wir haben bereits zu Beginn darauf aufmerksam gemacht, dass es neben Rorty eine Vielzahl weiterer Autorschaften gibt, die sich zum Ziel gesetzt haben, das erkenntnistheoretische Bild aufzugeben. Obgleich diese Autorschaften ein gemeinsames Ziel haben, unterscheiden sie sich vor allem in der Einschätzung davon, wie dieses Ziel

---

[1] Vgl. Brandom. *Making It Explicit;* Misak. *New Pragmatists;* Price, Huw. 2008/2013. Naturalism without Representationalism. In *Expressivism, Pragmatism and Representationalism.* Cambridge: Cambridge University Press, S. 3–21.

zu erreichen sei. Rorty kritisiert den Begriff der Repräsentation und die Verwechslung von *reasons* und *causes*. Latour z. B. würde zwar dem ersten Punkt
zustimmen, in der Unterscheidung von *reasons* und *causes* jedoch nur eine
weitere Version des Dualismus von Bewusstsein und Natur sehen und daher
zurückweisen.[2] Gegen Latour würde Rorty allerdings einwenden, dass dieser trotz
seiner Vorbehalte gegen die cartesisch-kantische Tradition weiterhin an einer zentralen Prämisse dieser Tradition festhält: Latour glaubt weiterhin, es bedürfe einer
Einzeldisziplin – sei es Philosophie, seien es *science studies* –, deren Aufgabe
darin besteht, Kriterien bereitzustellen, die eine legitime von einer illegitimen
Forschung unterscheiden. Dazu Latour: „Je mehr eine Wissenschaft mit dem Rest
des Kollektivs verbunden ist, desto besser ist sie, desto genauer, desto verifizier-
barer, solider".[3] Es soll freilich Latours eigene Forschung sein, die feststellen
kann, wie verbunden eine Theorie, eine Disziplin oder eine Überzeugung mit
dem Rest des Kollektivs ist, d. h. wie solide sie ist.[4]

Die Details einer spiegellosen Soziologie des Wissens bleiben also vorerst
ungeklärt. Aber mag es auch umstritten sein, dem erkenntnistheoretischen Denken
vorzuwerfen, es verstehe den „Vorgang des Denkens" analog zum „Vorgang der
Verdauung" und verwechsle damit *reasons* und *causes*.[5] In jedem Fall muss eine
spiegellose Soziologie des Wissens darauf achten, die Unterscheidung zwischen
einer repräsentierenden Innen- und einer repräsentierten Außenwelt aufzugeben
und damit die Unterscheidung zwischen der wahren und der scheinbaren Welt
hinter sich zu lassen.[6] Schließlich darf sie „Sozialtheorie nicht mit Kantianismus verwechseln".[7] Nur unter Annahme dieser Prämissen lässt sich soziologisch
denken mit Richard Rorty.

---

[2] Vgl. Latour, Bruno. 1991/2008. *Wir sind nie modern gewesen: Versuch einer symmetrischen Anthropologie*. Frankfurt am Main: Suhrkamp; Farshim. *Universalismus, Relativismus und Repräsentation*, S. 78.

[3] Latour. *Eine neue Soziologie für eine neue Gesellschaft*, S. 29.

[4] Vgl. Latour, Bruno. 2012/2013. *An Inquiry into Modes of Existence. An Anthropology of the Moderns*. Cambridge, Mass., London: Harvard University Press, S. 90; Latour, Bruno. 2004. How to Talk About the Body? The Normative Dimensions of Science Studies. In *Body & Society* 10, S. 205–229, hier: S. 219; Gertenbach, Lars, und Laux, Henning. 2019. *Zur Aktualität von Bruno Latour. Einführung in sein Werk*. Wiesbaden: Springer VS, S. 72.

[5] Wittgenstein. *Philosophische Grammatik*, § 60; vgl. Rorty. *Philosophy and the Mirror of Nature*.

[6] Vgl. Nietzsche. *Götzen-Dämmerung*, S. 81.

[7] Latour. *Eine neue Soziologie für eine neue Gesellschaft*, S. 190.

Literatur

Adorno, Theodor W. 1957–8/2018. *Erkenntnistheorie.* Nachgelassene Schriften. Abteilung IV: Vorlesungen, Band 1. Frankfurt am Main: Suhrkamp.

Adorno, Theodor W. 1959/2018. *Kants »Kritik der reinen Vernunft«.* Nachgelassene Schriften. Abteilung IV: Vorlesungen, Band 4. Frankfurt am Main: Suhrkamp.

Albert, Hans. 1968. *Traktat über kritische Vernunft.* Tübingen: Mohr Siebeck.

Allen, Barry. 2000. What was Epistemology? In *Rorty and His Critics*, hrsg. Robert Brandom. Malden, Mass., Oxford: Blackwell, S. 220–236.

Anderson, R. Lanier. 2007. Neo-Kantianism and the Roots of Anti-Psychologism. In *British Journal for the History of Philosophy* 13, S. 287–323.

Angehrn, Emil. 2000. *Der Weg Zur Metaphysik: Vorsokratik, Platon, Aristoteles.* Göttingen: Velbrück Wissenschaft.

Anicker, Fabian. 2019. *Entwurf einer Soziologie der Deliberation. Kommunikative Rationalität und kulturelle Heterogenität.* Weilerswist: Velbrück Wissenschaft.

Baecker, Dirk. 2017a. Schematismus als erster Dienst am Kunden? Siebzig Jahre Dialektik der Aufklärung II. https://kure.hypotheses.org/309

Baecker, Dirk. 2017b. Was ist nochmals Wirklichkeit? In *Merkur. Deutsche Zeitschrift für europäisches Denken* 71, S. 5–12.

Bammé, Arno. 2004. *Science Wars: Von der akademischen zur postakademischen Wissenschaft.* Frankfurt am Main: Campus Verlag.

Bammé, Arno. 2009. *Science and Technology Studies. Ein Überblick.* Marburg: Metropolis.

Barthes, Roland. 1957/2010. Einsteins Gehirn. In *Mythen des Alltags.* Frankfurt am Main: Suhrkamp, S. 118–120.

Bauer, Susanne, Heinemann, Torsten, und Lemke, Thomas. 2017. Einleitung. In *Science and Technology Studies. Klassische Positionen und aktuelle Perspektiven*, hrsg. Susanne Bauer, Torsten Heinemann, und Thomas Lemke. Berlin: Suhrkamp, S. 7–40.

Berger, Peter L., und Luckmann, Thomas. 1966/1969. *Die gesellschaftliche Konstruktion der Wirklichkeit. Eine Theorie der Wissenssoziologie.* Frankfurt am Main: Fischer.

Bernstein, Richard J. 2010. *The Pragmatic Turn.* Cambridge, Malden, Mass.: Polity Press.

Bernstein, Richard J. 1976. *The Restructuring of Social and Political Theory.* Philadelphia: University of Pennsylvania Press.

Bloor, David. 1976/1991. *Knowledge and Social Imagery.* Chicago, London: The University of Chicago Press.

© Der/die Herausgeber bzw. der/die Autor(en), exklusiv lizenziert an Springer 157 Fachmedien Wiesbaden GmbH, ein Teil von Springer Nature 2022
F. Beer, *Soziologisch denken mit Richard Rorty*, Philosophische Grundlagen der Soziologie, https://doi.org/10.1007/978-3-658-37738-0

Böhme, Gernot. 1979. Quantifizierung als Kategorie der Gegenstandskonstitution. Zur Rekonstruktion der Kantischen Erkenntnistheorie. In *Kant Studien* 70, S. 1–16.

Bourdieu, Pierre. 1975. The specificity of the scientific field and the social conditions of the progress of reason. In *Social Science Information* 14, S. 19–47.

Bourdieu, Pierre. 1979/2014: *Die feinen Unterschiede. Kritik der gesellschaftlichen Urteilskraft.* Frankfurt am Main: Suhrkamp.

Bourdieu, Pierre. 1980/1993. *Sozialer Sinn. Kritik der theoretischen Vernunft.* Frankfurt am Main: Suhrkamp.

Bourdieu, Pierre. 1982/2016. Leçon sur la leçon. In *Sozialer Raum und »Klassen«. Zwei Vorlesungen.* Frankfurt am Main: Suhrkamp, S. 47–79.

Bourdieu, Pierre. 1983/2005. Ökonomisches Kapital - Kulturelles Kapital - Soziales Kapital. In *Die verborgenen Mechanismen der Macht. Schriften zu Politik & Kultur 1.* Hamburg: VSA-Verlag, S. 49–79.

Bourdieu, Pierre. 1984/2016. Sozialer Raum und »Klassen«. In *Sozialer Raum und »Klassen«. Zwei Vorlesungen.* Frankfurt am Main: Suhrkamp, S. 7–46.

Bourdieu, Pierre. 1989/1998. Die scholastische Sicht. In *Praktische Vernunft. Zur Theorie des Handelns.* Frankfurt am Main: Suhrkamp, S. 203–218.

Bourdieu, Pierre. 1991. The Peculiar History of Scientific Reason. In *Sociological Forum* 6, S. 3–26.

Bourdieu, Pierre. 1992. »Fieldwork in Philosophy«. In *Rede und Antwort.* Frankfurt am Main: Suhrkamp, S. 15-49.

Bourdieu, Pierre. 1993. Narzißtische Reflexivität und wissenschaftliche Reflexivität. In *Kultur, Soziale Praxis, Text. Die Krise der ethnographischen Repräsentation*, hrsg. Eberhard Berg und Martin Fuchs. Frankfurt am Main: Suhrkamp, S. 365–374.

Bourdieu, Pierre. 1997/2017. *Meditationen. Zur Kritik der scholastischen Vernunft.* Frankfurt am Main: Suhrkamp.

Bourdieu, Pierre. 2001/2004. *Science of Science and Reflexivity.* Chicago: The University of Chicago Press.

Bourdieu, Pierre, und Wacquant, Loic. 1996. Die Ziele der reflexiven Soziologie. Chicago-Seminar, Winter 1987. In *Reflexive Anthropologie.* Frankfurt am Main: Suhrkamp, S. 95–250.

Brandom, Robert. 1995. Knowledge and the Social Articulation of the Space of Reasons. In *Philosophy and Phenomenological Research* 55, S. 895–908.

Brandom, Robert. 1997. Study Guide. In Sellars, Wilfrid. *Empiricism and the Philosophy of Mind.* Cambridge, Mass., London: Harvard University Press, S. 119–181.

Brandom, Robert. 1998. *Making It Explicit. Reasoning, Representing, and Discursive Commitment.* Harvard: Harvard University Press.

Brandom, Robert. 2000. Vocabularies of Pragmatism: Synthesizing Naturalism and Historicism. In *Rorty and His Critics*, hrsg. Robert Brandom. Malden, Mass., Oxford: Blackwell, S. 156–183.

Brandom, Robert. 2002/2014. The Centrality of Sellars' Two-Ply Account of Observation to the Arguments of "Empiricism and the Philosophy of Mind". In *From Empiricism to Expressivism. Brandom reads Sellars.* Cambridge, Mass., London: Harvard University Press, S. 99–119.

Brandom, Robert. 2013. Reason, Genealogy, and the Hermeneutics of Magnanimity. Paper presented at the Howison Lectures in Philosophy Series, UC Berkley. https://www.pitt.edu/~rbrandom/Texts/Reason_Genealogy_and_the_Hermeneutics_of.pdf

Brandom, Robert. 2015. Begriffsrealismus und die semantische Möglichkeit von Erkenntnis. In *Wiedererinnerter Idealismus*. Berlin: Suhrkamp, S. 123–158.

Brandom, Robert. 2019a. Fetishism, Anti-Authoritarianism, and the Second Enlightenment: Rorty and Hegel on Representation and Reality. Lecture held at the 2019 Richard Rorty Society Meeting. https://sites.pitt.edu/~rbrandom/Courses/Antirepresentat ionalism%20(2020)/Texts/Brandom%20FAASE%2019-11-23%20c.docx

Brandom, Robert. 2019b. *A Spirit of Trust: A Reading of Hegel's Phenomenology*. Harvard: Harvard University Press.

Brandom, Robert. 2021. Foreword: Achieving the Enlightenment. In Rorty, Richard. *Pragmatism as Anti-Authoritarianism*. Cambridge, Mass., London: Harvard University Press, S. vii-xxvi.

Collins, Harry M., Evans, Robert, und Weinel, Martin. 2017. STS as Science or Politics? In *Social Studies of Science* 47, S. 580–586.

Cramer, Konrad. 1998. Die Einleitung (A1/B1–A16/B30). In *Klassiker Auslegen, Band 17/18. Immanuel Kant: Kritik der reinen Vernunft*, hrsg. Georg Mohr und Marcus Willaschek. Berlin: Akademie Verlag, S. 57–79.

Daston, Lorraine. 2009. Science Studies and the History of Science. In *Critical Inquiry* 35, S. 798–813.

Davidson, Donald. 1974/2009. On the Very Idea of a Conceptual Scheme. In *Inquiries into Truth and Interpretation*. Oxford: Clarendon Press, S. 183–198.

Davidson, Donald. 1983/1990. A Coherence Theory of Truth and Knowledge. In *Reading Rorty. Critical Responses to »Philosophy and the Mirror of Nature« (and Beyond)*, hrsg. Alan R. Malachowski. Oxford, Cambridge, Mass.: Blackwell, S. 120–138.

Davidson, Donald. 1988a/2013. Der Mythos des Subjektiven. In *Subjektiv, Intersubjektiv, Objektiv*. Frankfurt am Main: Suhrkamp, S. 79–101.

Davidson, Donald. 1988b/2004. The Myth of the Subjective. In *Subjective, Intersubjective, Objective*. Oxford, New York: Oxford University Press, S. 39–52.

Davidson, Donald. 1990. The Structure and Content of Truth. In *The Journal of Philosophy* 87, S. 279–328.

Descartes, René. 1641/2009: *Meditationen über die erste Philosophie*. Hamburg: Felix Meiner.

deVries, Willem A., und Triplett, Timm. 2000. *Knowledge, Mind, and the Given. Reading Wilfrid Sellars's "Empiricism and the Philosophy of Mind"*. Indianapolis, Cambridge: Hackett Publishing Company, Inc.

Dewey, John. 1919/2004. *Reconstruction in Philosophy*. New York: Dover Publication.

Dietz, Hella, Nungesser, Frithjof, und Pettenkofer, Andreas. Hrsg. 2017. *Pragmatismus und Theorien sozialer Praktiken. Vom Nutzen einer Theoriedifferenz*. Frankfurt am Main: Campus

Dreyfus, Hubert, und Taylor, Charles. 2015/2016. *Die Wiedergewinnung des Realismus*. Berlin: Suhrkamp.

Durkheim, Émile. 1895/1984. *Die Regeln der soziologischen Methode*. Frankfurt am Main: Suhrkamp.

Durkheim, Émile. 1912/1981. *Die elementaren Formen des religiösen Lebens.* Frankfurt am Main: Suhrkamp.

Durkheim, Émile. 1913–4/1993. Pragmatismus und Soziologie. In *Schriften zur Soziologie der Erkenntnis.* Frankfurt am Main: Suhrkamp, S. 5–168.

Durkheim, Émile, und Mauss, Marcel. 1901–2/1993. Über einige primitive Formen von Klassifikation. Ein Beitrag zur Erforschung der kollektiven Vorstellungen. In *Schriften zur Soziologie der Erkenntnis.* Frankfurt am Main: Suhrkamp, S. 169–256.

Dux, Günter. 1981. Zur Strategie einer Soziologie der Erkenntnis. In *Die Logik in der Geschichte des Geistes. Der Prozess der Säkularisierung.* Gesammelte Schriften, Band 8. Wiesbaden: Springer VS, S. 103–137.

Eagleton, Terry. 1991/2007. *Ideology. An Introduction.* London, New York: Verso.

Elias, Norbert. 1970/2006. *Was ist Soziologie?* Gesammelte Schriften, Band 5. Frankfurt am Main: Suhrkamp.

Elias, Norbert. 1971. Sociology of Knowledge: New Perspectives. Part One. In *Sociology* 5, S. 149–168.

Elias, Norbert. 1982. Scientific Establishments. In *Scientific Establishments and Hierarchies,* hrsg. Norbert Elias, Herminio Martins, Richard Whitley. Dordrecht, Boston, London: D. Reidel Publishing Company, S. 3–69.

Falkenburg, Brigitte. 2012. *Mythos Determinismus. Wieviel erklärt uns die Hirnforschung?* Berlin/Heidelberg: Springer VS.

Farshim, Alexander. 2002. *Universalismus, Relativismus und Repräsentation. Eine Kritik des modernen Wissensbegriffs.* Inaugural-Dissertation zur Erlangung des Doktorgrades der Philosophie am Zentrum für Philosophie und Grundlagen der Wissenschaften der Justus-Liebig-Universität Gießen. http://geb.uni-giessen.de/geb/volltexte/2006/2696/.

Foucault, Michel. 1966/2015. *Die Ordnung der Dinge. Eine Archäologie der Humanwissenschaften.* Frankfurt am Main: Suhrkamp.

Foucault, Michel. 1967/2001. Nietzsche, Freud, Marx (Nr. 46). In *Schriften in vier Bänden. Dits et Ecrits, Band I. 1954–1969.* Frankfurt am Main: Suhrkamp, S. 727–743.

Foucault, Michel. 1968/2001. Über die Archäologie der Wissenschaften. Antwort auf den Cercle d'épistemologie (Nr. 59). In *Schriften in vier Bänden. Dits et Ecrits, Band I. 1954–1969.* Frankfurt am Main: Suhrkamp, S. 887–931.

Foucault, Michel. 1969/1981. *Archäologie des Wissens.* Frankfurt am Main: Suhrkamp.

Foucault, Michel. 1974/2014. Die Wahrheit und die juristischen Formen (Nr. 139). In *Schriften in vier Bänden. Dits et Ecrits, Band II. 1970–1975.* Frankfurt am Main: Suhrkamp, S. 669–792.

Foucault, Michel. 1977/2005. Gespräch mit Michel Foucault (Nr. 191). In *Schriften in vier Bänden. Dits et Ecrits, Band III. 1976–1979.* Frankfurt am Main: Suhrkamp, S. 186–213.

Foucault, Michel. 1977–8/2017. *Sicherheit, Territorium, Bevölkerung. Geschichte der Gouvernementalität I.* Frankfurt am Main: Suhrkamp.

Frege, Gottlob. 1918/1966. Der Gedanke. Eine logische Untersuchung. In *Logische Untersuchungen.* Göttingen: Vandenhoeck & Ruprecht, S. 30–53.

Fuller, Steve. 2012. Social Epistemology: A Quarter-Century Itinerary. In *Social Epistemology: A Journal of Knowledge, Culture and Policy* 26, S. 267-283.

Fuller, Steve. 2016. Embrace the Inner Fox: Post-Truth as the STS Symmetry Principle Universalized. https://social-epistemology.com/2016/12/25/embrace-the-inner-fox-post-truth-as-the-sts-symmetry-principle-universalized-steve-fuller/ - comments

Gertenbach, Lars, und Laux, Henning. 2019. *Zur Aktualität von Bruno Latour. Einführung in sein Werk*. Wiesbaden: Springer VS.

Goldman, Alvin I., und Whitcomb, Dennis. Hrsg. 2011. *Social Epistemology: Essential Readings*. New York: Oxford University Press.

Gross, Neil. 2008. *Richard Rorty. The Making of an American Philosopher*. Chicago, London: The University of Chicago Press.

Grünwald, Ernst. 1934/1982. Wissenssoziologie und Erkenntniskritik. *Der Streit um die Wissenssoziologie. Zweiter Band. Rezeption und Kritik der Wissenssoziologie*, hrsg. Volker Meja und Nico Stehr. Frankfurt am Main: Suhrkamp, S. 748–755.

Gutting, Gary. 1989/2012. *Michel Foucault's Archaeology of Scientific Reason*. Cambridge: Cambridge University Press.

Gutting, Gary. 2003. Rorty's Critique of Epistemology. In *Richard Rorty. Contemporary Philosophy in Focus*, hrsg. Charles Guignon und David R. Hiley. New York: Cambridge University Press, S. 41–60.

Habermas, Jürgen. 1965/1981. Erkenntnis und Interesse. In *Technik und Wissenschaft als »Ideologie«*. Frankfurt am Main: Suhrkamp, S. 146–168.

Habermas, Jürgen. 1968. *Erkenntnis und Interesse*. Frankfurt am Main: Suhrkamp.

Habermas, Jürgen. 1973. Nachwort. In *Erkenntnis und Interesse. Mit einem neuen Nachwort*. Frankfurt am Main: Suhrkamp, S. 367–417.

Habermas, Jürgen. 2000. Richard Rorty's Pragmatic Turn. In *Rorty and His Critics*, hrsg. Robert Brandom. Malden, Mass., Oxford: Blackwell, S. 31–55.

Han, Béatrice. 1998/2002. *Foucault's Critical Project. Between the Transcendental and the Historical*. Stanford: Stanford University Press.

Hegel, Georg W.F. 1807/2014. *Phänomenologie des Geistes*. Frankfurt am Main: Suhrkamp.

Heidegger, Martin. 1938/1977. Die Zeit des Weltbildes. In *Holzwege. Gesamtausgabe, Band 5*. Frankfurt am Main: Vittorio Klostermann, S. 75–113.

Horkheimer, Max. 1930/1982. Ein neuer Ideologiebegriff? In *Der Streit um die Wissenssoziologie. Zweiter Band. Rezeption und Kritik der Wissenssoziologie*, hrsg. Volker Meja und Nico Stehr. Frankfurt am Main: Suhrkamp, S. 474–496.

Horkheimer, Max, und Adorno, Theodor W. 1947/2016. *Dialektik der Aufklärung. Philosophische Fragmente*. Frankfurt am Main: Fischer.

Husserl, Edmund. 1936/2012. *Die Krisis der europäischen Wissenschaften und die transzendentale Phänomenologie*. Hamburg: Felix Meiner.

Jaeggi, Rahel. 2009. Was ist Ideologiekritik? *Was ist Kritik?*, hrsg. Rahel Jaeggi und Tilo Wesche. Frankfurt am Main: Suhrkamp, S. 266–295.

James, William. 1907/2000. Pragmatism. A New Name for Some Old Ways of Thinking. In *Pragmatism and Other Writings*. New York: Penguin Classics, S. 1–132.

Jerusalem, Wilhelm. 1924. Die soziologische Bedingtheit des Denkens und der Denkformen. In *Der Streit um die Wissenssoziologie. Erster Band. Die Entwicklung der deutschen Wissenssoziologie*, hrsg. Volker Meja und Nico Stehr. Frankfurt am Main: Suhrkamp, S. 27–56.

Joas, Hans. 1985/1993. Durkheim und der Pragmatismus. Bewußtseinspsychologie und die soziale Konstitution der Kategorien. In Durkheim, Émile. *Schriften zur Soziologie der Erkenntnis*. Frankfurt am Main: Suhrkamp, S. 257–288.

Joas, Hans. 1989. *Praktische Intersubjektivität. Die Entwicklung des Werkes von George Herbert Mead*. Frankfurt am Main: Suhrkamp.

162 Literatur

Kale-Lostuvali, Elif. 2015. Two Sociologies of Science in Search of Truth: Bourdieu Versus Latour. *Social Epistemology.* doi: https://doi.org/10.1080/02691728.2015.1015062, S. 1–24

Kant, Immanuel. 1781–7/1998. *Kritik der reinen Vernunft.* Hamburg: Felix Meiner.

Kant, Immanuel. 1783/1957. *Prolegomena zu einer jeden künftigen Metaphysik.* Hamburg: Felix Meiner.

Kehl, Christoph, und Mathar, Tom. 2012. Eine neue Wissenschaftssoziologie: Die Sociology of Scientific Knowledge und das Strong Programme. In *Science and Technology Studies. Eine sozialanthropologische Einführung,* hrsg. Stefan Beck, Jörg Niewöhner und Estrid Sørensen. Bielefeld: transcript, S. 107–126.

Kim, Kyung-Man. 2009. What would a Bourdieuan sociology of scientific truth look like? In *Social Science Information* 48, S. 57–79.

Kim, Kyung-Man. 2015. Why is Epistemology Still Relevant to the Sociology of Science? Comments on Kale-Lostuvali's "Two Sociologies of Science in Search of Truth". In *Social Epistemology Review and Reply Collective* 4, S. 29–33.

Kneer, Georg. 2010. Wissenssoziologie. In *Handbuch Spezielle Soziologien,* hrsg. Georg Kneer und Markus Schroer. Wiesbaden: Springer VS, S. 707–723.

Knoblauch, Hubert. 2014. *Wissenssoziologie.* 3. Auflage. Konstanz, München: UTB.

Knorr-Cetina, Karin. 1988. Das naturwissenschaftliche Labor als Ort der "Verdichtung" von Gesellschaft. In *Zeitschrift für Soziologie* 17, S. 85–101.

Köhnke, Klaus Christian. 1981. Über den Ursprung des Wortes Erkenntnistheorie - Und dessen vermeintliche Synonyme. In *Archiv für Begriffsgeschichte* 25, S. 185–210.

Kronenberg, Bernd. 2010. *Die Zerbrechlichkeit des Wahren. Richard Rortys Neopragmatismus und Adornos Negative Dialektik.* Bielefeld: transcript.

Kuklick, Bruce. 2001. *A History of Philosophy in America, 1720-2000.* Oxford: Oxford University Press.

Kumar, Chandra. 2005. Foucault and Rorty on Truth and Ideology. A Pragmatist View from the Left. In *Contemporary Pragmatism* 2, S. 35–93.

Kusch, Martin. 1995/2005. *Psychologism. A Case Study in the Sociology of Philosophical Knowledge.* London, New York: Routledge.

Kusch, Martin. 1999. Philosophy and the Sociology of Knowledge. In *Studies in History and Philosophy of Science* 30, S. 651–685.

Latour, Bruno. 1991/2008. Wir sind nie modern gewesen: Versuch einer symmetrischen Anthropologie. Frankfurt am Main: Suhrkamp

Latour, Bruno. 1999a/2002. Die Hoffnung der Pandora. Untersuchungen zur Wirklichkeit der Wissenschaft. Frankfurt am Main: Suhrkamp.

Latour, Bruno. 1999b. For David Bloor... and beyond: A reply to David Bloor's 'Anti-Latour'. In *Studies in History and Philosophy of Science 30,* S. 113–130.

Latour, Bruno. 1999c/2002. »Glaubst du an die Wirklichkeit?« Aus den Schützengräben des Wissenschaftskriegs. In *Die Hoffnung der Pandora. Untersuchungen zur Wirklichkeit der Wissenschaft.* Frankfurt am Main: Suhrkamp, S. 7–35.

Latour, Bruno. 2004a. How to Talk About the Body? The Normative Dimensions of Science Studies. In *Body & Society* 10, S. 205–229.

Latour, Bruno. 2004b. Why has critique run out of steam? From matters of fact to matters of concern. In *Critical Inquiry* 30, S. 225–248.

Latour, Bruno. 2005/2007. *Eine neue Soziologie für eine neue Gesellschaft*. Frankfurt am Main: Suhrkamp.

Latour, Bruno. 2006. A Textbook Case Revisited – Knowledge as a Mode of Existence. In *The Handbook of Science and Technology Studies*, hrsg. Edward J. Hackett, Olga Amsterdamska, Michael Lynch and Judy Wajcman. Cambridge, Mass.: MIT Press, S. 83–112.

Latour, Bruno. 2012/2013. *An Inquiry Into Modes of Existence. An Anthropology of the Moderns*. Cambridge, Mass., London: Harvard University Press.

Latz, Andrew Brower. 2018. *The Social Philosophy of Gillian Rose*. Eugene: Cascade.

Laux, Henning. 2013. Richard Rorty und die Reanimation des Pragmatismus im ›Zeitalter der Komposition‹. In *Berliner Journal für Soziologie* 23, S. 389–415.

Law, Duncan, und Pepperell, Nicole. 2017. Sociology and the mirror of nature: Robert Brandom and the strong programme. In *Journal of Sociology* 53, S. 245–263.

Lemke, Thomas. 1997. *Eine Kritik der politischen Vernunft: Foucaults Analyse der modernen Gouvernementalität*. Berlin: Argument Verlag.

Lenger, Alexander, und Rhein, Philipp. 2018. *Die Wissenschaftssoziologie Pierre Bourdieus*. Wiesbaden: Springer VS.

Lenk, Kurt. 1961/1984. *Ideologie: Ideologiekritik und Wissenssoziologie*. Frankfurt am Main: Campus.

Lenk, Kurt. 1972. *Marx in der Wissenssoziologie. Studien zur Rezeption der Marxschen Ideologiekritik*. Neuwied, Berlin: Luchterhand.

Levine, Steven. 2010. Rehabilitating Objectivity: Rorty, Brandom, and the New Pragmatism. In *Canadian Journal of Philosophy* 40, S. 567–590.

Levine, Steven. 2020. Rorty, Davidson, and Representation. In *A Companion to Rorty*, hrsg. Alan R. Malachowski. Hoboken, NJ: John Wiley & Sons, S. 370–394.

Lewis, Clarence Irving. 1924/1956. *Mind and the World-Order*. New York: Dover.

Locke, John. 1690a/2006. Sendschreiben an den Leser. In *Versuch über den menschlichen Verstand. Band I. Buch I und II*. Hamburg: Felix Meiner, S. 5–21.

Locke, John. 1690b/2006. *Versuch über den menschlichen Verstand. Band I. Buch I und II*. Hamburg: Felix Meiner.

Luckmann, Thomas, und Giesen, Bernd. 1982. Niklas Luhmann, Gesellschaftsstruktur und Semantik. In *Soziologische Revue* 5, S. 1–10.

Luhmann, Niklas. 1980. Gesellschaftsstruktur und semantische Tradition. In *Gesellschaftsstruktur und Semantik. Studien zur Wissenssoziologie der modernen Gesellschaft, Band 1*. Frankfurt am Main: Suhrkamp, S. 9–71.

Luhmann, Niklas. 1990a. *Die Wissenschaft der Gesellschaft*. Frankfurt am Main: Suhrkamp.

Luhmann, Niklas. 1990b/2005. Ich sehe was, was Du nicht siehst. In *Soziologische Aufklärung 5. Konstruktivistische Perspektiven*. Wiesbaden: VS Verlag, S. 220–226.

Luhmann, Niklas. 1991. Am Ende der kritischen Soziologie. In *Zeitschrift für Soziologie* 20, S. 147–152.

Luhmann, Niklas. 1993. Was ist der Fall?" und "Was steckt dahinter?": Die zwei Soziologien und die Gesellschaftstheorie. In *Zeitschrift für Soziologie* 22, S. 245–260.

Luhmann, Niklas. 1998/2017. Die Kontrolle von Intransparenz. In *Die Kontrolle von Intransparenz*. Berlin: Suhrkamp, S. 96–120.

Lundberg, Henrik. 2012. 'Science of Science', reason, and truth: Bourdieu's failed case against cognitive relativism. In *Distinktion: Scandinavian Journal of Social Theory* 13, S. 169–186.

Lynch, Michael. 1992. Extending Wittgenstein: The Pivotal Move from Epistemology to the Sociology of Science. In *Science as Practice and Culture*, hrsg. Andrew Pickering. Chicago, London: The University of Chicago Press, S. 215–265.

Lynch, Michael. 2017. STS, symmetry and post-truth. In *Social Studies of Science* 47, S. 593–599.

Malachowski, Alan R. Hrsg. 2020. *A Companion to Rorty*. Hoboken, NJ: John Wiley & Sons.

Mannheim, Karl. 1929a/2015. Erster Ansatz des Problems. In *Ideologie und Utopie*. Frankfurt am Main: Vittorio Klostermann, S. 3–47.

Mannheim, Karl. 1929b/2015. *Ideologie und Utopie*. Frankfurt am Main: Vittorio Klostermann.

Mannheim, Karl. 1931/2015. Wissenssoziologie. In *Ideologie und Utopie*. Frankfurt am Main: Vittorio Klostermann, S. 227–267.

Marx, Karl. 1859/1961. Zur Kritik der Politischen Ökonomie. In *Marx-Engels-Werke, Band 13*. Berlin: Karl Dietz Verlag, S. 3–160.

Marx, Karl, und Engels, Friedrich. 1845–6/1969. Die deutsche Ideologie. In *Marx-Engels-Werke, Band 3*. Berlin: Karl Dietz Verlag, S. 9–532.

McDowell, John. 1998. Having the World in View: Sellars, Kant, and Intentionality. Lecture I: Sellars on Perceptual Experience. In *The Journal of Philosophy* 95, S. 431–450.

McDowell, John. 2000. Towards Rehabilitating Objectivity. In *Rorty and His Critics*, hrsg. Robert Brandom. Malden, Mass., Oxford: Blackwell, S. 109–123.

Meja, Volker, und Stehr, Nico. Hrsg. 1982a. *Der Streit um die Wissenssoziologie. Erster Band. Die Entwicklung der deutschen Wissenssoziologie*. Frankfurt am Main: Suhrkamp.

Meja, Volker, und Stehr, Nico. Hrsg. 1982b. *Der Streit um die Wissenssoziologie. Zweiter Band. Rezeption und Kritik der Wissenssoziologie*. Frankfurt am Main: Suhrkamp.

Merz-Benz, Peter-Ulrich. 2014. Soziologie als Erkenntniskritik. Zur Genesis der Soziologie aus der Philosophie des Neukantianismus. In *Wissenschaftsphilosophie im Neukantianismus: Ansätze - Kontroversen - Wirkungen*, hrsg. Christian Krijnen und Kurt W. Zeidler. Würzburg: Königshausen & Neumann, S. 317–346.

Misak, Cheryl. Hrsg. 2009. *New Pragmatists*. Oxford, New York: Oxford University Press.

Mohr, Georg, und Willaschek, Marcus. 1998. Einleitung: Kants Kritik der reinen Vernunft. In *Klassiker Auslegen, Band 17/18. Immanuel Kant: Kritik der reinen Vernunft*, hrsg. Georg Mohr und Marcus Willaschek. Berlin: Akademie Verlag, S. 5–36.

Müller, Julian. 2015. *Bestimmbare Unbestimmtheiten. Skizze einer indeterministischen Soziologie*. Paderborn: Wilhelm Fink.

Müller, Martin. Hrsg. 2022. *Handbuch. Richard Rorty*. Wiesbaden: Springer VS.

Ng, Karen. 2015. Ideology Critique from Hegel and Marx to Critical Theory. In *Constellations* 22, S. 393–404.

Nietzsche, Friedrich. 1882–7/2018. Die fröhliche Wissenschaft. In *Morgenröte. Idyllen aus Messina, Die fröhliche Wissenschaft*. Sämtliche Werke KSA, Band 3, hrsg. Giorgio Colli und Mazzino Montinari. München: Deutscher Taschenbuch Verlag, S. 343–652.

Nietzsche, Friedrich. 1889/2014. Götzen-Dämmerung oder Wie man mit dem Hammer philosophirt. In *Der Fall Wagner. Götzen-Dämmerung. Der Antichrist. Ecce homo. Dionysos-Dithyramben. Nietzsche contra Wagner*. Sämtliche Werke KSA, Band 6, hrsg. Giorgio Colli und Mazzino Montinari. München: Deutscher Taschenbuch Verlag, S. 55–161.

Price, Huw. 2008/2013. Naturalism without representationalism. In *Expressivism, Pragmatism and Representationalism*. Cambridge: Cambridge University Press, S. 3–21.

Price, Huw. 2013. *Expressivism, Pragmatism and Representationalism*. Cambridge: Cambridge University Press.

Putnam, Hilary. 1995. *Pragmatism. An Open Question*. Oxford, Cambridge, Mass.: Blackwell.

Putnam, Hilary. 2000. Richard Rorty on Reality and Justification. In *Rorty and His Critics*, hrsg. Robert Brandom. Malden, Mass., Oxford: Blackwell, S. 81–87.

Quine, Willard V.O. 1951. Two Dogmas of Empiricism. In *The Philosophical Review* 60, S. 20–43.

Quine, Willard V.O. 1969. Epistemology Naturalized. In *Ontological Relativity and Other Essays*. New York: Columbia University Press, S. 69–90.

Ramberg, Bjørn. 2000. Post-ontological Philosophy of Mind: Rorty versus Davidson. In *Rorty and His Critics*, hrsg. Robert Brandom. Malden, Mass., Oxford: Blackwell, S. 351–370.

Reese-Schäfer, Walter. 2006. *Richard Rorty Zur Einführung*. Hamburg: Junius.

Riehl, Alois. 1908/1924. *Der philosophische Kritizismus und seine Bedeutung für die positive Wissenschaft. Geschichte und System. Band 1. Geschichte und Methode des philosophischen Kritizismus*. Leipzig: Kröner.

Rorty, Richard Hrsg. 1967/1992. *The Linguistic Turn: Essays in Philosophical Method with Two Retrospective Essays*. Chicago, London: The University of Chicago Press.

Rorty, Richard. 1970a. Incorrigibility as the Mark of the Mental. In *Journal of Philosophy* 67, S. 399–424.

Rorty, Richard. 1970b/2014. Strawson's Objectivity Argument. In *Mind, Language, and Metaphilosophy. Early Philosophical Papers*. Cambridge: Cambridge University Press, S. 227–259.

Rorty, Richard. 1972/1982. The World Well Lost. In *Consequences of Pragmatism (Essays: 1972–1980)*. Minneapolis: University of Minnesota Press, S. 3–18.

Rorty, Richard. 1978/1985. Epistemological Behaviorism and the De-Transcendentalization of Analytic Philosophy. In *Hermeneutics and Praxis*, hrsg. Robert Hollinger. Notre Dame, Indiana: University of Notre Dame Press, S. 89–121.

Rorty, Richard. 1979/2018. *Philosophy and the Mirror of Nature*. Princeton, Oxford: Princeton University Press.

Rorty, Richard. 1980a/1982. Nineteenth-Century Idealism and Twentieth-Century Textualism. In: *Consequences of Pragmatism (Essays: 1972–1980)*. Minneapolis: University of Minnesota Press, S. 139–159.

Rorty, Richard. 1980b/1982. Pragmatism, Relativism, and Irrationalism. In: *Consequences of Pragmatism (Essays: 1972–1980)*. Minneapolis: University of Minnesota Press, S. 160–175.

Rorty, Richard. 1982a. *Consequences of Pragmatism (Essays: 1972-1980)*. Minneapolis: University of Minnesota Press.

Rorty, Richard. 1982b. Introduction: Pragmatism and Philosophy. In: *Consequences of Pragmatism (Essays: 1972–1980)*. Minneapolis: University of Minnesota Press, S. xiii-xlvii.

Rorty, Richard. 1986a. Foucault and Epistemology. In *Foucault: A Critical Reader*, hrsg. David C. Hoy. Oxford, New York: Basil Blackwell, S. 41–50.

Rorty, Richard. 1986b/1991. Pragmatism, Davidson and Truth. In *Objectivity, Relativism, and Truth. Philosophical Papers, Volume 1.* Cambridge: Cambridge University Press, S. 126–150.

Rorty, Richard. 1987a. *Der Spiegel der Natur. Eine Kritik der Philosophie.* Frankfurt am Main: Suhrkamp.

Rorty, Richard. 1987b/1991. Non-Reductive Physicalism. In *Objectivity, Relativism, and Truth. Philosophical Papers, Volume 1.* Cambridge: Cambridge University Press, S. 113–125.

Rorty, Richard. 1988a/1991. Representation, Social Practise, and Truth. In *Objectivity, Relativism, and Truth. Philosophical Papers, Volume 1.* Cambridge: Cambridge University Press, S. 151–161.

Rorty, Richard. 1988b. Vorwort. In *Solidarität oder Objektivität. Drei philosophische Essays.* Stuttgart: Reclam, S. 5–9.

Rorty, Richard. 1989a/2009. *Contingency, Irony, and Solidarity.* Cambridge: Cambridge University Press.

Rorty, Richard. 1989b/1991. Wittgenstein, Heidegger, and the reification of language. In *Essays on Heidegger and others. Philosophical Papers, Volume 2.* Cambridge: Cambridge University Press, S. 50–65.

Rorty, Richard. 1991a. *Essays on Heidegger and Others. Philosophical Papers Volume 2.* Cambridge: Cambridge University Press.

Rorty, Richard. 1991b. Introduction: Antirepresentationalism, Ethnocentrism, and Liberalism. In *Objectivity, Relativism, and Truth. Philosophical Papers, Volume 1.* Cambridge: Cambridge University Press, S. 1–17.

Rorty, Richard. 1991c. *Objectivity, Relativism, and Truth. Philosophical Papers Volume 1.* Cambridge: Cambridge University Press.

Rorty, Richard. 1992a/1999. Trotsky and the Wild Orchids. In *Philosophy and Social Hope,* London: Penguin, S. 3–20.

Rorty, Richard. 1992b. We Anti-Representationalists (Review of Terry Eagleton's Ideology: An Introduction). In *Radical Philosophy* 60, S. 40–42.

Rorty, Richard. 1993a. Feminism, Ideology, and Deconstruction: A Pragmatist View. In *Hypatia* 8, S. 96-103.

Rorty, Richard. 1993b/1998. Hilary Putnam and the Relativist Menace. In *Truth and Progress. Philosophical Papers, Volume 3.* Cambridge: Cambridge University Press, S. 43–62.

Rorty, Richard. 1994/1998. John Searle on Realism and Relativism. In *Truth and Progress. Philosophical Papers, Volume 3.* Cambridge: Cambridge University Press, S. 63–83.

Rorty, Richard. 1995/1998. Is Truth a Goal of Inquiry? Donald Davidson versus Crispin Wright. In *Truth and Progress. Philosophical Papers, Volume 3.* Cambridge: Cambridge University Press, S. 19–42.

Rorty, Richard. 1996/2021. *Pragmatism as Anti-Authoritarianism.* Harvard: Harvard University Press.

Rorty, Richard. 1997a. Introduction. In: Sellars, Wilfrid. *Empiricism and the Philosophy of Mind.* Cambridge, Mass., London: Harvard University Press, S. 1–12.

Rorty, Richard. 1997b. What Do You Do When They Call You a 'Relativist'? In *Philosophy and Phenomenological Research* 57, S. 173–177.

Rorty, Richard. 1998a. *Achieving Our Country. Leftist Thought in Twentieth-Century America.* Cambridge, Mass., London: Harvard University Press.

Rorty, Richard. 1998b. Antiskeptical Weapons: Michael Williams versus Donald Davidson. In *Truth and Progress. Philosophical Papers, Volume 3.* Cambridge: Cambridge University Press, S. 153–163.

Rorty, Richard. 1998c. Introduction. In: *Truth and Progress. Philosophical Papers, Volume 3.* Cambridge: Cambridge University Press, S. 1–15.

Rorty, Richard. 1998d. Robert Brandom on Social Practices and Representations. In *Truth and Progress. Philosophical Papers, Volume 3.* Cambridge: Cambridge University Press, S. 122–137.

Rorty, Richard. 1998e. The Very Idea of Human Answerability to the World: John McDowell's Version of Empiricism. In *Truth and Progress. Philosophical Papers, Volume 3.* Cambridge: Cambridge University Press, S. 138–152.

Rorty, Richard. 1998f. *Truth and Progress. Philosophical Papers Volume 3.* Cambridge: Cambridge University Press.

Rorty, Richard. 1999a. *Philosophy and Social Hope.* London: Penguin.

Rorty, Richard. 1999b. Pragmatism as Anti-Authoritarianism. In *Revue Internationale de Philosophie* 53, S. 7–20.

Rorty, Richard. 2000a. Response to Brandom. *Rorty and His Critics*, hrsg. Robert Brandom. Malden, Mass., Oxford: Blackwell, S. 183–190.

Rorty, Richard. 2000b. Response to Dennett. In *Rorty and His Critics*, hrsg. Robert Brandom. Malden, Mass., Oxford: Blackwell, S. 101–108.

Rorty, Richard. 2000c. Response to Habermas. In *Rorty and His Critics*, hrsg. Robert Brandom. Malden, Mass., Oxford: Blackwell, S. 56–64.

Rorty, Richard. 2000d. Response to McDowell. In *Rorty and His Critics*, hrsg. Robert Brandom. Malden, Mass., Oxford: Blackwell, S. 123–128.

Rorty, Richard. 2000e. Response to Putnam. In *Rorty and His Critics*, hrsg. Robert Brandom. Malden, Mass., Oxford: Blackwell, S. 87–90.

Rorty, Richard. 2000f. Response to Ramberg. In *Rorty and His Critics*, hrsg. Robert Brandom. Malden, Mass., Oxford: Blackwell, S. 370–377.

Rorty, Richard. 2000g. Response to Williams. In *Rorty and His Critics*, hrsg. Robert Brandom. Malden, Mass., Oxford: Blackwell, S. 213–219.

Rorty, Richard. 2000h. Universality and Truth. In *Rorty and His Critics*, hrsg. Robert Brandom. Malden, Mass., Oxford: Blackwell, S. 1–30.

Rorty, Richard. 2004. Being That Can Be Understood Is Language. In *Gadamer's Repercussions. Reconsidering Philosophical Hermeneutics*, hrsg. Bruce Krajewski. Berkeley, Los Angeles, London: University of California Press, S. 21–29.

Rorty, Richard. 2007a/2010. Intellectual Autobiography. In *The Philosophy of Richard Rorty*, hrsg. Randall E. Auxier and Lewis E. Hahn. Chicago, La Salle: Open Court, S. 3–24.

Rorty, Richard. 2007b. *Philosophy as Cultural Politics. Philosophical Papers Volume 4.* Cambridge: Cambridge University Press.

Rorty, Richard. 2014. *Mind, Language, and Metaphilosophy: Early Philosophical Papers.* New York: Cambridge University Press.

Rose, Gillian. 1981/2009. *Hegel Contra Sociology.* London, Brooklyn: Verso.

Rosefeldt, Tobias. 2012. Dinge an sich und der Außenweltskeptizismus. Über ein Missverständnis der frühen Kant-Rezeption. In *Self, World, and Art. Metaphysical Topics in Kant and Hegel*, hrsg. Dina Emundts. Berlin, Boston: De Gruyter, S. 221–260.

Roßler, Gustav. 2018. Ist eine nicht-anthropozentrische Soziologie denkbar? Die Soziologie als anthropologische Humanwissenschaft bei Foucault und Latours Gegenentwurf. In *Le foucaldien* 4, S. 1–26.

Rouse, Joseph. 2015. *Articulating the World: Conceptual Understanding and the Scientific Image.* Chicago, London: The University of Chicago Press.

Schatzki, Theodore. 2006. Book Review: Science of Science and Reflexivity. In *Philosophy of the Social Sciences* 36, S. 496–507.

Scheerer, Eckart, Meier-Oeser, Stephan, Haller, Benedikt, und Scholz, Oliver R. 1992. Repräsentation. In *Historisches Wörterbuch der Philosophie. Onlineversion*, hrsg. Joachim Ritter, Karlfried Gründer und Gottfried Gabriel. Basel: Schwabe Verlag.

Schlick, Moritz. 1934. Über das Fundament der Erkenntnis. In *Erkenntnis* 4, S. 79–99.

Schluchter, Wolfgan. 2015. *Grundlegungen der Soziologie. Eine Theoriegeschichte in systematischer Absicht.* 2. Auflage. Tübingen: Mohr Siebeck.

Schmaus, Warren. 2004. *Rethinking Durkheim and His Tradition.* Cambridge: Cambridge University Press.

Schnädelbach, Herbert. 1969. Was ist Ideologie? Versuch einer Begriffsklärung. In *Das Argument* 50, S. 71–92.

Schnädelbach, Herbert. 1989. Das Gesicht im Sand. Foucault und der anthropologische Schlummer. In *Zwischenbetrachtungen. Im Prozeß der Aufklärung*, hrsg. Axel Honneth, Thomas McCarthy, Claus Offe und Albrecht Wellmer. Frankfurt am Main: Suhrkamp, S. 231–261.

Schnädelbach, Herbert. 1996/2000. Was ist eigentlich ein relatives Apriori? In *Philosophie in der modernen Kultur. Vorträge und Abhandlungen 3.* Frankfurt am Main: Suhrkamp, S. 187–203.

Schnädelbach, Herbert. 2002. *Erkenntnistheorie zur Einführung.* Hamburg: Junius.

Sellars, Wilfrid. 1956/1997. *Empiricism and the Philosophy of Mind.* Cambridge, Mass., London: Harvard University Press.

Sismondo, Sergio. 2010. *An Introduction to Science and Technology Studies.* Malden, Mass.: Wiley-Blackwell.

Sismondo, Sergio. 2011. Bourdieu's Rationalist Science of Science: Some Promises and Limitations. In *Cultural Sociology* 5, S. 83–97.

Sismondo, Sergio. 2017. Post-truth? In *Social Studies of Science* 47, S. 3–6.

Soames, Scott. 2003. *Philosophical Analysis in the Twentieth Century. Volume 1. The Dawn of Analysis.* Princeton, Oxford: Princeton University Press.

Stahl, Titus. 2016. Ideologiekritik. In *Marx Handbuch. Leben - Werk - Wirkung*, hrsg. Michael Quante und David P. Schweikard. Stuttgart: J.B. Metzler, S. 238–252.

Stehr, Nico, und Meja, Volker. 1985. Sozialwissenschaftlicher und erkenntnistheoretischer Diskurs: Das Problem des Relativismus. In *Soziale Welt* 36, S. 261–270.

Strecker, David. 2012. *Logik der Macht. Zum Ort der Kritik zwischen Theorie und Praxis.* Weilerswist: Velbrück Wissenschaft.

Šuber, Daniel. 2015. *Die soziologische Kritik der philosophischen Vernunft. Zum Verhältnis von Soziologie und Philosophie um 1900.* Bielefeld: transcript.

Sunder Rajan, Kaushik. 2006. *Biocapital: The Constitution of Postgenomic Life*. Durham, London: Duke University Press.

Taylor, Charles. 1987/1995. Overcoming Epistemology. In *Philosophical Arguments*. Cambridge, Mass., London: Harvard University Press, S. 1–19.

Tetens, Holm. 2006. *Kants »Kritik der reinen Vernunft«. Ein systematischer Kommentar*. Stuttgart: Reclam.

Vaihinger, Hans. 1876. Über den Ursprung des Wortes Erkenntnistheorie. In *Philosophische Monatshefte* XII. Band I, S. 84–90.

Weber, Max. 1919–20/2014. Soziologische Grundbegriffe. In *Wirtschaft und Gesellschaft. Soziologie. Unvollendet 1919–1920*. Max Weber-Studienausgabe, Band I/23. Tübingen: Mohr Siebeck, S. 1–30.

Wehling, Peter. 2014. Reflexive Autonomie der Wissenschaft. Eine feldtheoretische Perspektive mit und gegen Bourdieu. In *Zeitschrift für Theoretische Soziologie, Autonomie revisited. Beiträge zu einem umstrittenen Grundbegriff in Wissenschaft, Kunst und Politik* (2. Sonderband), S. 62–87.

Wehling, Peter. 2017. Einführung. In *Science and Technology Studies. Klassische Positionen und aktuelle Perspektiven*, hrsg. Susanne Bauer, Torsten Heinemann und Thomas Lemke. Berlin: Suhrkamp, S. 43–65.

Whitehead, Alfred North. 1919/1955. *The Concept of Nature. Tarner Lectures Delivered in Trinity College November 1919*. Cambridge: Cambridge University Press.

Williams, Michael. 2000. Epistemology and the Mirror of Nature. In *Rorty and His Critics*, hrsg. Robert Brandom. Malden, Mass. / Oxford: Blackwell, S. 191–213.

Williams, Michael. 2008. Descartes's Transformation of the Skeptical Tradition. In *The Cambridge Companion to Ancient Skepticism*, hrsg. Richard Bett. Cambridge: Cambridge University Press, S. 288-313.

Williams, Michael. 2009a/2018. Introduction to the 2009 Edition. Rorty, Richard. *Philosophy and the Mirror of Nature*. Princeton, Oxford: Princeton University Press, S. xiii-xxix.

Williams, Michael. 2009b. The Tortoise and the Serpent: Sellars on the Structure of Empirical Knowledge. In *Empiricism, Perceptual Knowledge, Normativity, and Realism. Essays on Wilfrid Sellars*, hrsg. Willem A. deVries. Oxford, New York: Oxford University Press, S. 147–185.

Williams, Michael. 2014. Knowledge, Reasons, and Causes: Sellars and Skepticism. In *Varieties of Skepticism. Essays after Kant, Wittgenstein, and Cavell*, hrsg. James Conant und Andrea Kern. Berlin: De Gruyter, S. 59–80.

Wittgenstein, Ludwig. 1932–4/1993. *Philosophische Grammatik*. Werkausgabe, Band 4. Frankfurt am Main: Suhrkamp.

Wittgenstein, Ludwig. 1950–1/1984. *Über Gewißheit*. In *Bemerkungen über die Farben. Über Gewißheit. Zettel. Vermischte Bemerkungen*. Werkausgabe, Band 8. Frankfurt am Main: Suhrkamp, S. 113–258.

Wittgenstein, Ludwig. 1953/1984. Philosophische Untersuchungen. In *Tractatus logico-philosophicus. Tagebücher 1914–1916. Philosophische Untersuchungen*. Werkausgabe, Band 1. Frankfurt am Main: Suhrkamp, S. 225–580.

Zeller, Eduard. 1862/1877. Über Bedeutung und Aufgabe der Erkenntnistheorie. In *Vorträge und Abhandlungen. Zweite Sammlung*. Leipzig: Fues's Verlag (R. Reisland), S. 479–526.

The manufacturer's authorised representative in the EU is Springer
Nature Customer Service Centre GmbH, Europaplatz 3, 69115 Heidelberg,
Germany. If you have any concerns regarding our products, please
contact ProductSafety@springernature.com

Printed and bound by CPI Group (UK) Ltd, Croydon, CR0 4YY
24/04/2026
02096351-0008